W0188559

Resilienz in der Kita

In 5 Schritten zur resilienten Einrichtung

Verlag PRO KiTA

Inhaltsverzeichnis

VORWORT

Warum die resiliente Kita in Zukunft einen klaren Vorteil hat

Liebe Kita-Leitung,

unser Leben wird komplexer und verändert sich schneller. Das hat durch die Pandemie noch einmal Fahrt aufgenommen. Hätten Sie für möglich gehalten, dass Sie in Ihrem Arbeitsleben einmal monatelang nur Notbetreuung haben? Hätten Sie gedacht, dass Sie es den ganzen Tag in einer FFP2-Maske aushalten? Hätten Sie sich vorstellen können, dass die Elterngespräche sich thematisch so stark verändern, dass Sie sich neu als Team aufstellen müssen? Vermutlich nicht.

Egal, ob wir das nun mögen oder nicht: Die Zeiten haben sich geändert. Das sieht man im Kleinen wie im Großen. Für mich – und für Sie vermutlich auch – ist es inzwischen selbstverständlich, morgens neben Schlüssel und Portemonnaie noch einen Mundschutz einzupacken. Der letzte Tag der offenen Tür in Ihrer Kita ist vermutlich auch schon eine Weile her, stattdessen führen Sie ermutigende Gespräche mit gestressten Eltern. Oder Sie kümmern sich um Kinder, die – wie soll es anders sein – deutlich verändert aus der langen Isolation zu Hause zurückgekehrt sind. So viel hat sich verändert in einer extrem kurzen Zeit.

Vielleicht haben Sie schon einmal von VUCA gehört? Hinter den 4 Buchstaben stehen

- V für „Volatility" (Volatilität, was so viel heißt wie Unbeständigkeit),
- U für „Uncertainty" (Unsicherheit),
- C für „Complexity" (Komplexität) und
- A für „Ambiguity" (Mehrdeutigkeit).

Wie gelingt es Ihnen als Mensch, als Team oder auch als ganze Einrichtung, mit diesen herausfordernden Situationen umzugehen? Mit der Unsicherheit vor dem, was morgen kommt? Wo auch immer Sie gerade stehen: Sie werden eine Kompetenz in Zukunft besonders benötigen. Die heißt Resilienz. Die Fähigkeit, all diese Veränderungen zu meistern, ohne auszubrennen.

Ich nehme Sie in diesem Praxishandbuch mit auf eine Reise. Eine Reise zu einer resilienten Kita. Damit meine ich Sie als Leitung, aber auch das Team, die Kinder, die Eltern und natürlich nicht zuletzt auch die „Kita" als Organisation. Was braucht es, dass Sie als Ganzes resilient sein können? Wie können Sie Ihre Resilienz ausbauen? Aber auch, wie können Sie andere fördern? Immer mit dem Ziel vor Augen, dass Sie und Ihre Kita die Herausforderungen dieser VUCA-Zeiten meistern.

Wenn Sie Ihre Resilienz steigern, werden Sie leichter mit unerwarteten Situationen umgehen können. Wenn Sie die Resilienz Ihres Teams steigern, wird nicht alles nur auf Ihren Schultern lasten, sondern alle werden gemeinsam auch die schwierigsten Situationen angehen. Wenn Sie die Resilienz bei Ihren Kita-Kindern und Hortkindern fördern, werden diese besser mit ihren eigenen Emotionen und Schwierigkeiten umgehen. Sie werden staunen, was für einen Unterschied es machen wird, wenn Sie mit den Praxistipps aus diesem Buch kleine und große Veränderungen bei sich und den Menschen in Ihrem Umfeld erzielen.

Jetzt geht es also los mit Ihrer Entdeckungsreise. Dabei wünsche ich Ihnen persönlich und beruflich viele AHA-Momente und Umsetzungsideen.

Ihre

Debora Karsch

Debora Karsch ist Trainerin für Persönlichkeitsentwicklung und Resilienz. Als Geschäftsführerin der persolog GmbH unterstützt sie Menschen dabei, sich weiterzuentwickeln. Außerdem ist sie mehrfache Buchautorin.

KAPITEL 1
WAS IST RESILIENZ?

„Sei ein Seemann. Versuche
nicht, Wind und Wetter zu ändern,
sondern richte die Segel."

Seneca

Was ist Resilienz?

„Resilienz" hat sich in den letzten Jahren zu einem der wichtigsten Trendthemen entwickelt. Schaut man bei google Trends (trends.google.com), sieht man, dass immer mehr Menschen beim Suchmaschinenriesen nach „Resilienz" forschen. In den letzten 20 Jahren ging das Suchvolumen jedes Jahr ein wenig höher. 2020 ist es noch mal drastisch angestiegen. Kein Wunder, denn COVID-19 sorgte dafür, dass immer mehr Menschen sich mit der Frage beschäftigten: „Wie kann ich mit Veränderungen und Krisen besser umgehen?" Doch auch wenn das Wort „Resilienz" immer bekannter wird, wissen viele Menschen immer noch nicht genau, was es eigentlich bedeutet. Vielleicht geht es Ihnen genauso? Deshalb schauen wir uns den Begriff einmal an.

Resilienz: So wird der Begriff definiert

Das Wort „Resilienz" leitet sich ab vom lateinischen *resilire* (steht für *zurückspringen* oder *abprallen*). Der Begriff kommt ursprünglich aus der Materialforschung und beschreibt die physikalische Fähigkeit eines Materials, nach einer Veränderungen wieder so zu sein wie vorher. Das wohl bekannteste Beispiel ist ein haushaltsübliches Gummi. Sie nehmen das Gummi, dehnen es in Ihren Händen und lassen es wieder los. Wenn Sie es nicht überdehnen, wird das Gummi nach dem Dehnen wieder ganz normal aussehen. So wie vorher. Genau das meint Resilienz. Die allgemein bekannte Definition von Resilienz lautet folgendermaßen: psychische Widerstandskraft; Fähigkeit, schwierige Lebenssituationen ohne anhaltende Beeinträchtigung zu überstehen.

Wer hat den Begriff geprägt?

Die Ersterwähnung 1977 soll von dem amerikanischen Psychologen Jack Block kommen. Er hat verschiedene Studien durchgeführt. Unter anderem mit Kindern im Kleinkindalter, bei denen er Resilienz und Kontrollvermögen unter die Lupe nahm. Im Alter von sieben Jahren wurde die gleiche Gruppe Kinder noch einmal untersucht. Kinder, die Block als hochresilient einstufte, wurden später von ihren Erziehern und Lehrern als empathischer, stressresistenter, intelligenter und auch emotional situationsangepasster eingestuft.

Wer hat die grundlegendste Forschung betrieben?

Die amerikanische Entwicklungspsychologin Emmy E. Werner und ihr Team untersuchten über 40 Jahre lang die Entwicklung von Menschen, die auf der Hawaii-Insel Kauai geboren waren. 1989 veröffentlicht sie ihre Studie. Die Studie hatte zum Ziel zu verstehen, warum manche Kinder aus schwierigen Verhältnissen später ein „normales" Leben führen und andere im Extremfall im Gefängnis landen. Werner hat untersucht, was diese Kinder, die gut aus der Situation herauskommen, verbindet. Anders gesagt, was sie davor schützt. Diese Schutzfaktoren nennt Werner Resilienzfaktoren. Zum Beispiel ist eine optimistische Grundhaltung ein solcher Resilienzfaktor. In den 90er-Jahren kamen viele andere Studien hinzu. So wurde beispielsweise auch untersucht: Warum können manche Menschen nach einer Zeit im KZ trotz dieser Erfahrungen gesund weiterleben und andere nicht?

Resilienz heute

Resilienz ist heute eines der wichtigsten psychologischen Konzepte. Wir alle sind in unserem Leben mit Schwierigkeiten konfrontiert. Egal, ob wir klein oder groß sind. Durch viele Studien zum Thema „Resilienz" konnte gezeigt werden, dass es Gemeinsamkeiten gibt bei den Menschen, die mit diesen Schwierigkeiten besser umgehen als andere. Das gilt für Sie als Kita-Leitung, für Ihr Erzieher-Team aber genauso auch die Kinder und deren Eltern.

Sie haben nun die wichtigsten Punkte über den Resilienz-Begriff gelesen. Testen Sie jetzt selbst Ihr Wissen. Haben Sie die wesentlichen Punkte erfasst? Decken Sie mit einem Blatt die rechten zwei Spalten ab und versuchen Sie, die Fragen in der linken Spalte selbst zu beantworten.

Selbst-Check: Testen Sie Ihr Wissen über den Resilienz-Begriff

Frage	Antwort	Erklärung
Woher kommt das Wort „Resilienz"?	*resilire* (lat.) – bedeutet zurückspringen oder abprallen	Etwas ist in der Lage, nach einer Veränderung wieder in den Ausgangszustand zurückzugehen.
Was sagt Wikipedia?	psychische Widerstandskraft; Fähigkeit, schwierige Lebenssituationen ohne anhaltende Beeinträchtigung zu überstehen	Es geht um die Fähigkeit, trotz Krisen wieder „normal" weitermachen zu können.
Warum ist Resilienz in Ihrer Kita so bedeutsam?	Weil Resilienz Erzieherinnen, Eltern und Kinder dabei unterstützt, unliebsame Veränderungen und Krisen so zu bewältigen, dass sie nicht ausbrennen oder verzweifeln.	Kitas müssen sich heute mit vielfältigen Veränderungen beschäftigen und überlegen, wie sie mit diesen umgehen, ohne sich selbst zu überlasten.
Wer hat die erste wichtigste Studie durchgeführt?	Emmy E. Werner, Entwicklungspsychologin, erforschte auf der hawaiianischen Insel Kauai, warum manche Kinder trotz schwieriger Lebensbedingungen gesund bleiben und andere nicht. Die Studie erschien 1989.	Über 40 Jahre lang (ca. 1950–1990) beobachtete sie Kinder aus normalen und schwierigen Verhältnissen.
Was war die wichtigste Erkenntnis der Kauai-Studie?	Kinder, die trotz schwieriger Verhältnisse ein normales Leben führen konnten, haben Gemeinsamkeiten. Diese nennt Emmy E. Werner *Schutzfaktoren* für die psychische Gesundheit.	Aus Werners Forschungen entstanden die Resilienzfaktoren, die bis heute Grundlage für viele weiteren Publikationen zum Thema sind.

Warum es sich mit Resilienz viel besser lebt

Sie haben jahrelang in Ihr Erzieher-Team investiert und haben jetzt ein tatkräftiges Team zusammen. Doch zwei werden schwanger und haben beide Beschäftigungsverbot, der Dritte kündigt und die Vierte möchte weniger arbeiten, weil sie bei sich zu Hause nicht mehr zurechtkommt. Sie schreiben die Stelle aus, keine Bewerbungen. Sie wissen nicht mehr weiter. Oder Sie sind jung, frisch verheiratet und wünschen sich nichts sehnlicher, als selbst Nachwuchs zu. Doch dann stellt sich heraus: Das wird leider nicht funktionieren.

Große Veränderungen brauchen Resilienz

In all diesen Beispielen sind Sie mit einer großen Veränderung in Ihrem Leben konfrontiert. Teilweise mit bereits existierenden Veränderungen, z. B., dass Sie akut weniger Personal haben. Teilweise aber auch mit Veränderungen Ihrer Lebensvorstellung, z. B. die eigenen Kinder. In beiden Versionen brauchen Sie innere Stärke, um die Situationen zu meistern. Anders gesagt: Sie brauchen Resilienz. Doch wie äußert sich das konkret bzw. wie erhalten Sie diese?

Die gleiche Sache – zwei Reaktionen

Andrea ist eine junge, hoch engagierte Kita-Leitung und hat immer davon geträumt, selbst irgendwann eine Familie zu haben. Den Partner hatte sie nach längerem Hin und Her gefunden, und für beide war klar: „Wir wollen eine eigene Familie." Sie haben sich ein Haus gekauft, natürlich Kinderzimmer eingeplant. Doch dann die Schocknachricht: Andrea kann keine Kinder bekommen. Ihre Welt stürzt ein. Ihr Lebenskonzept ist von einer Minute auf die andere nicht mehr existent. Zur selben Zeit bekommt eine andere junge Erzieherin, Lena, im Nebenzimmer der Kinderwunschklinik die gleiche schockierende Nachricht. Beide Frauen gehen nach Hause mit der gleichen Nachricht. Doch das, was danach kommt, sieht sehr unterschiedlich aus.

Ein Leben ohne Resilienz

Andrea kann den Satz „Sie können keine Kinder bekommen" nicht mehr aus dem Kopf bekommen. Sie kämpft mit der Tatsache. Sie redet mit ihrem Mann darüber, doch der kann es nach ein paar Wochen einfach nicht mehr hören. Sie müsste es doch schließlich abharken. Doch sie kann nicht. Sie sieht auch kein anderes Leben für sich. Sie ist frustriert, hat keinen Appetit mehr und verliert die Freude am Leben Tag für Tag. Sie kann einfach nicht mit der Tatsache leben, dass das jetzt ihr Leben sein wird. Zwei Jahre später trennt sich ihr Mann von ihr. Ihre Freunde wenden sich von ihr ab, weil sie kein anderes Thema hat. In der Kita verliert sie die Leitungsstelle, weil sie sich kaum noch motivieren kann, geschweige denn andere. Sie wundert sich gar nicht darüber, denn sie kriegt ja schließlich sowieso nichts richtig hin, so ihr Glaubenssatz. Sie lebt vor sich hin und hängt immer noch dem Leben, das sie eigentlich hätte leben wollen.

Ein Leben mit Resilienz

Lena und ihr Mann gehen ebenfalls nach Hause. Lena weint und trauert einige Tage. Ihre Freundinnen sind da, um mit ihr zu sprechen. Denn auch ihr Partner trauert. Doch nach einigen Tagen beginnen sie, darüber zu sprechen, wie mögliche Alternativen aussehen können. Sie reden über Adoption oder andere Lebenskonzepte ohne Kinder. Sie entscheiden sich dafür zu akzeptieren, wie es ist, und lösungsorientiert nach vorne zu schauen. Das dauert, und Trauerphasen kommen und gehen, aber zwei Jahre später haben Lena und ihr Mann zwei Pflegekinder, um die sie sich mit Hingabe kümmern. Sie kann anderen Frauen in einer ähnlichen Situation weiterhelfen, weil sie es geschafft hat, das Beste aus ihrer Situation zu machen.

Das mag ein extremes Beispiel sein. Nehmen Sie die kleineren Alltagsbeispiele aus Ihrem Leben: Der Streit am Morgen mit dem pubertierenden Sohn, der Sie den ganzen Tag beschäftigt, oder das Elterngespräch, vor dem Sie – aufgrund Ihrer Vorerfahrungen – jetzt schon ein wenig Bammel haben. Wir erleben alle Schwierigkeiten im Leben. Das sind die Stürme des Lebens. Die können wir nicht ändern. Doch wir entscheiden, ob wir die Segel ausrichten und weiterfahren oder ob wir uns von dem Sturm treiben lassen. Menschen mit Resilienz richten die Segel neu aus.

Resilienz ist übrigens beobachtbar. Beobachten Sie einmal sich selbst oder auch andere Menschen. Die folgende Checkliste enthält einige wichtige Punkte, anhand derer Sie resilientes Verhalten erkennen können.

Checkliste: So erkennen Sie resiliente Menschen

✔	**Menschen mit hoher Resilienz ….**
	… nehmen das Leben an, wie es ist, auch wenn sie es sich anders vorgestellt haben.
	… übernehmen Verantwortung für ihr Denken und Handeln.
	… lassen sich von ihren Emotionen nicht dauerhaft runterziehen.
	… suchen nach alternativen Lösungen.
	… haben Menschen in ihrem Umfeld, die sie unterstützen und die für sie da sind.
	… haben auch im beruflichen Umfeld Menschen, die sie um Rat und Unterstützung bitten können.
	… glauben, dass sie mit dem, wie sie sind, in dieser Welt etwas bewirken können.
	… haben Selbstvertrauen in ihre eigenen Fähigkeiten.
	… reflektieren sich regelmäßig und lernen, ihr Verhalten zu verändern.
	… nehmen Feedback an und überlegen, was davon ihnen weiterhelfen kann.
	… sind empathisch.
	… können im Schnitt besser mit Schicksalsschlägen wie Verlust des Arbeitsplatzes umgehen.
	… verstehen, dass sie selbst verantwortlich sind, ihr Leben zu verändern, wenn sie unzufrieden sind.
	… beschweren sich weniger über schwierige Umstände, sondern versuchen, sie zu lösen.
	… entwickeln alternative Pläne, wenn der Plan nicht funktioniert hat.
	… schauen zuversichtlich in die Zukunft und glauben, dass alles wieder besser sein wird.
	… wissen, dass jede Krise ein Ablaufdatum hat.
	… kommen mit Veränderungen, die sie nicht selbst initiiert haben, besser zurecht.
	… suchen den Fehler bei sich statt bei anderen – wobei sie sich nicht selbst „fertigmachen".
	… haben stabilere soziale Beziehungen.
	… können besser mit Feedback umgehen.
	… brennen weniger aus oder spüren körperliche Auswirkungen von Belastungen weniger.
	… können sich selbst motivieren weiterzumachen.
	… wissen, dass es auch dazugehört, zu trauern, wütend zu sein oder zu zweifeln.
	… arbeiten an sich und ihrer persönlichen Entwicklung.

So unterscheiden sich Resilienz und Stresskompetenz

Die Frage, die mir in Seminaren zum Thema „Resilienz" am meisten gestellt wird, lautet: *„Frau Karsch, was unterscheidet denn eigentlich Resilienz und Stressmanagement? Ist das nicht das Gleiche?"* Antwort kommt hier:

Stresskompetenz und Resilienz sind verwandt

In der Tat ist es so, dass es natürlich sehr viele Parallelen bei den Themenbereichen „Stressmanagement" und „Resilienz" gibt.

Stresskompetenz = Die „Krankheit" behandeln

Hirnforscher Raffael Kalisch beschreibt in seinem Buch „Der resiliente Mensch", dass in den letzten Jahrzehnten der Fokus sehr stark darauf gelegt wurde, den Stress von Menschen zu behandeln. Ihnen also beizubringen, wie sie mit Stressfaktoren umgehen und wie sie kurzfristig die Notbremse ziehen können (z. B. durch Dampf ablassen – Sie gehen in den Wald und schreien Ihre Wut raus) oder auch langfristig besser damit umgehen zu können (z. B. durch Meditationen). Das große Aber, das Kalisch beschreibt, ist: Es hat nur bedingt oder gar nicht geholfen.

Stress lässt sich aber eben nur bedingt abschalten. Wir Menschen brauchen ihn sogar. Wenn Sie z. B. sehen, dass ein Kind auf dem Klettergerüst kurz davor ist zu fallen, rennen Sie los, ohne nachzudenken, um das Kind aufzufangen. In diesem Moment ist Ihr Körper im Stress – anders gesagt unter Alarmbereitschaft. Wäre das nicht so, könnten Sie nicht so schnell reagieren. Stress lässt sich also nicht abschalten. Was dann?

Resilienz = Die „Gesundheit" stärken

Was wäre, wenn wir die Perspektive wechseln? Wenn wir nicht überlegen, wie wir die Stress-Krankheit besiegen, sondern wie wir es schaffen, von vornherein gesund zu sein? Bei Resilienz geht es genau darum. Sie stärken Ihre psychische Gesundheit und sorgen dadurch dafür, dass Sie gar nicht erst in eine Situation kommen, in der Sie von einer Alarmbereitschaft in die nächste springen. Stress wird nämlich erst dann gefährlich, wenn Sie die Balance zwischen Anspannung (Alarmbereitschaft) und Entspannung (normale Situation) nicht mehr halten können und in Daueranspannung sind. Wenn Sie Resilienz aufbauen, sorgen Sie dafür, dass das nicht passiert.

Übersicht: So unterscheiden sich Stress und Resilienz

Thema	Stress	Resilienz
Die Idee hinter dem Konzept	Die Krankheit heilen!	Die Gesundheit stärken!
Fokus beim Kompetenztraining	Reduzieren der Risikofaktoren	Erhöhen der Schutzfaktoren
Der Kern	Stressfaktoren im Alltag erkennen und besser mit ihnen umgehen, ggf. das eigene Leben verändern, um Stressfaktoren generell zu reduzieren	Schwierige Situationen nicht vermeiden, sondern sie durchleben und am Ende ohne Schaden oder sogar gestärkt daraus hervorgehen.
Die Faktoren	Berufliche und private Stressfaktoren sind Dinge, die belastend empfunden werden. Zum Beispiel persönlichkeitsbezogene Merkmale (Perfektionismus, hoher Leistungsdruck), Beziehungen (Konflikte, fehlende Anerkennung), Anforderungen (unklar oder zu hoch oder zu niedrig), geringe Spielräume	Resilienzfaktoren sind Eigenschaften oder Verhaltensweisen, die dazu beitragen, die psychische Gesundheit zu schützen, z. B. Akzeptanz von Vergangenem oder Unveränderlichem, der Glaube an die eigenen Fähigkeiten, positive Emotionen, Optimismus, soziale Unterstützung, die Fähigkeit, sich zu reflektieren
Was durch Training gestärkt wird	Die Fähigkeit, mit belastenden Situationen besser umzugehen oder sich diesen gar nicht erst auszusetzen.	Die Fähigkeit, sich von schwierigen Situationen zu erholen, ohne Schaden davonzutragen.

Warum Resilienz sowohl angeboren als auch entwickelbar ist

Wenn Sie Diskussionen von Experten und Menschen, die über Resilienz reden, verfolgen, werden Sie eine Diskussion sehr häufig mitbekommen. Nämlich die Frage: Ist Resilienz angeboren oder entwickelbar? Dass diese Diskussion stattfindet, ist klar, denn seit Emmy Werner geht es immer wieder um die Frage: Warum gehen manche Menschen gestärkt aus den schwersten Lebenskrisen hervor und andere kommen nie wieder aus ihrem Tief heraus?

Um diese Frage zu beantworten, ist es sinnvoll, einen Blick auf das Thema „Persönlichkeit" zu werfen. Unsere Persönlichkeit können Sie mit einer Zwiebel vergleichen. Sie besteht aus vielen Schichten von innen nach außen. Übertragen ist es so, dass wir die äußeren Schichten leichter verändern können als die inneren. Das hat natürlich auch einen Einfluss auf Resilienz.

Am wenigsten veränderbar: Die genetisch bedingten Wesenszüge der Persönlichkeit

Innen liegen die genetisch bedingten Wesenszüge der Persönlichkeit und damit viele Eigenschaften, die wir genetisch mitbekommen haben. Allerdings wissen wir heute auch aus der neuesten Forschung, dass Gene viel besser beeinflussbar sind, als man früher dachte. Die so genannte „Epigenetik" erforscht genau dieses Thema, indem sie Veränderungen von menschlicher DNA unter die Lupe nimmt. Das soll hier zwar nicht weiter ausgeführt, aber dennoch kurz benannt werden, weil viele Menschen immer noch glauben, dass man sich selbst im Inneren kaum verändern kann. Und das stimmt eben nicht.

Schwer veränderbar: Die Kernpersönlichkeit

Unsere Kernpersönlichkeit entsteht in den ersten Jahren unseres Lebens. Die Erlebnisse, die wir in diesen Jahren machen, prägen uns bis heute. Denn sie bilden Überzeugungen, Glaubenssätze und Werte, die uns unser Leben lang begleiten. Die Kernpersönlichkeit bildet sich also durch Erziehung und Sozialisation. Damit kommen Sie als Kita-Leitung bzw. als Kita ins Spiel. Auch Sie haben einen Einfluss auf die Kernpersönlichkeit der heutigen Kinder und späteren Erwachsenen. Natürlich ist dieser Einfluss begrenzt. Sie können nicht den Job der Eltern übernehmen. Aber Sie können den Einfluss, den Sie haben, bestmöglich nutzen.

Leichter veränderbar: Das Verhalten

Stellen Sie sich vor: Für Max, 4 Jahre alt, war es schon immer eine immense Herausforderung, das Spielzeug mit den anderen Kindern zu teilen. Obwohl er Geschwister hat, scheint er es zu Hause nicht richtig zu lernen. Er wird wütend, schlägt um sich und ist nicht bereit, auf die anderen Kinder einzugehen. Das ist erst einmal ein Verhalten, an dem Sie arbeiten können – das tun Sie auch. Sie wissen aus eigener Erfahrung vermutlich, dass es sogar hier auf der Verhaltensebene, also der am leichtesten veränderbaren Persönlichkeitsschicht, einige Zeit dauert, bis sich eine solche Veränderung zeigt, aber sie ist möglich.

In der Resilienzforschung gibt es unterschiedliche Auffassungen darüber, in welche dieser 3 Schichten sich Resilienz nun einordnen lässt. Oft wird Resilienz als Zustand gesehen, der aus verschiedenen Faktoren entstehen, die wiederum aus der angeborenen Persönlichkeit und Kernpersönlichkeit entstehen. Sie werden nicht alles beeinflussen oder verändern können, weder bei sich noch beim Team, noch bei den Kindern. Doch um Resilienz zu entwickeln, ist es wichtig, den Fokus auf die Aspekte zu legen, die entwickel- und veränderbar sind. Das Geniale für Sie in der Kita ist, dass Sie auf die frühe Prägung einen Einfluss haben. Damit haben Sie eine größere Hebelwirkung als z. B. Trainer in der Erwachsenenpädagogik.

Grafik: Die Schichten der menschlichen Persönlichkeit in Bezug auf die Resilienz

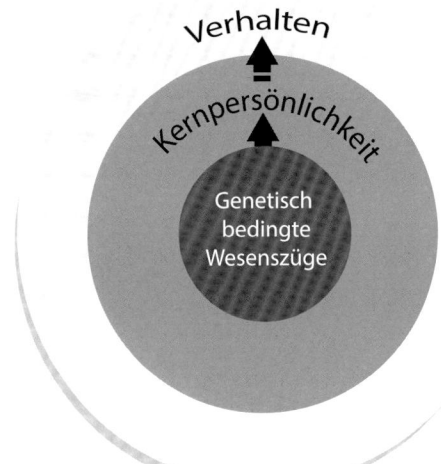

Verhalten

Resilientes Verhalten lässt sich beobachten. Zum Beispiel mit der Checkliste auf S. 14 (Checkliste: So erkennen Sie resiliente Menschen). Auch bei Kindern lässt es sich beobachten. Resiliente Kinder trauen sich mehr zu. Sie können besser mit ihren Emotionen umgehen. Sie sind empathisch gegenüber den anderen Kindern. Sie suchen nach alternativen Lösungen, wenn etwas nicht klappt, z. B. wenn sie ein Spielzeug nicht bekommen oder beim Basteln einmal nicht dabei sein können.

Kernpersönlichkeit

Die Kernpersönlichkeit entwickelt sich in unserer frühen Kindheit. In Bezug auf die Resilienz ist hier z. B. die Selbstwirksamkeitserwartung (= der Glaube an die eigenen Fähigkeiten und die eigene Kompetenz) zu nennen. Es macht also einen enormen Unterschied für die Kernpersönlichkeit, ob Sie Ihrem Kita-Kind etwas zutrauen und es darüber lernt, dass es etwas selbst tun darf, oder ob Sie das eben nicht tun. Das beeinflusst die Kernpersönlichkeit – und damit auch die Resilienz.

Genetisch bedingte Wesenszüge

Die Kernpersönlichkeit entwickelt sich in unserer frühen Kindheit. In Bezug auf die Resilienz ist hier z. B. Optimismus zu nennen. Optimismus ist zum Großteil angeboren und gehört damit zu unseren genetisch bedingten Wesenszügen. Allerdings ist er teilweise auch erlernbar. Das gilt für alle Resilienzfaktoren, die auf dieser Ebene angesiedelt sind.

Resilienz ist wie ein Schutzschild für Ihre Kita-Kinder

Sie sind als Kita-Leitung jeden Tag umgeben von Kindern, die ihr strahlendes Lächeln zeigen, wenn ihnen etwas zum ersten Mal gelungen ist. Zum Beispiel, wenn sie ein Puzzle erfolgreich zusammengesetzt haben oder es auf dem Klettergerüst bis ganz oben geschafft haben. Oder auch, wenn sie etwas Schönes gebastelt oder verstanden haben, dass die Musik angeht, wenn man auf den Knopf vom Radio drückt. In den ersten Jahren ihres Lebens lernen Kinder jeden Tag. Sie lernen laufen, lesen, basteln, Rutschauto fahren, Treppen steigen, Klettern, Fahrrad fahren und vieles mehr. Wie funktioniert das (häufig), ohne dass das Kind größeren Schaden erleidet?

Kinder befinden sich in einem Schutzraum

Für alle Erziehenden, für Sie und die Eltern, gilt, dass Sie den Kindern einen Schutzraum bieten. Sie bieten Sicherheit. Sie als Kita-Eltern-Team, also Ihre Erziehungspartnerschaft, sorgen im Idealfall dafür, dass das Kind in diesem Schutzraum lernt und Fehler machen kann, ohne schlimme Konsequenzen zu erfahren. Je älter die Kinder werden, desto mehr wird der Schutzraum geöffnet. Denken Sie z. B. daran, wenn die Eltern das Kita-Kind zum ersten Mal bei Ihnen in der Kita abgeben bzw. in der Eingewöhnungsphase die Kita verlassen. Die meisten Eltern müssen hier über ihren eigenen Schatten springen. Aber es geht ihnen darum, dass aus ihrem kleinen Schützling ein großer selbstständiger Mensch wird. Deshalb öffnen Eltern – und genauso Sie in der Kita – den Schutzraum Schritt für Schritt. Krippenkinder werden Sie kaum, ohne ihnen Hilfestellung zu geben, auf das Klettergerüst lassen, während Sie das bei den Kindern, die in wenigen Monaten eingeschult werden, problemlos zulassen werden.

Kinder brauchen ihren eigenen Schutzschild

Wenn Kinder in die Schule gehen, beim Basteln mit scharfen Messern umgehen, mehrere Kilometer allein Fahrrad fahren oder ins Schwimmbad gehen, überlassen wir sie mehr und mehr sich selbst. So wird ihnen mehr zugemutet, aber auch mehr Freiheit ermöglicht, was dafür sorgt, dass sie mehr und mehr zu einer eigenen Persönlichkeit werden. Damit das funktioniert, brauchen sie ihren eigenen Schutzschild. Das gilt für die praktischen Dinge des Lebens („Wie stürze ich nicht vom Fahrrad?" „Wie stehe ich wieder auf, wenn ich gestürzt bin?") genauso wie für die eigene Persönlichkeit („Ich bin gut so, wie ich bin." „Ich kann mit meinen Emotionen umgehen." „Ich bin nicht am Boden zerstört, wenn jemand mich nicht mag." etc.).

Was Resilienz bei Kindern bewirkt

Resilienz kann für Kinder Teil des persönlichkeitsbezogenen Schutzschildes sein. Denn Resilienz ermöglicht es ihnen, die Herausforderungen des eigenen Lebens zu meistern, ohne Schäden davonzutragen. Die bereits erwähnte Studie der amerikanischen Psychologin Emmy E. Werner zeigte, dass es bestimmte Schutzfaktoren gibt, die bei Kindern die psychische Gesundheit und Stabilität positiv beeinflussen. Die Erkenntnisse von Werner, die mehrfach auch in ähnlicher Weise von anderen Studien bestätigt wurden, zeigen, dass Erziehende (also Eltern und auch Sie in der Kita) einen großen Einfluss darauf haben, ob Kinder resilient sind oder nicht.

Übersicht: 3 wichtige Studienerkenntnisse aus der Kinder-Resilienzforschung

Studie	Erkenntnisse	Was heißt das für Sie?
Kauai-Studie von Emmy E. Werner	Diese schützenden Faktoren sind z. B. ein geringes Maß an Reiz- und Erregbarkeit, weshalb sie sich nicht so schnell aus der Ruhe bringen ließen. Außerdem zeigten sie bessere Problemlösefähigkeiten als andere Kinder. Sie konnten Dinge realistischer einschätzen, waren weniger ängstlich, kommunikativer und auch planvoller. Außerdem hatten die Kinder mindestens eine Bezugsperson außerhalb der eigenen Familie.	Viele der genannten Fähigkeiten sind vor allem im Kleinkindalter noch gut entwickelbar. Es werden Grundsteine für das spätere Leben gelegt. Hier können Sie durch Ihre konkrete Förderung unterstützen. Die Bezugsperson außerhalb der Familie ist in Krippe, Kita und Hort gegeben.
Mannheimer Risikokinderstudie	Werners Erkenntnisse wurden bestätigt. Zusätzlich zeigen die Autoren, dass die Mutter-Kind-Beziehung entscheidend für die Resilienz der Kinder ist.	Die Beziehungen zur Kernfamilie sind wichtig. Sie haben hier bedingt Einfluss durch die Elternarbeit, die Sie machen. Diese kann die Resilienz der Kinder indirekt steigern.
Bielefelder Invulnerabilitätsstudie	Resiliente Kinder unterscheiden sich von verhaltensauffälligen Kindern durch personale Ressourcen wie ein positiveres Selbstkonzept, höhere Selbstwirksamkeitserwartung, ein vermeidendes Bewältigungsverhalten und bessere psychische Akzeptanz. Im Hinblick auf soziale Ressourcen hatten resiliente Kinder, ähnlich wie bei Werner, emotionale Bezugspersonen außerhalb der Kernfamilie, größere soziale Netzwerke und waren zufriedener mit der erfahrenen sozialen Unterstützung.	Es kommt nicht nur auf die Kernfamilie an, sondern vor allem auch auf die Beziehungen außerhalb der Kernfamilie. Hier können Sie als Kita punkten.

Fazit: All diese Studien zeigen, dass soziale Beziehungen außerhalb der Kernfamilie für die Resilienz der Kinder entscheidend sind. Natürlich haben Eltern trotzdem die Aufgabe, Kinder zu starken Persönlichkeiten zu erziehen. Gleichzeitig zeigen diese Erkenntnisse aber, dass auch Sie als Kita mehr Spielraum haben, als Sie vielleicht manchmal denken.

Die 10 Resilienzfaktoren im Überblick nach persolog

Auf den letzten Seiten haben Sie schon einige Faktoren kennengelernt, die für die persönliche Resilienz entscheidend sind. Sie haben auch festgestellt, dass sich diese Ergebnisse, je nach Studie, unterscheiden. In diesem Praxishandbuch ist die Grundlage für die ausgewählten Resilienzfaktoren das persolog® Resilienz-Modell. Persolog hat 2019 eine große Untersuchung der wichtigsten Resilienzfaktoren durchgeführt und daraus ein Modell geschaffen, das Menschen helfen kann, ihre eigene Resilienz zu entwickeln. Es kann aber genauso auch Ihnen als Kita-Leitung dabei helfen, Ihre Kita-Kinder bei ihrer Resilienz-Entwicklung zu unterstützen. Im persolog®-Resilienzmodell gibt es 10 Resilienzfaktoren, die die Grundlage für dieses Praxishandbuch sind.

Warum das persolog-Modell?

Ich beschäftige mich seit vielen Jahren mit Resilienz – auch im Rahmen meiner hauptberuflichen Tätigkeit als Geschäftsführerin von persolog. Mir sind verschiedenste Konzepte begegnet, und ich habe mich immer gefragt, welches am besten dafür geeignet ist, wenn wir Menschen dabei unterstützen möchten, ihre Resilienz zu entwickeln. Da ich keine gute Lösung finden konnte, haben wir selbst bei persolog alle wichtigen Studien untersucht und eine wissenschaftliche Studie durchgeführt, mit der wir nachweisen konnten, dass bestimmte Faktoren dazu beitragen, die eigene Resilienz zu erhöhen. Das sind die 10 Resilienzfaktoren des persolog® Resilienzmodells.

Warum genau 10 Faktoren?

Wie viele Resilienzfaktoren gibt es nun wirklich? Wenn Sie diese Frage 5 verschiedenen Forschern stellen, bekommen Sie 5 verschiedene Antworten darauf – sowohl, was die Anzahl als auch, was den Inhalt angeht. Wir haben uns für diese 10 Faktoren deshalb entschieden, weil sie einerseits wissenschaftlich belegt werden konnten und andererseits eine gute Grundlage dafür sind, wenn Sie Resilienz bei sich oder anderen Menschen entwickeln möchten. Ich würde aber nicht darüber streiten, ob es jetzt 7, 10 oder 12 Faktoren sind. Denn letztendlich kommt es auf verschiedene Faktoren in der jeweiligen Situation an.

Warum Sie eine andere Resilienz brauchen als Ihr Team

Sie als Kita-Leitung brauchen eine andere Resilienz als Ihre Mitarbeiter. Sie sind diejenige, die den Hut aufhat. Wenn alle nicht mehr können, sind Sie diejenige, die dafür sorgt, dass es weitergeht. Wenn eine Erzieherin vor lauter Probleme weinend zusammenbricht, ist das die eine Sache. Wenn Sie es tun, ist es eine andere. Für Sie als Führungskraft – das gilt im Übrigen für alle Führungskräfte – sind andere Faktoren relevant, weil Sie in einer anderen Situation sind. Das Gleiche gilt auch für Kinder. Trotzdem sind diese 10 Faktoren eine gute Grundlage für alle Situationen, weil sie auch komplexe Situationen, wie z. B. Führungssituationen, abdecken. Aus diesem Grund werden diese 10 Faktoren im folgenden Praxisteil die Grundlage für die Entwicklungstipps dienen. In der Übersicht finden Sie alle Faktoren mit einer kurzen Erklärung. Auf alle Faktoren werde ich in den nächsten Kapiteln konkreter eingehen.

Übersicht: Die 10 Resilienzfaktoren nach dem persolog® Resilienzmodell

Nr.	Resilienzfaktor	Erklärung	Beispiel
1	Akzeptanz	Vergangenes und Unveränderbares annehmen und stehen lassen können. Akzeptanz in Bezug auf das Leben, gegenüber anderen, aber auch in Bezug auf mich selbst.	Sie bereuen einen Satz, den Sie im Elterngespräch gesagt haben, und können ihn trotzdem für sich abhaken.
2	Selbstwirksamkeitserwartung	Der Glaube an die eigenen Fähigkeiten oder anders: Die Überzeugung, dass ich auf dieser Welt etwas bewirken kann.	Sie bekommen eine schwierige Aufgabe, z. B. für ein Projekt, und trauen sich die Aufgabe zu, auch wenn Sie es noch nie gemacht haben.
3	Verantwortung	Meine eigenen Einflussmöglichkeiten nutzen, Verantwortung für mein Handeln, Denken und Fühlen übernehmen. Das Bewusstsein dessen, dass ich Einfluss auf mein Leben habe.	Sie wissen, dass kein anderer dafür verantwortlich ist, dass Ihr Job und Privatleben positiv sind, außer Sie selbst.

Nr.	Resilienzfaktor	Erklärung	Beispiel
4	Positive Emotionen	Die Empfindung von positiven Emotionen wie Zufriedenheit, Dankbarkeit und Glück – auch in Situationen, in denen Schwierigkeiten überwiegen.	Sie werden innerlich nicht von Ärger, Missgunst und Unzufriedenheit dominiert, sondern von Zufriedenheit und anderen positiven Emotionen.
5	Impulskontrolle	Die Fähigkeit, die Reize meines Handelns und Fühlens im Griff zu haben und so gelassener im Leben zu sein.	Sie rasten nicht nach außen aus, auch wenn Sie innerlich das Gefühl haben, explodieren zu müssen.
6	Lösungsorientierung	Kein festes Verharren auf einer möglichen Lösung, sondern die Fähigkeit, in anderen Wegen zu denken, wenn der primäre Weg zur Sackgasse wird.	Wenn ein Plan nicht so gelingt, wie Sie sich das vorgestellt haben, können Sie auf einen anderen Plan ausweichen und hängen nicht an diesem einen Plan fest.
7	Realistischer Optimismus	Das Glas eher halb voll zu sehen als halb leer. Zu glauben, dass die Krise zu Ende gehen und gut ausgehen wird. Aber auch nicht übertrieben positiv reinzugehen, sondern Situationen realistisch einzuschätzen.	Auch in schwierigen Situationen, wie z. B. der Lockdown-Situation, glauben Sie an ein gutes Ende.
8	Soziale Unterstützung	Soziale Kontakte auch außerhalb der Kernfamilie, die verschiedene Formen von Unterstützung in schwierigen Situationen bieten können. Dazu gehört auch ein großes Netzwerk (Familie, Freunde, Bekannte).	Sie haben jemanden, den Sie auch mal mitten in der Nacht anrufen können.
9	Empathie	Die Fähigkeit, sich in andere Menschen hineinversetzen zu können. Es geht gar nicht so sehr um das Mitleiden als vielmehr darum zu verstehen, was in der anderen Person vorgeht.	Sie können nachvollziehen, warum die Eltern von Max wütend sind, auch wenn Sie nicht gleich empfinden.
10	Kausalanalyse	Ursachen hinterfragen und auch verstehen können. Bei sich stets wiederholenden ähnlichen Schwierigkeiten, in der Lage sein, die Gründe zu erkennen, verschiedene Gründe zu verknüpfen und zu prüfen, wie es anders gehen kann.	Ihnen passieren dieselben Fehler nicht zweimal.

KAPITEL 2

SCHRITT 1: WO STEHEN SIE ALS KITA-LEITUNG IN SACHEN RESILIENZ?

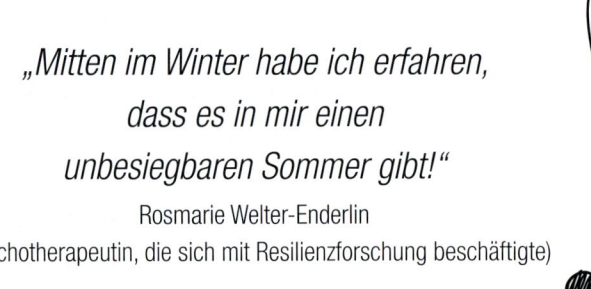

„Mitten im Winter habe ich erfahren,
dass es in mir einen
unbesiegbaren Sommer gibt!"

Rosmarie Welter-Enderlin
(Psychotherapeutin, die sich mit Resilienzforschung beschäftigte)

Wie sieht Ihre aktuelle Resilienz-Kompetenz aus?

Auf dem Weg zur resilienten Kita kommen Sie an einer Person nicht vorbei. An wem, fragen Sie sich vielleicht jetzt? An Ihnen selbst, lautet die Antwort. Resilienz fängt immer bei Ihnen selbst an. Denn als Kita-Leitung sind Sie einerseits Teil der Kita, andererseits aber auch Vorbild für Eltern und Erzieher. Je resilienter Sie selbst sind, desto wahrscheinlicher ist es, dass es Ihnen gelingt, die Resilienz Ihrer Kita zu steigern.

Selbst-Test: Wie resilient sind Sie?

Beantworten Sie alle Fragen mit Ja, Nein oder Teilweise. Setzen Sie ein Kreuz in das jeweilige Feld. Die Symbole ignorieren Sie erst einmal. Diese kommen erst für die Auswertung ins Spiel.

Resilienzfaktor	Frage	Ja	Teilweise	Nein
Akzeptanz	Denken Sie häufig darüber nach, was Sie in Ihrem Leben besser anders hätten machen sollen?	△	○	□
	Gelingt es Ihnen, Dinge in Ihrem Leben anzunehmen, die Sie nicht mehr ändern können?	□	○	△
	Fällt es Ihnen schwer, Entscheidungen zu akzeptieren, auf die Sie keinen Einfluss haben?	△	○	□
	Zweifeln Sie oft an Ihren eigenen Entscheidungen?	□	○	△
	Denken Sie, dass jedes Ereignis auch positive Auswirkungen auf Ihr Leben haben kann?	□	○	△
	Punkte im Resilienzfaktor Akzeptanz			

Resilienzfaktor	Frage	Ja	Teilweise	Nein
Selbstwirksam-keitserwartung	Kennen und schätzen Sie Ihre persönlichen Stärken?	☐	◯	△
	Sind Sie häufig unzufrieden mit sich, Ihrer Persönlichkeit oder Ihrem Äußeren?	△	◯	☐
	Glauben Sie daran, dass Sie auch schwierige Situationen im Leben erfolgreich meistern können?	☐	◯	△
	Vertrauen Sie auf Ihre eigenen Stärken?	☐	◯	△
	Lassen Sie sich schnell entmutigen, wenn etwas nicht klappt?	△	◯	☐
	Punkte im Resilienzfaktor Selbstwirksamkeitserwartung			
Verantwortung	Fällt es Ihnen schwer, eigenes Fehlverhalten zuzugeben und dafür geradezustehen?	△	◯	☐
	Gestalten Sie Ihr Leben so, wie Sie es sich vorstellen?	☐	◯	△
	Können Sie der Aussage „Ich nehme mein Leben selbst in die Hand" zustimmen?	☐	◯	△
	Lassen Sie lieber andere Menschen wichtige Entscheidungen für Sie treffen?	☐	◯	△
	Sehen Sie die Gründe für Ihre Unzufriedenheit eher bei Ihrem Umfeld als bei Ihnen selbst?	△	◯	☐
	Punkte im Resilienzfaktor Verantwortung			
Positive Emotionen	Spielen Ängste und Zweifel in Ihrem Leben eine wichtige Rolle?	△	◯	☐
	Können Sie sich wieder selbst motivieren, wenn Sie sich schlecht fühlen?	☐	◯	△
	Lassen Sie sich von negativen Ereignissen in Ihrem Leben herunterziehen?	△	◯	☐
	Gelingt es Ihnen, an etwas Gutes zu denken und daran festzuhalten, auch wenn Ihr Leben nicht besonders gut läuft?	☐	◯	△
	Empfinden Sie Dankbarkeit in Bezug auf Ihr eigenes Leben?	☐	◯	△
	Punkte im Resilienzfaktor Positive Emotionen			

Resilienzfaktor	Frage	Ja	Teilweise	Nein
Impulskontrolle	Reagieren Sie häufig zu schnell und bereuen es später?	△	○	☐
	Fällt es Ihnen manchmal schwer, sich unter Kontrolle zu haben?	△	○	☐
	Fühlen Sie sich manchmal Ihren reflexartigen Handlungen ausgeliefert?	△	○	☐
	Fällt es Ihnen leicht, in zündstoffreichen Situationen gelassen zu bleiben?	☐	○	△
	Kippt Ihre Stimmung manchmal auch ohne triftigen Grund?	☐	○	△
	Punkte im Resilienzfaktor Impulskontrolle			
Realistischer Optimismus	Denken Sie, dass im Leben alles irgendwie gut werden wird?	☐	○	△
	Sind Sie jemand, der das Glas halb voll sieht?	☐	○	△
	Fällt es Ihnen schwer, sich Ihre Zukunft in 10 Jahren vorzustellen?	△	○	☐
	Tendieren Sie dazu, Schwierigkeiten zu erwarten?	△	○	☐
	Sind Sie auch noch optimistisch, wenn Hindernisse auftauchen?	☐	○	△
	Punkte im Resilienzfaktor Realistischer Optimismus			
Lösungs-orientierung	Wenn Ihr Plan A nicht funktioniert, fällt es Ihnen schwer, auf Plan B auszuweichen?	△	○	☐
	Würden Sie sagen, dass folgende Zusage auf Sie zutrifft: „Mir fällt immer etwas ein"?	☐	○	△
	Denken Sie, dass jedes Problem grundsätzlich lösbar ist?	☐	○	△
	Gibt es für Sie unveränderliche Zustände, die Sie ohnmächtig machen?	△	○	☐
	Ist es Ihnen am liebsten, wenn Freunde oder Familie Ihnen die Lösung für Ihre Probleme nennen?	△	○	☐
	Punkte im Resilienzfaktor Lösungsorientierung			

Resilienzfaktor	Frage	Ja	Teilweise	Nein
Soziale Unterstützung	Haben Sie Menschen, die Sie im Notfall mitten in der Nacht anrufen können?	□	○	△
	Gibt es in Ihrem Beruf Menschen, die Ihnen mit einem guten Rat weiterhelfen können?	△	○	□
	Fällt es Ihnen schwer, jemanden um Hilfe zu bitten?	△	○	□
	Gibt es in Ihrem Privatleben Menschen, auf die Sie sich verlassen können?	□	○	△
	Haben Sie eine verlässliche Bezugsperson außerhalb Ihrer eigenen Familie?	□	○	△
	Punkte im Resilienzfaktor Soziale Unterstützung			
Kausalanalyse	Hinterfragen Sie Ihr eigenes Verhalten regelmäßig?	□	○	△
	Wenn Ihnen etwas nicht gelingt, probieren Sie es auf die gleiche Weise noch einmal?	△	○	□
	Versuchen Sie, die Ursachen für Probleme in Ihrem Leben herauszufinden, indem Sie Ihr eigenes Verhalten unter die Lupe nehmen?	□	○	△
	Holen Sie sich bewusst Feedback zu Ihrer Person von anderen Menschen ein, um sich weiterzuentwickeln?	□	○	△
	Passieren Ihnen häufig ähnliche Fehler immer wieder?	△	○	□
	Punkte im Resilienzfaktor Kausalanalyse			
Empathie	Versuchen Sie, sich in andere Menschen hineinzuversetzen, auch wenn Sie überhaupt nicht verstehen können, warum Ihr Gegenüber sich gerade so verhält?	□	○	△
	Merken Sie Menschen an, wie es ihnen geht?	□	○	△
	Wundern Sie sich häufig darüber, dass Sie jemanden verärgert und gar nichts davon mitbekommen haben?	△	○	□
	Nehmen Sie sich bewusst Zeit, um andere Perspektiven und Sichtweisen zu verstehen, um dann ggf. Ihre Meinung zu verändern?	□	○	△
	Gelingt es Ihnen häufig, Menschen so viel Vertrauen entgegenzubringen, dass diese sich Ihnen gegenüber öffnen?	□	○	△
	Punkte im Resilienzfaktor Empathie			

Gesamtpunktzahl (Tragen Sie die Punkte der einzelnen Resilienzfaktoren hier ein):

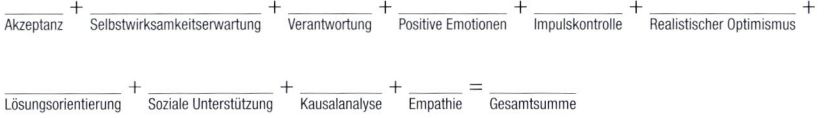

Auswertung: Zählen Sie Ihre Punkte zusammen. Das Dreieck △ ergibt 0 Punkte. Der Kreis ○ ergibt einen Punkt und das Quadrat □ ergibt 3 Punkte. Zählen Sie Ihre Punkte pro Resilienzfaktor und berechnen Sie daraus Ihr Gesamtergebnis.

Kurzauswertung Ihrer Gesamtpunktzahl:

120–150 Punkte: Sie haben eine **hohe** Resilienz.

90–119 Punkte: Sie haben eine **durchschnittliche** Resilienz.

0–90 Punkte: Ihre Resilienz befindet sich **im Aufbau**.

➔ Die ausführlichere Auswertung erfolgt auf den nächsten Seiten.

Wie Sie Ihr Testergebnis interpretieren können

Wenn Sie eine hohe Resilienz haben …

… gelingt es Ihnen sehr gut, Krisen, Schwierigkeiten und Probleme im Leben zu meistern. Sie können sich auf Ihre innere Stärke verlassen, und das wissen Sie auch. Andere Menschen werden Sie als eine starke Persönlichkeit einschätzen. Vielleicht werden Sie manchmal gefragt, wie Sie das alles machen, doch Ihnen selbst kommt es gar nicht so schwer vor. Wenn Sie eine Krise erleben, werden Sie sich wieder davon erholen können, auch wenn Sie vielleicht kurzfristig stark herausgefordert oder sogar überlastet sind. Veränderungen, auch solche, die Sie nicht selbst initiiert haben, können Sie gut mitgehen, weil Sie flexibel genug sind, Ihre Pläne und Vorhaben anzupassen. Trotzdem können auch Sie an Ihrer Resilienz arbeiten. Schauen Sie sich besonders die Resilienzfaktoren mit den niedrigeren Punktzahlen an.

Wenn Sie eine durchschnittliche Resilienz haben …

… haben Sie Ihre Fähigkeiten, Herausforderungen im Leben zu bewältigen, im Großen und Ganzen ausgebaut. Allerdings gibt es Bereiche, in denen Sie noch Entwicklungspotenzial haben. Vor allem dann, wenn die Herausforderungen größer und Umstände schwerer werden, kommen Sie vermutlich ins Straucheln. Vielleicht verlieren Sie Ihren Glauben daran, dass alles gut endet, oder ringen damit, dass die Dinge so sind, wie sie sind. Achten Sie auf Ihre Emotionen. Es ist wichtig, dass Sie sich in besonders schwierigen Situationen dessen bewusst sind, was Sie empfinden. Vermutlich gibt es auch immer wieder Situationen in Ihrem Leben, in denen Sie nicht an sich selbst und Ihre Fähigkeiten glauben. Hier geht es darum, dass Sie sich bewusst machen, was Sie schon alles geschafft haben, um so auf Ihre Stärke als Ressource zurückgreifen zu können. Wahrscheinlich werden es immer wieder ähnliche Situationen sein, die zu starken Überlastungen und emotionalen Überforderungen führen. Schauen Sie besonders darauf, welche Resilienzfaktoren Ihnen im Alltag am meisten im Weg stehen, und fangen Sie bei diesen an, daran zu arbeiten.

Wenn Ihre Resilienz sich im Aufbau befindet …

… verfügen Sie über mehr innere Ressourcen, als Ihnen bewusst ist. Doch damit es Ihnen gelingt, die Herausforderungen des Lebens besser zu meistern, ist es sinnvoll, dass Sie sich konkrete Strategien aneignen, die Sie dabei unterstützen, handeln zu können. Vermutlich hadern Sie häufiger mit Dingen, die Sie hätten anders oder besser machen können. Sie wünschen sich, dass es anders gekommen wäre, aber Sie können es nicht mehr ändern. Das wissen Sie, dennoch kommen diese Gedanken immer wieder in Ihnen hoch. Wahrscheinlich befinden Sie sich auch regelmäßig in einem emotionalen „Tief", aus dem Sie einfach nicht mehr herauszukommen scheinen. Manchmal reichen Kleinigkeiten, wie z. B. ein schwieriges Gespräch mit einer Mutter Ihres Kita-Kindes oder eine dumme Bemerkung der Schwiegermutter, um Sie in eine gedankliche Negativspirale zu leiten. Nutzen Sie Ihre Stärken in der Resilienz, um diese aus- und aufzubauen.

10 Fragen an Sie – Selbstreflexion zu Ihrem Resilienz-Selbst-Test

Wie hoch ist Ihre Resilienz insgesamt?

○ hoch   ○ durchschnittlich   ○ im Aufbau

Wie geht es Ihnen mit diesem Ergebnis? Haben Sie es erwartet? Hat es Sie überrascht? Was waren Ihre ersten Gedanken?

....

....

....

....

In welchen konkreten Situationen wünschen Sie sich mehr Resilienz? Denken Sie hier an Ihr Privat- und Berufsleben.

....

....

....

....

....

Was erhoffen Sie sich von einem „Mehr" an Resilienz? Was soll sich in Ihrem Leben dadurch ändern oder verbessern?

....

....

....

....

Welche Resilienzfaktoren haben bei Ihnen die höchsten Punktzahlen im Selbst-Test erzielt?

1. ....

2. ....

3. ....

Hinweis: Das sind Ihre Stärken, wenn es um den Umgang mit Krisen und Veränderungen geht.

Wie erleben Sie diese Resilienzfaktoren in Ihrem privaten und beruflichen Alltag als Stütze? Suchen Sie nach je einem konkreten Beispiel pro Faktor.

....

....

....

....

....

Bei welchen Resilienzfaktoren haben Sie die niedrigsten Punktzahlen im Selbst-Test erzielt?

1. ....

2. ....

3. ....

Hinweis: Das sind Ihre Stolperfallen, wenn es um den Umgang mit Krisen und Veränderungen geht.

Wie erleben Sie diese Resilienzfaktoren in Ihrem privaten und beruflichen Alltag als Schwierigkeit? Suchen Sie nach je einem konkreten Beispiel pro Faktor.

....

....

....

....

....

An welchem Resilienzfaktor möchten Sie arbeiten? Was steht Ihnen aktuell am meisten im Weg? Das muss übrigens nicht unbedingt Ihr niedrigster Resilienzfaktor sein.

....

....

Hinweis: Auf den folgenden Seiten finden Sie viele Tipps und Umsetzungshilfen zu den einzelnen Resilienzfaktor. Arbeiten Sie die Seiten für den für Sie „kritischsten" Faktor am besten mehrfach und intensiver durch, damit Sie das Wissen verinnerlichen.

Empfinden Sie es so, dass es einen Unterschied zwischen Ihrer beruflichen und privaten Resilienz gibt?

Zum Beispiel gelingt es Ihnen, beruflich alle Herausforderungen zu meistern, aber privat sind Sie hilflos? Notieren Sie sich hier Ihre wichtigsten Gedanken.

....

....

....

....

....

Wie Sie Ihre Resilienz steigern können

Sie haben nun den Resilienz-Selbst-Test gemacht. Sie haben Ihr Ergebnis ermittelt und sich selbst reflektiert. Was nun? Jetzt geht es darum, dass Sie sich Schritt für Schritt Strategien aneignen, um Ihre Resilienzfaktoren zu steigern.

Es beginnt immer bei Ihnen selbst

Vielleicht denken Sie jetzt: *„In meiner Kita sind ein paar Erzieherinnen, eigentlich müsste ich denen jetzt diese Tipps geben, denn meine Resilienz ist schon recht gut."* Wenn Sie solche Gedanken haben, ist das völlig normal. Allerdings ist es ganz wichtig, dass Sie sich bewusst machen: Eine resiliente Kita startet immer bei Ihnen.

Sie haben eine doppelte Rolle: Resilienzvorbild und Resilienzförderer

Als Kita-Leitung sind Sie Resilienzvorbild für die Erzieher, die Kinder, die Eltern und andere Partner. Außerdem sind Sie für diese Personengruppen zugleich Resilienzförderer. Wenn Sie also die Resilienz Ihrer Kita steigern wollen, geht das im ersten Schritt über den Weg, Ihre eigene Resilienz zu steigern.

Jeder Mensch nutzt Resilienzstrategien

Unabhängig davon, ob Ihre Resilienz hoch, durchschnittlich oder im Aufbau ist: Jeder Mensch, Sie auch, nutzt Resilienzstrategien. Wenn Sie zu den Kita-Leitungen gehören, die sich selbst viel reflektieren, Fortbildungen nutzen und sich weiterentwickeln, haben Sie sich vermutlich über die letzten Jahre schon einige Strategien zurechtgelegt, die Sie nutzen. Vielleicht war Ihnen gar nicht bewusst, dass z. B. ein Gesprächsführungsseminar auch indirekt die Resilienz steigert. Denn Sie lernen, sich zu reflektieren und Gesprächsmuster zu verändern, die vorher zu Problemen geführt haben. Aber auch wenn Sie noch niemals über sich nachgedacht haben sollten, nutzen Sie unbewusst Resilienzstrategien. Wir Menschen suchen nämlich immer nach Wegen, uns aus Schwierigkeiten herauszubefördern oder gar nicht erst hineinzugeraten. Bewusst oder intuitiv ist hier erst einmal sekundär.

Steigern Sie Ihre bewussten Resilienzkompetenzen

Auf den folgenden Seiten ist der Fokus darauf gerichtet, dass Sie Ihre intuitiven Resilienzstrategien wahrnehmen und Ihre bewussten Resilienzstrategien stärken. Wenn Sie Ihre eigene Resilienz stärken wollen, bedeutet das auch, dass Sie Ihren Kompetenzkoffer erweitern.

Es ist wie mit Ihren erzieherischen Fähigkeiten. Als Sie Ihre Ausbildung oder Ihr Studium absolviert haben, hatten Sie bereits intuitive Erziehungsstrategien. Zum Beispiel hatten Sie kurz nach Ihrer Erzieherausbildung noch Probleme, sich bei den Kindern durchzusetzen. Wenn Kinder nicht aufräumen wollten, haben Sie sich zu ihnen gesetzt und gemeinsam mit ihnen aufgeräumt. Heute sind Sie auf die Strategie im Beispiel vermutlich nicht mehr angewiesen.

In Ihrer Ausbildung haben Sie jede Menge Erziehungsstrategien erlernt, die Sie erst einmal ausprobieren und anwenden mussten. Heute werden Sie vermutlich viele dieser Methoden ebenfalls schon intuitiv anwenden, weil Sie das so oft gemacht haben, dass es zur Routine geworden ist.

Genau darum geht es bei den folgenden Resilienzstrategien. Wir zeigen Ihnen einen Strauß voller Methoden. Sie probieren aus, was für Sie funktioniert. Die Methoden, die Sie in Ihren Alltag integrieren und immer wieder anwenden, werden die sein, die Ihre innere Stärke erhöhen.

Übersicht: Die 10 Resilienzfaktoren in Ihrer Doppelrolle als Kita-Leitung

Nr.	Resilienzfaktor	So sind Sie Resilienzvorbild (Beispiele)	So sind Sie Resilienzförderer (Beispiele)
1	Akzeptanz	Akzeptieren Sie auch Entscheidungen anderer (z. B. Träger), wenn Sie keine Chance mehr haben, etwas in Ihrem Sinne zu ändern. Damit zeigen Sie, dass man nicht immer alles selbst beeinflussen kann und in diesen Fällen Akzeptanz wichtig ist.	Ermutigen Sie die Eltern (und auch Erzieher), ihre Meinung zu sagen. Machen Sie gleichzeitig aber auch klar, dass Sie nicht immer alle Vorschläge umsetzen werden oder können.
2	Selbstwirksamkeits- erwartung	Glauben Sie an sich und Ihre Fähig- keiten. Formulieren Sie z. B. auch in schwierigen Zeiten: „Auch wenn ich noch nicht weiß, wie, wir kriegen das hin."	Fördern Sie Ihre Mitarbeiter. Fordern Sie sie gleichzeitig heraus, selbst gesteckte Grenzen zu überschreiten. Nur so kann Selbstlimitierung überwunden werden.
3	Verantwortung	Übernehmen Sie Verantwortung für Ihre Fehler und stehen Sie dazu, dass Sie – auch oder gerade als Leitung – auch mal etwas falsch machen.	Ermutigen Sie in der Kita auch Ihr Erzieher-Team, für seine Fehler einzustehen. Das ist ein erster Schritt in Richtung Verantwortungs- übernahme.
4	Positive Emotionen	Ärgern Sie sich nicht über die Mutter von Emilia, die Ihnen seit Wochen immer wieder „Feedback" gibt, sondern freuen Sie sich über die Eltern, die Ihnen Ihren Kita-All- tag leicht machen.	Wenn Sie mitbekommen, wie eine Erzieherin sich darüber aufregt, was alles schiefläuft, wo sie ungerecht behandelt wird, oder sie sich dauer- haft ärgert, versuchen Sie zu hinter- fragen, was dahintersteckt, und betonen Sie, dass Ihnen eine positi- ve Kultur wichtig ist.
5	Impulskontrolle	Bleiben Sie bei sich. Atmen Sie durch und leben Sie Gelassenheit vor.	Üben Sie mit den Betroffenen aus dem Team Atemtechniken und Gelassenheitsstrategien ein, die Sie in diesem Praxishandbuch finden.
6	Lösungsorientierung	Denken Sie in Alternativen. Wenn eine Sache nicht funktioniert, dann wählen Sie die Alternative, falls das sinnvoll ist. Kommunizieren Sie Ihren Kurswechsel.	Fragen Sie „Was würdest du tun?" wenn jemand aus Ihrem Team Ihnen eine Frage stellt, was er oder sie jetzt machen soll. So trainieren Sie die Lösungsorientierung des Teams am besten.

Nr.	Resilienzfaktor	So sind Sie Resilienzvorbild (Beispiele)	So sind Sie Resilienzförderer (Beispiele)
7	Realistischer Optimismus	Optimismus steckt an. Seien Sie optimistisch. Auch in schwierigen Situationen geht es darum, dass Sie nicht den Mut und die Hoffnung verlieren. Leben Sie das vor.	Fragen Sie Dinge, die die Erzieher dazu bringen, eine Situation aus einer anderen Perspektive zu betrachten – so kann aus einer auswegslosen Situation ein hoffnungsvoller Weg werden.
8	Soziale Unterstützung	Bitten Sie um Hilfe. Leben Sie vor, dass man – auch als Leitung – nicht alles wissen und können muss. Man darf andere Menschen um Hilfe bitten und sich helfen lassen.	Etablieren Sie eine Kultur, in der das Team füreinander da ist und sich aufeinander verlassen kann.
9	Empathie	Hören Sie zu und beobachten Sie. So bekommen Sie besser mit, was um Sie herum passiert. Wenn eine Erzieherin erzählt, dass sie umzieht, fragen Sie anschließend nach, wie der Umzug lief. Zeigen Sie aufrichtiges Interesse.	Betonen Sie, wie wichtig gegenseitiges Verständnis füreinander ist und lassen Sie alle Meinungen stehen. So trauen sich Menschen nach und nach mehr, sich zu öffnen.
10	Kausalanalyse	Berichten Sie Ihre Erkenntnisse. Wenn Sie z. B. etwas entschieden haben, das in Bezug auf Beschwerdemanagement anders laufen soll, teilen Sie nicht nur das Ergebnis, sondern den Prozess mit. So wird klar, dass Sie analysieren.	Gehen Sie gemeinsam mit dem Team in Reflexionsprozesse. Zum Beispiel durch Persönlichkeitsentwicklungs- oder Teamtrainings oder auch konkrete Feedbacks. So beginnen Menschen, sich selbst und ihre Wirkung zu reflektieren.

Resilienzfaktor Akzeptanz: Wie Sie Ihre Fähigkeit steigern, das Leben anzunehmen

Es ist der 17. März 2020. Der erste Lockdown tritt in Kraft. Kitas, Schulen und Co. bleiben geschlossen. Eine für alle Eltern extrem schwierige Situation. Denn plötzlich haben sie die Kinder zu Hause. Manche müssen weiter parallel arbeiten, andere sind mit drei Kindern in verschiedensten Altersgruppen zu Hause. Die Herausforderungen sind vielfältig, aber für alle Eltern allgegenwärtig. Sie konnten verschiedenes Verhalten beobachten. Manche Eltern haben die Situation schnell akzeptiert und organisiert und versucht, das Beste daraus zu machen. Die einen haben sich mit ihren Nachbarn zusammengetan, sodass jeder nur alle vier Tage für die Kinder verantwortlich war. Die nächsten haben mit ihrem Vorgesetzten gesprochen und sich entweder gezielt auf Kurzarbeit setzen lassen oder ihre Arbeitszeiten auf in den Abend verlegt. Doch das war eine begrenzte Gruppe. Dann gab es die andere Gruppe. Die, die sich dauerhaft über den Ist-Zustand beklagt hat und den Zustand nicht akzeptieren wollte. Was denken Sie, welche Elterngruppe besser durch den Lockdown kam? Ich denke die erste.

Akzeptanz heißt Unveränderliches annehmen

Wenn ich in meinen Seminaren über diesen ersten Resilienzfaktor spreche, sage manche Teilnehmer direkt: *„Aber das ist doch etwas Gutes, wenn ich für Dinge kämpfe und nicht alles hinnehme."* Ich denke allerdings, dass es einen Unterschied zwischen „hinnehmen" und „annehmen" gibt. Alles hinzunehmen ist sicherlich nicht sinnvoll. Denn das würde ja bedeuten, dass Sie das Leben nicht aktiv gestalten, sondern dass passiv alles hinnehmen. „Annehmen" hingegen bedeutet: Wenn ich alles getan habe, was ich sinnvoll fand, und ich kann etwas trotzdem nicht ändern, dann nehme ich es an, wie es ist. Akzeptanz bezieht sich also vor allem auf das Kriterium „Unveränderbar".

Unveränderlich ist immer auch unsere Vergangenheit

Die eigene Vergangenheit so anzunehmen, wie sie ist, auch das ist entscheidend für die Resilienz. Veränderungen können wir immer nur im Jetzt erzielen, nicht in der

Vergangenheit. Die Vergangenheit ist abgeschlossen. Sie können leider nicht wie Dr. Who zurückfahren und die Dinge noch mal anders angehen. Das betrifft sowohl große Lebensthemen wie z. B. eine getrennte Ehe oder eine schlechte Beziehung zu den eigenen Eltern. Es betrifft aber auch Kleinigkeiten im Alltag. Sie haben ein Elterngespräch geführt, und den ganzen Abend hängt Ihnen der eine Satz im Kopf, den Sie bereuen und lieber nicht gesagt hätten. Sie haben Ihrem Träger mal die Meinung gesagt, merken aber später, dass es etwas zu heftig war, und jetzt würden Sie das gern wieder glatt bügeln. Wir sind häufig so beschäftigt mit der Vergangenheit und unserem Wunsch, die Dinge zu verändern, dass wir vergessen, wie viel wichtiger es ist, in der Gegenwart zu sein und das Beste daraus zu machen.

Die beste Strategie bei Unveränderlichem: Frühzeitige Akzeptanz

Es wird im Leben immer Dinge geben, die Sie nicht selbst verändern können. Die Erzieherin, die trotz Ihres Feedbacks einfach immer wieder die gleichen Fehler bei den Kindern macht. Die Regierung, die über den Betreuungsschlüssel entscheidet, oder auch der Autofahrer vor Ihnen, der mit 30 Stundenkilometern auf der Landstraße vor Ihnen fährt. Wichtig ist, dass Sie Ihren Einfluss nutzen, soweit das für Sie möglich ist. Zum Beispiel können Sie der Erzieherin immer wieder Feedback geben oder ihr den Arbeitsplatz evtl. auch kündigen. Sie können sich politisch engagieren und versuchen, Ihren Einfluss auf das Geschehen zu nutzen. Sie können den Autofahrer überholen oder einen Umweg fahren, sodass er nicht mehr vor Ihnen herfährt. Sie können aber nicht verändern, was die anderen tun. Also bleibt Ihnen nur die Strategie der frühzeitigen Akzeptanz. Das schont die Nerven, reduziert den Stress und steigert die Resilienz. Doch wie geht das? Hier kommt eine Methode für Sie.

Change it, Leave it, Love it – Mit dieser Methode steigern Sie Ihre Akzeptanz

Dass Ihnen nicht alles gefällt, was passiert, das ist normal. Häufig ist aber das Problem, das wir das Gefühl haben, fremdbestimmt zu sein und gar keine Wahl zu haben. Doch Fakt ist: Wir haben immer eine Wahl. Mit dieser Methode gelingt es Ihnen, das Gefühl des Handlungsspielraums zurückzugewinnen. Sie haben nämlich immer drei Optionen:

1. Change it! Verändern Sie die Situation

Stellen Sie sich vor, die Erzieherin, der Sie regelmäßig Feedback geben, verändert sich einfach nicht. Trotz mehrfacher Versuche. Das stört Sie. Dann können Sie proaktiv (also von sich aus die Initiative ergreifend) versuchen, die Situation noch einmal zu verändern. Stellen Sie sich folgende Fragen:

- WAS möchten Sie konkret verändern? *Beispiel: Ich möchte erreichen, dass die Erzieherin ihren ruppigen Ton den Kindern gegenüber ablegt und wertschätzend mit ihnen spricht.*

- WIE könnten Sie es verändern? *Beispiel: Ich spreche mit der Erzieherin und schlage ihr eine Fortbildung zum Thema Wertschätzender Umgang mit Kindern vor …*

- WANN setzen Sie welche Optionen um? *Beispiel: Ich bitte die Erzieherin, sich bis zum Ende der Woche eine Fortbildung zu diesem Thema auszuwählen.*

Reflektieren Sie zeitnah, was funktioniert und was nicht. Vielleicht bessert sich trotz aller Anstrengungen nichts an der Situation. Wenn Sie immer ungeduldiger werden und merken: „So geht es nicht mehr weiter", sollten Sie sich mit der zweiten Option beschäftigen.

2. Leave it! Verlassen Sie die Situation

Sie haben versucht, die Situation zu verändern, doch die Erzieherin verändert einfach die für Sie wesentlichen Punkte nicht. Stellen Sie sich also offen und ehrlich die Frage: „Möchte ich unter diesen Umständen weiter mit der Kollegin zusammenarbeiten?" Wenn nein: Wo könnte sie ihre Möglichkeiten besser entfalten oder wäre es vielleicht sogar notwendig, über eine Entlassung nachzudenken? Bei unserem Beispiel könnten Sie feststellen: *„Egal, was ich mache, die Erzieherin wird ihr Verhalten nicht verändern.* Für diese Option ist wichtig, dass Sie wissen, welche Bedürfnisse Sie haben und welches Umfeld Sie benötigen, dass diese auch erfüllt werden. Vielleicht ist es in diesem Fall nämlich eine Verhaltensweise der Erzieherin, die gegen Ihre Werte spricht. Vielleicht kommen Sie hier an den Punkt, dass Sie entscheiden müssen: Entlasse ich die Erzieherin oder nicht? Wenn Sie entscheiden, dass das keine Option ist, oder der Träger nicht zustimmt, dann haben Sie noch eine weitere Option.

3. Love it! Akzeptieren Sie es, wie es ist

Nehmen wir einmal an, Sie haben sich bewusst dafür entschieden, der Erzieherin nicht zu kündigen, weil sie zu 95 % einen guten Job macht und nur diese eine Sache störend ist. Dann geht es darum zu akzeptieren, dass die Sachlage so ist, wie sie ist. Wenn Sie sich bewusst dafür entscheiden, störende Gegebenheiten in Ihrem Umfeld zu akzeptieren, wirken Sie indirekt auf Ihr Umfeld ein. Sie verändern nämlich Ihre Bewertung – denn Sie haben entschieden: *„Es stört mich nicht so sehr, dass ich die Situation verlassen möchte, also könnten auch andere Bedürfnisse wichtig sein, z. B. dass sie hervorragend darin ist, mit den Kindern gemeinsame Bastelaktionen zu machen."* Zum anderen ergeben sich gleichzeitig vielleicht Gelegenheiten, Anregungen aus Ihrem Umfeld aufzunehmen und gezielt für eine Verhaltensänderung zu nutzen.

Entscheidend dafür, dass Sie etwas akzeptieren können, wie es ist, ist Ihre eigene Bewertung. Anhand dieser drei Schritte verändern Sie Ihre Bewertung und das ist die Voraussetzung dafür, dass Sie die Situation tatsächlich annehmen können. Gehen Sie diese drei Schritte doch einmal für etwas in Ihrem Leben, bei dem es Ihnen schwerfällt, es anzunehmen. Sie können die Methode auch nutzen, um vielleicht etwas, das Sie schon ewig im Kopf haben und sich nicht trauen auszuüben, damit durchzuspielen, ob es Sinn macht durchzuführen oder nicht.

Resilienzfaktor Selbstwirksamkeitserwartung: So steigern Sie Ihren Glauben an sich

Dieser recht komplizierte Begriff der Selbstwirksamkeitserwartung lässt sich gut mit einem Zitat von Astrid Lindgrens Pippi Langstrumpf zusammenfassen: *„Das habe ich noch nie vorher versucht. Also bin ich völlig sicher, dass ich es schaffe!"* Es geht also um Ihren Glauben an Ihre eigenen Fähigkeiten.

Schauen Sie einmal 10 Jahre zurück in Ihrem Leben

Was haben Sie beruflich gemacht? Was privat? Mit welchen Menschen haben Sie Zeit verbracht? Was hat Ihnen Schwierigkeiten bereitet? Was hat Sie herausgefordert? Und jetzt überlegen Sie einmal: Hätten Sie damals gedacht, dass Sie heute genau da stehen und das sind, was Sie heute sind? Die meisten Menschen werden diese Frage mit Nein beantworten. Ich z. B. war vor genau 10 Jahren noch fest angestellt. Eine Präsentation vor 200 Menschen war für mich undenkbar. Ein Webinar mit 500 Menschen – irrational. 5 Bücher veröffentlicht – niemals. Heute mache ich genau diese Dinge jeden Tag und schreibe mit diesen Worten an meinem sechsten Buch.

Wie hinderliche und negative Gedanken Ihnen im Weg stehen

Meistens haben wir Menschen mehr Ressourcen, als wir denken, und schaffen deshalb auf einen langen Zeitraum gesehen mehr, als wir uns vorstellen. Übrigens überschätzen wir immens, was in kurzen Zeiträumen passieren kann. Wenn Sie in Ihrer Kita z. B. die Eigenverantwortung der Erzieher stärken wollen, wird das kein Wochenprojekt sein, vermutlich brauchen Sie mehrere Jahre. Das ist aber genau das Problem. Sie starten hoch motiviert mit Ihrem neuen Plan und merken kurze Zeit später, dass erste Erfolge da sind. Die eine Erzieherin, die sich nie selbstständig etwas Neues überlegt hat, macht gleich zwei Vorschläge in einer Woche. Doch dann kommt häufig die Frustration, weil sich die Anfangserfolge nicht wiederholen. Vielleicht kommt Ihnen dank ein Gedanke wie: „Ich bin eben doch nicht gut genug als Kita-Leitung, damit das klappt."

Negative Glaubenssätze bremsen aus

Solche negativen Gedanken über sich selbst nennt man „Glaubenssätze". *„Alles, was ich mache, läuft schief."* *„Ich kann das einfach nicht gut genug."* Glaubenssätze (positive und negative) entstehen vom Kleinkindalter an. Wenn Sie in Ihrem Leben immer wieder den Satz hören: *„Lass das mal lieber deine große Schwester machen, du kannst das noch nicht"*, dann bildet sich in Ihren Nervenbahnen ein kleiner Trampelpfad. Und jedes Mal, wenn dieser Satz noch einmal fällt, verfestigt sich der Trampelpfad ein wenig. Wenn Sie also einen Satz Tausende Male hören, ist das kein Trampelpfad mehr, sondern dann haben Sie im Ergebnis eine Autobahn. Diese Autobahn sorgt dafür, dass das Muster *„Du kannst das nicht"* sofort in Ihre Gedanken geht, wenn Dinge passieren, die an die früheren Situationen erinnern.

Selbstwirksamkeit trainieren bedeutet den Glauben an sich selbst stärken

Wenn Sie Selbstwirksamkeit trainieren möchten, kommen Sie nicht drum herum, Ihre negativen Glaubenssätze an der Wurzel zu packen und sie umzuformulieren. Anders gesagt: Es geht darum, von *„Das kann ich nicht"* zu *„Ich schaffe es"* zu kommen. Selbstwirksamkeitserwartung ist deshalb so entscheidend für schwierige Situationen und Krisen – und damit so wichtig für die Resilienz –, weil Sie besser durch Schwierigkeiten kommen, wenn Sie denken, dass Sie das auch schaffen.

Nutzen Sie „The Work" von Byron Katie, um Ihre negativen Gedanken umzuformulieren

Die Amerikanerin Byron Katie Mitchell hatte ihr Leben lang selbst mit negativen Überzeugungen und Glaubenssätzen zu kämpfen. Schließlich kam ihr ein Moment der Erkenntnis, als sie sich selbst eine Auszeit nahm. Damals entwickelte sie die Methode „The Work". Bei dieser Methode geht es darum, „irrationale" Wünsche und Überzeugungen durch bessere Denkmuster zu ersetzen – um den eigenen Ärger im Leben zu eliminieren und mehr Gelassenheit aufzubauen. Hier finden Sie eine Schritt-für-Schritt-Anleitung für eine einfache Version von „The Work".

Schritt-für-Schritt-Anleitung: So ersetzen Sie negative Glaubenssätze mit „The Work"

Schritt	Was in dem Schritt zu tun ist	Erklärung	Beispiel
1	Schreiben Sie Ihren negativen Glaubenssatz auf ein weißes Blatt Papier.	Dies ist wichtig, um überhaupt irgendwo anzusetzen und eine Überzeugung umzuformulieren.	„Ich bin keine gute Leitung für die Kita."
2	Fragen Sie sich in Bezug auf Ihren negativen Glaubenssatz: „Ich …" – Ist das wirklich wahr?	Es ist eine so entscheidende Frage. Denn wir denken ja bei unseren Glaubenssätzen, dass diese wahr sind. Deshalb: Fragen Sie sich ernsthaft: Ist das wirklich wahr? „Ja" oder „Nein" können Antworten sein und bedeuten weder gut noch schlecht.	„Ja, ich bin keine gute Leitung, sonst wäre doch das Team viel mehr dabei."
3	Können Sie zu 100 % sicher sein, dass dieser Glaubenssatz wahr ist?	Wir sagen schnell zu etwas „Ja". Aber sind wir auch zu 100 % sicher? Oft ist das nicht der Fall. Es gibt hier auch keine richtige oder falsche Antwort.	„100 %ig sicher bin ich mir nicht. Ich denke es aber."
4	Wie fühlen Sie sich beim Gedanken an Ihren Glaubenssatz?	Es ist wichtig, sich selbst klarzumachen, was solche „kleinen" Gedanken emotional mit Ihnen machen können. Hören Sie hier wirklich tief in sich hinein, und spüren Sie, was in Ihrem Körper passiert, wenn Sie sich in diese Situation versetzen.	„Ich fühle mich schlecht und wertlos. Ich habe das Gefühl, dass all die vielen Stunden und Sorgen gar nichts bringen und ich es auch lassen könnte. Ich werde traurig und weiß aber auch nicht, was ich sonst machen kann."
5	Formulieren Sie Ihren Glaubenssatz ins Gegenteil um.	Mit einer einfachen Umformulierung fangen wir Menschen an, anders zu denken. Das kann uns dabei helfen zu überlegen, wie wir diese gleiche Sache auch sehen könnten.	„Ich bin eine gute Leitung für die Kita."

Schritt	Was in dem Schritt zu tun ist	Erklärung	Beispiel
6	Suchen Sie nach drei Beispielen, die beweisen, dass das Gegenteil (also Ihre Umformulierung) stimmen kann.	Wenn wir zweifeln oder uns ärgern, zählt häufig gar nichts anderes mehr. Wir haben einen Tunnelblick. Mit der Suche nach Beweisen für das Gegenteil können Sie andere Sachen in Ihren Blick geraten, die Sie im Tunnelblick nicht sehen.	„Der Träger gibt mir in jedem Gespräch das Feedback, dass ich das gut mache. Die Eltern von Max sagen mir immer wieder, dass Max in die alte Kita nicht gehen wollte und hier total glücklich ist. Und meine Mitarbeiter haben mir vor drei Monaten eine große Dankeskarte zum Geburtstag gebastelt."

Wichtiger Hinweis: Im ersten Schritt geht es natürlich immer darum, überhaupt Glaubenssätze zu entdecken, die Ihnen im Weg stehen. Notieren Sie sich dazu eine Woche lang in einem Buch einmal alle negativen Gedanken, die bei Ihnen über Sie selbst aufkommen. *„Ich kann das nicht." „Ich schaff das nicht." „Ich bin doch blöd." „Ich bin nicht liebenswert." „Ist ja logisch, dass ich das wieder nicht schaffe."* Schauen Sie dann: Welche Sätze sind öfter am Tag oder in der Woche da? Das gibt einen Hinweis darauf, was Ihre negativen und hinderlichen „typischen" Glaubenssätze sein könnten.

Resilienzfaktor Verantwortung: Nutzen Sie Ihren Einfluss

„Wenn du mir mehr Anerkennung gibst, bin ich auch zufriedener bei der Arbeit." „Wenn mir Kollegin X nicht immer zuvorkommen würde, könnte ich auch viel bessere Aktionen mit den Kindern machen." „Wenn die Bahn nicht zu spät gekommen wäre, wäre ich auch pünktlich gewesen." Diese Sätze haben eine Sache gemeinsam: Anderen Menschen oder Umständen wird die Schuld dafür gegeben, dass etwas im eigenen Leben nicht klappt. Es passiert so schnell, dass wir andere Menschen oder die Umstände verantwortlich machen. Doch resiliente Menschen nehmen ihr Leben selbst in die Hand. Stellen Sie sich vor, Sie sind Fußballtrainer, und das Spielfeld und die Mannschaft stehen fest. Sie können sie nicht verändern. Sie müssen es annehmen. Akzeptanz ist, wie Sie bereits wissen, ein wichtiger Resilienzfaktor. Doch es kommt ein zweiter dazu. Ich kann als Trainer nun aber entscheiden, wie ich mit dieser Mannschaft arbeite, wie ich sie aufstelle und wie ich sie trainiere. Genau das ist der Resilienzfaktor Verantwortung.

Verantwortung für was eigentlich?

Menschen mit hoher Resilienz fühlen sich für ihre eigenen Gedanken, Gefühle und Handlungen selbst verantwortlich. Sie sind davon überzeugt, dass sie ihren Einfluss nutzen und selbstbestimmt handeln können. Sie wissen, dass es an ihnen selbst liegt, ob sie zufrieden sind oder nicht. Menschen mit niedriger Resilienz hingegen geben häufig anderen die Schuld für ihre eigenen Probleme. Es fällt ihnen schwer, Fehler einzugestehen. Sie lassen deshalb lieber auch andere entscheiden, denn dann sind sie dafür nicht verantwortlich, was entschieden wird. Mit den folgenden 2 Methoden können Sie Ihren Resilienzfaktor Verantwortung steigern.

Methode 1: Ihre Sprache beeinflusst Ihr Verantwortungsdenken

Ich bin studierte Sprachwissenschaftlerin. Sprache hat mich schon immer fasziniert, weil sie kraftvoll ist. Einzelne Sätze von Menschen beeinflussen uns manchmal Jahre und verfolgen uns – ob wir wollen oder nicht. Mit Sprache können wir andere wertschätzen, aber auch verletzen. Sprache beeinflusst unser Leben – und auch unser Verantwortungsdenken. Nach dem Motto: „Wem ich die Schuld gebe, gebe ich die Macht", finde ich es entscheidend, Macht über das eigene Leben zu behalten. Trainieren Sie Ihre Sprache von DU zu ICH. Was meine ich damit?

- Aus „Mein Träger hat mich rausgemobbt" wird „Ich habe meinen Job verloren."

- Aus „Du hast mir nichts zum Hochzeitstag geschenkt" wird „Ich habe mir Blumen gewünscht."

- Aus „Du treibst mich in den Wahnsinn" wird „Ich lasse mich in den Wahnsinn treiben."

- Aus „Max ärgert mich heute wieder" wird „Ich lasse mich von Max heute ärgern."

Praxis-Tipp: Holen Sie sich einen Partner an Bord

Sie werden erstaunt sein, wie oft Sie unabsichtlich in DU-Sprache reden. Bitten Sie doch eine Kollegin oder einen Kollegen, Sie darauf hinzuweisen, wenn der andere Sie dabei „erwischt", dass Sie eine DU-Formulierung benutzen.

Methode 2: Nutzen Sie Ihre Einflusszone

Sich selbst als aktiven Gestalter des eigenen Lebens zu sehen ist ein wichtiges Grundprinzip des Resilienzfaktors Verantwortung. Der amerikanische Erfolgsautor Stephen R. Covey hat in seinem Bestseller „Die 7 Wege zur Effektivität" den Begriff „proaktiv sein" geprägt. Was heißt das? Im Wesentlichen geht es darum, sich nicht als Opfer der Umstände zu sehen. So reduzieren Sie deutlich Ihren Stress und steigern Ihre Resilienz. Aber wie soll das gehen? Covey hat dafür ein einfaches Modell entwickelt.

Circle of Concern: Es gibt Dinge, auf die wir keinen Einfluss haben. Weder positiv noch negativ. Zum Beispiel das Wetter, ob die Politik einen Lockdown verhängt oder dass der Träger entschieden hat, zwei Einrichtungen zusammenzulegen. Die Strategie lautet hier: Akzeptanz (Siehe S. 41). Übrigens ist das aber der Punkt, wo wir meistens Stress entwickeln.

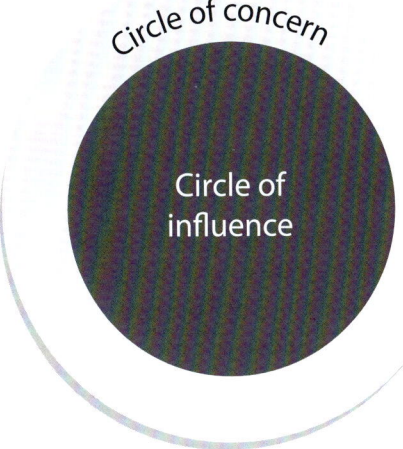

Circle of Influence: Der innere Kreis ist der Bereich, auf den wir **Einfluss haben**. Auf unsere Gedanken, Gefühle und unser Handeln.

Coveys Circle of Influence zeigt, wo es um Verantwortungsübernahme geht.

So vergrößern Sie in Ihre Einflusszone

Wenn Dinge außerhalb unserer direkten Einflusszone liegen, wir also die Tatsachen an sich nicht ändern können, ist es wichtig, wie wir darauf reagieren. Die entscheidende Frage ist: Wie können Sie mehr Einfluss nehmen auf das, was passiert? Sie können nicht das Regenwetter ändern, wenn Sie mit den Kita-Kindern einen Ausflug geplant haben, aber Sie können sich darauf einstellen und sich entsprechend anziehen. Oder: Sie können von vornherein einen Ausflug planen, der sich auch bei Regen realisieren lässt. Sie können nicht ändern, dass der Träger zwei Einrichtungen zusammenlegt, aber Sie können versuchen, dass die Teams gut zusammenwachsen und die Eltern mitgehen.

Stellen Sie also immer die Frage: „Was kann ich in meinem Einflussbereich tun?" Meistens ist es mehr, als Sie vielleicht auf den ersten Blick denken. Schreiben Sie sich einmal auf, wo Sie aktuell überall denken, keinen Einfluss zu haben, und stellen Sie sich dann die Frage: Bei welchen Aspekten habe ich Einfluss? Was konkret kann ich tun? Durch den Fokus auf das, was möglich ist, wird Ihr Blick verändert und Ihre Einflusszone wächst.

Resilienzfaktor Positive Emotionen: Wie Sie sich selbst wieder hochziehen können

Erinnern Sie sich noch daran, als Sie das letzte Mal frisch verliebt waren? Vielleicht ist es zwei Wochen her, vielleicht auch 20 Jahre. Wir schweben auf Wolke 7. Egal, was um uns herum passiert, alles ist überstrahlt von diesem grandiosen Gefühl. Als hätten Sie eine rosarote Brille auf, die dadurch alles filtert. In solchen Lebenslagen ist es nicht besonders schwer, sich gut zu fühlen, zufrieden und glücklich zu sein. Doch was ist, wenn die rosarote Brille weg ist? Wenn die Partnerschaft nicht mehr nur problemlos ist, wenn der neue Leitungsjob in der Kita mehr Schwierigkeiten mit sich bringt als gedacht oder wenn die ganze Welt unsicher und unklar ist, wie wir das in der Vergangenheit stark erlebt haben. Wie geht es Ihnen da? Beim Resilienzfaktor Positive Emotionen geht es darum, sich von Niederlagen und Schicksalsschlägen zu erholen und emotional gegensteuern zu können.

Sie können nicht ändern, was kommt, wohl aber, wie Sie damit umgehen

Der amerikanische Psychologieprofessor John G. Geier hat sein Leben der Erforschung von menschlichem Verhalten gewidmet. Emotionen waren deshalb auch sein Forschungsgebiet, weil unser Verhalten viel mit Emotionen zu tun hat. Wir werden emotional getriggert und verfallen dann in bestimmte Verhaltensmuster. Das können auch Verhaltensmuster sein, die uns hindern oder schaden – besonders in schwierigen Lebenssituationen. Er macht deutlich, dass wir nicht verändern können, ob wir starke Gefühle in uns haben, z. B. besonders starke Empfindungen haben. Aber wir können entscheiden, wie wir mit diesen Gefühlen umgehen. Wenn Sie also Ängste, Sorgen und Unzufriedenheit oder Wut und Ärger spüren, geht es nicht darum, diese Gefühle zu verdrängen. Vielmehr geht es darum, mit diesen Gefühlen entsprechend umzugehen. Das wird als Gefühlssteuerung bezeichnet.

Durch bewusste Gefühlssteuerung steigern Sie Ihre Resilienz

Wichtig ist, dass Sie Gefühle nicht unkontrolliert herauslassen. Wenn eine zuverlässige und sehr geschätzte Erzieherin Ihnen mitteilt, dass sie kündigen möchte, sind Sie traurig und enttäuscht. Das kann einige Tage dauern und ist völlig okay. Aber genauso wichtig ist es, dass Sie die Gefühle nicht unterdrücken. Nehmen Sie es wahr und entscheiden Sie dann, was Sie damit machen. Wenn jemand aus Ihrem Umfeld gestorben ist, dann kann es sein, dass Sie eine gewisse Zeit trauern. Das ist völlig okay. Stellen Sie sich immer wieder die Fragen: „Was verursacht welche negativen Gefühle bei mir?" „In welchen Situationen passiert das?" „Wie zeigt es sich körperlich bei mir?" Es ist wichtig, emotional sensibel zu sein, um eigene Gefühlsregungen beobachten und unterscheiden zu können. So gewinnen Sie an Einfluss und Kontrolle. Wenn Sie auf dem Weg zum Ziel unerwünschte Gefühle erleben, können Sie sich selbst führen und diese verändern.

Gefühle und körperliche Reaktionen sind untrennbar miteinander verbunden

Mimik, Gestik und körperliche Ausdrucksformen haben Einfluss auf unsere Emotionen. Das wurde inzwischen in vielen wissenschaftlichen Studien belegt. Zum Beispiel kann eine Körperhaltung mit hängendem Kopf, hängenden Schultern und herabgezogenen Mundwinkeln dafür sorgen, dass Sie einen traurigen Moment viel intensiver erleben. Dagegen werden Sie sich in dieser Körperhaltung kaum stark und souverän fühlen können. Bestimmte Körperhaltungen können Gefühle verstärken oder abschwächen. Herabgezogene Mundwinkel, zusammengezogene Augenbrauen, eine geballte Faust oder eine angespannte Sitzhaltung können Ärger, Stress und Trauer verstärken. Hochgezogene Mundwinkel, eine offene, aufrechte Haltung und entspannte Muskeln können eine gute Stimmung verstärken.

Nutzen Sie innere Selbstgespräche als Emotions-Booster

Jeder Mensch führt täglich zwischen 3.000 und 5.000 innere Selbstgespräche. Stellen Sie sich vor: Sie stehen vor der Situation, dass nach einem Lockdown alle Kita-Kinder wieder zurück in die Einrichtung dürfen. Negative Gedanken wie z. B.: „Das schaffen wir nie, denn zwei Erzieherinnen sind in Quarantäne", kreisen in Ihrem Kopf. Oder ein Vater von einem Kind läuft, ohne Sie zu grüßen, auf der Straße an Ihnen vorbei, obwohl Sie sicher sind, dass er Sie gesehen hat. „Was ist denn in den gefahren?", denken Sie jetzt. Und Sie ziehen den Schluss: Bestimmt ist er sauer, weil sein Sohn so lange nicht in die Kita kommen durfte", oder: „Was habe ich ihm getan?"

Ziel ist es nun, diese Selbstgespräche überhaupt zu erkennen und dann ins Positive umzuwandeln. Zum Beispiel: „Ich habe es noch nie gemacht, aber ich schaffe das." Oder: „Wie schön, dass er mich nicht anspricht, ich habe es nämlich total eilig, jetzt habe ich mir fünf Minuten Small Talk gespart." Natürlich ist es wichtig, dann im Anschluss noch einmal zu schauen, ob doch etwas dahintergesteckt hat, indem Sie ihn z. B. in der Kita ansprechen.

Du kannst das.

Du hast dein Ziel vor Augen.

Du schaffst das.

Du hast es gestern geschafft und wirst es morgen noch viel besser machen.

Du machst deine Arbeit gut.

Du bist gut darin, Probleme zu lösen.

Du hast schon ganz andere Dinge gemeistert.

Positive Selbstgespräche unterstützen Sie im Alltag

- Sie werden selbstabwertende und handlungshindernde Gedanken und Emotionen besser steuern können.

- Ihr Fokus wird bewusst in eine positive Richtung gelenkt und damit auch in Richtung positiver Emotionen.

- Sie werden sich selbst besser kennenlernen und verstehen, welche negativen Gedanken Ihre Emotionen beeinflussen.

Resilienzfaktor Impulskontrolle: So verhindern Sie Kurzschlusshandlungen und Sätze, die Sie später bereuen

„Hätte ich doch den Mund gehalten!" – Kennen Sie diesen Gedanken nach einem Mitarbeitergespräch, nach einem Elterngespräch oder nach einer Diskussion zwischen Tür und Angel? Vielleicht waren Sie sowieso schon gestresst und überfordert. Dann kam die Erzieherin und hat Sie aus der Situation rausgeholt, weil sie was ganz Wichtiges mit Ihnen besprechen müsse. Danach stellt sich heraus, dass es um einen Tag Urlaub Monate entfernt geht. Sie verstehen das beim besten Willen nicht, denn in der Kita geht es wild her und das ist wahrlich kein dringendes Thema. Und genau dieser Gedanke rutscht Ihnen raus. Die Erzieherin versteht es gar nicht, schließlich geht es um die Hochzeit ihrer besten Freundin und selbstverständlich ist das ein wichtiges Thema. Zu schnell etwas gesagt. Zu schnell gehandelt. Das sind Impulse, die mit uns durchgehen und die wir manchmal nicht gut unter Kontrolle haben.

Warum Impulskontrolle ein Resilienzfaktor ist

Häufig kommt von Seminarteilnehmern die Frage: „Warum ist denn Impulskontrolle ein Resilienzfaktor?". Die Frage ist berechtigt. Tatsächlich ist dieser Faktor nicht in allen Resilienzstudien genannt. Allerdings ist er besonders für Führungskräfte – und das sind Sie als Kita-Leitung – entscheidend. Denken Sie an Ihre eigene Führungskraft-Erfahrung. Manchmal kann der eine zu schnell gesagte Satz Mitarbeiter demotivieren – und das über Wochen. Selbstverständlich ist es wichtig, dass wir mit Mitarbeitern erarbeiten, wie sie das nicht so lange frustriert, trotzdem ist es Realität. Gerade auch in der Arbeit mit Kindern ist es extrem wichtig, nicht jedem Impuls nachzugehen, sondern die eigenen Impulse kontrollieren zu können. Eine Erzieherin berichtete mir von mangelnder Impulskontrolle, als es ihr passierte, dass sie einen schwierigen Jungen vor der ganzen Gruppe laut anschrie, weil sie sich von ihm provoziert fühlte. Sie hat ihr Verhalten direkt hinterher bereut.

Impulskontrolle geht in zwei Richtungen

Es ist wichtig, dass Sie in der Lage sind, einerseits negative Impulse zu dämpfen und andererseits Belohnungen hinauszuschieben. Spitzensportler, Profimusiker und Schachgroßmeister besitzen alle die Fähigkeit, sich selbst einem schonungslosen Training zu unterwerfen. Tatsächlich fällt das manchen Menschen leichter als anderen. Dass manche Kinder bereits Meister in der Impulskontrolle sind, haben die Forscher an Vierjährigen in der berühmten „Marshmallow-Studie" demonstriert:

Die Forscher gaben jedem Kind eine begehrte Süßigkeit, ein Marshmallow, und boten denjenigen ein zweites an, die das erste 20 Minuten lang liegen lassen konnten, ohne es zu essen. Manche Kinder kapitulierten sofort vor der Versuchung, andere überbrückten die für Kinder lange Zeit der Impulskontrolle mit Selbstgesprächen oder indem sie sich die Augen zuhielten bzw. sangen. Etwa zwölf Jahre später wurden diese Personen wieder untersucht. Die beherrschten Kinder von damals erwiesen sich als junge Erwachsene als selbstbewusster, sozial kompetenter und als bessere Schüler.

Gedanken-Stopp: Die wichtigste Technik für Ihre Impulskontrolle

Jeder Impuls kommt wie eine Welle. Sie baut sich Stück für Stück auf. Irgendwann ist sie nicht mehr zu stoppen. Deshalb ist es wichtig, möglichst rechtzeitig zu handeln. Es geht darum, den Aufbau des Impulses zu durchbrechen. Wenn Sie merken, dass sich etwas in Ihnen anbahnt, atmen Sie tief durch und sagen Sie in Ihren Gedanken (oder je nach Situation auch laut) STOPP. Atmen Sie noch einmal durch und überlegen Sie jetzt, was Sie wirklich tun wollen – tun Sie das dann kontrolliert.

Machen Sie Ihre eigene Trigger-Liste

Den Gedanken-Stopp können Sie am besten dann einsetzen, wenn Sie wissen, was Sie triggert. Sammeln Sie in der folgenden Liste Ihre größten Trigger-Punkte. Und nutzen Sie dann in den Situationen die Gedanken-Stopp-Technik.

Impuls	Was ist der Auslöser (Trigger)?	Warum stört mich das so?	Was könnte eine andere Sichtweise sein?	Wie könnte ich alternativ reagieren?
Ich werde patzig gegenüber der Erzieherin Anna.	Sie holt mich wegen für mich unwichtiger Sachen aus Kinder-Projekten heraus.	Weil ich finde, dass sie in der Lage sein muss zu unterscheiden, wann etwas wirklich dringend ist und wann nicht.	Für sie ist es vermutlich dringend, denn sonst unterbricht sie mich auch nicht in Projekten wegen Kleinigkeiten.	Ich könnte sie fragen, ob das etwas ist, das wir noch in zwei Stunden klären können, und dann äußern, dass ich jetzt weitermachen werde.

Realistischer Optimismus: Warum Optimisten tatsächlich erfolgreicher und widerstandsfähiger sind

Optimismus bedeutet, dass Sie unabhängig von Zeit und Situation tendenziell positive Ergebnisse erwarten. Über Optimismus wird viel geredet. Es sei besser, das Glas halb voll zu sehen im Leben. Stimmt das? Dass da tatsächlich etwas dran ist, zeigt unter anderem eine Studie, die mit Verkäufern durchgeführt wurde:

Die Studie bewies, dass optimistische Versicherungsverkäufer in den ersten zwei Jahren 37 Prozent mehr Versicherungen an den Mann brachten als pessimistische. Der Clou: Eine spezielle Gruppe von Bewerbern, die zwar über einen hohen Optimismuswert verfügten, bei den üblichen Einstellungstests jedoch im unteren Drittel lagen und normalerweise abgelehnt worden wären, bekamen im Rahmen der Studie von der Versicherung eine Chance. Diese Gruppe übertraf die Pessimisten im ersten Jahr um 21 Prozent, im zweiten Jahr um 57 Prozent!

Warum das Wort „realistisch" einen bedeutenden Unterschied macht

Optimistisch zu sein bedeutet eine zuversichtliche, positive Erwartungshaltung einzunehmen. Doch alles nur rosarot zu sehen, birgt auch jede Menge Gefahren. Stellen Sie sich vor, Sie sollen einen Elternabend gestalten. Sie wissen, dass Sie ungefähr zwei Stunden Vorbereitungszeit benötigen. Montagabend ist der Elternabend. Sie arbeiten bis 17 Uhr, müssen dann Ihre Schwiegermutter zum Arzt bringen und um 19 Uhr startet der Elternabend. Jetzt ist es kurz vor Feierabend und Sie denken immer noch, dass alles kein Problem sein wird. Doch der Termin beim Arzt dauert länger als gedacht. Die Uhr tickt und schließlich ist es 18:45 Uhr, als Sie die Schwiegermutter wieder zu Hause absetzen, und Sie brauchen mindestens noch 10 Minuten in die Kita. Dieses etwas überspitzte Beispiel ist Alltag bei vielen Optimisten. Sie glauben so sehr daran, dass alles klappt, dass sie nicht rechtzeitig die Notbremse ziehen und den Plan ändern. Deshalb ist das Wort „realistisch" so entscheidend bei dem Resilienzfaktor.

Best Case – Worst Case: So trainieren Sie Ihren Optimismus

Jeder von uns kennt Situationen, in denen wir vom Schlimmsten ausgehen. Manchmal ist das auf negative Erfahrungen aus einer ähnlichen Situation in der Vergangenheit zurückzuführen, oft ist eine solch negative Grundannahme aber unbegründet. In jedem Fall ist sie hinderlich bei der Lösungsfindung, da sie sich oft im Sinne einer selbsterfüllenden Prophezeiung bestätigt. Dem können Sie entgegenwirken, indem Sie sich fragen, was am wahrscheinlichsten passieren wird.

Was am wahrscheinlichsten passiert

Worst Case
(Der schlimmst-
mögliche Ausgang)

Best Case
(Der bestmögliche
Ausgang)

Anwendung: Fragen Sie sich in schwierigen Situationen, was der beste und was der schlechteste Ausgang wäre. Beispiel: Sie haben am nächsten Tag einen wichtigen Elternabend und sind nicht vorbereitet.

- **Best Case:** Auch ohne Vorbereitung halten Sie spontan einen der besten Elternabende Ihres Lebens und werden von allen Beteiligten dafür gefeiert.

- **Worst Case:** Es läuft alles schief. Sie vergessen Ihre Unterlagen, die Sie auf den letzten Drücker noch vorbereitet haben, und dann versagt auch noch die Technik. Der Spott lässt nicht lange auf sich warten.

- Fragen Sie sich nun, wie ein Ausgang aussieht, der genau zwischen diesen Extremen liegt. Zum Beispiel: Am wahrscheinlichsten ist, dass der Elternabend auch ohne Vorbereitung ganz in Ordnung sein wird, Sie aber mit etwas Kritik rechnen müssen.

Resilienzfaktor Lösungsorientierung: Warum Flexibilität zu einer immer wichtigeren Kompetenz wird

Wenn man mich nach meiner größten Stärke fragt, dann sage ich meistens: Mir fällt immer etwas ein. Das hilft mir enorm in meiner Arbeit als Führungskraft, denn auch meine Mitarbeiter kennen diese Stärke. Deshalb wissen sie, dass selbst in Situationen, die zunächst aussichtslos erscheinen, relativ schnell ein Alternativplan kommt. Besonders seit der COVID-19-Zeit hat das ganze Team dies zu schätzen gelernt. Auch für Sie als Kita-Leitung sind die Zeiten unsicherer geworden. Sie wissen nicht, wann ein nächster Lockdown kommen kann oder wann die nächste Erzieherin in Quarantäne ist. Ich glaube, dass es heutzutage nicht mehr möglich ist, alles zu planen.

Planen Sie, aber rechnen Sie gleichzeitig mit eine Planänderung

John Lennon schrieb es folgendermaßen in einem Songtext: *„Leben ist das, was passiert, während du eifrig dabei bist, andere Pläne zu machen."* Ganz wichtig ist es hier zu betonen, dass es nicht darum geht, keine Pläne mehr zu machen. Pläne sind essenziell. Sie planen die Kita-Wochen. Sie planen den Personaleinsatz und Sie planen Ihr eigenes Leben. Der entscheidende Punkt ist: Rechnen Sie gleichzeitig damit, dass der Punkt kommen kann, an dem Sie Ihren Plan über Bord werfen müssen.

Deshalb brauchen Sie die Überzeugung, dass ein Problem grundsätzlich lösbar ist

Stellen Sie sich vor: Sie arbeiten mit drei Erzieherinnen im Team. Sie haben den Sommer wunderbar geplant. Doch es kommt alles anders. Eine lernt die Liebe ihres Lebens kennen, die leider im anderen Teil Deutschlands wohnt, und somit ist sie weg. Die andere ist schwanger und darf aus gesundheitlichen Gründen nicht mehr in der Kita arbeiten. Jetzt haben Sie nur noch die eine Erzieherin, und wenn Sie ehrlich sind, ist sie das schwächste Teammitglied. Die Personallage in Deutschland ist prekär, das wissen Sie. Sie haben keine Ahnung, wie Sie so schnell Ersatz beschaffen können. Diese Sachlage ist für alle Kita-Leitungen gleich. Doch der Unterschied ist, wie Sie damit umgehen.

Sabine denkt: Das wird eine Katastrophe ...

Kita-Leitung Sabine kriegt die Krise. Sie erinnert sich an eine Situation von vor über fünf Jahren, wo sie ein ähnliches Problem hatte und monatelang am Limit gearbeitet hat. Sie ist selbst ständig eingesprungen, auch die andere Mitarbeiterin war am Limit. Die Eltern haben das gespürt und wurden unzufriedener. Wenn Sabine zurückdenkt, war das einfach nur eine Katastrophe, und das wird es auch dieses Mal.

Katja denkt: Das wird eine katastrophales Problem und trotzdem werden wir eine Lösung finden

Kita-Leitung Katja hatte auch vor einigen Jahren so eine Situation, die schwierig war. Doch sie weiß: Es gibt immer eine Lösung. Wenn sie auch überhaupt nicht weiß, wie das Problem lösbar sein wird. Sie weiß, dass jedes Problem lösbar ist und somit auch dieses. Sie beschließt, es erst einmal ruhen zu lassen und sich die nächsten Tage Gedanken darüber zu machen, wie die Alternativen aussehen können.

Lösungsorientierung ist eine Haltung

Was denken Sie, wer Krisen und Schwierigkeiten besser händeln kann? Sabine oder Katja? Natürlich ganz eindeutig Katja. Wer lösungsorientiert vorgeht, hat es leichter im Leben. Lösungsorientierung bezeichnet die grundsätzliche Überzeugung, dass ein Problem lösbar ist. Damit bezieht sich dieser Resilienzfaktor auf die Haltung, mit der einem scheinbar unveränderlichen Zustand begegnet werden kann. Bei der Lösungsorientierung geht es darum, Probleme zu hinterfragen und sämtliche Möglichkeiten auszuschöpfen, um kreative Lösungen zu finden.

5 Tipps, wie Sie Ihre Lösungsorientierung trainieren können

Lösungsorientierung ist einer der Resilienzfaktoren, die am leichtesten trainierbar sind. Denken Sie bei jedem Problem, das Ihnen im Alltag begegnet, daran und wenden Sie die folgenden Tipps an.

Tipp	Erklärung	Beispiel (anhand vom Fall: Sie haben kurzfristig zwei Erzieherinnen weniger.)
Sagen Sie zunächst Tschüss zu Wie und Hallo zu Was.	Wenn wir in Problemen feststecken, fällt es uns schwer zu überlegen, *wie* ein Problem gelöst werden kann. Doch genau das kann meistens nicht direkt geklärt werden. Überlegen Sie lieber, *was* Sie erreichen möchten. und erarbeiten Sie das *Wie* dann Schritt für Schritt in Ruhe oder während der Umsetzung.	Sie müssen zwei Erzieherinnen kurzfristig ersetzen. Konzentrieren Sie sich auf das *Was*: „Ich finde schnellstmöglich zwei neue Vollzeit-Kräfte."
Beraten Sie sich selbst, als wären Sie Ihr bester Freund.	Wir tun uns meistens leichter damit, unseren Freunden gute Tipps zu geben, als uns selbst. Versetzen Sie sich in die Situation, dass Sie selbst Ihre beste Freundin wären, und überlegen Sie dann: Was würden Sie ihr jetzt empfehlen?	„Du hast es in der Vergangenheit immer geschafft, solche schwierigen Situationen zu lösen. Kennst du vielleicht eine Erzieherin, die den Job wechseln will? Hast du jemanden, der ein Praktikum braucht? Vielleicht kannst du auch die Eltern anschreiben? Ich habe z. B. eine Freundin, die Tanzlehrerin ist und gern als Erzieherpraktikantin nach der Elternpause arbeiten möchte. Vielleicht ist ja bei deinen Eltern so jemand auch dabei."

Tipp	Erklärung	Beispiel (anhand vom Fall: Sie haben kurzfristig zwei Erzieherinnen weniger.)
Denken Sie vom Ende her.	Für uns scheint eine Lösung manchmal so weit weg zu sein, und wir wissen nicht, wie wir diesen langen Weg gehen sollen. Definieren Sie Ihr *Was* und gehen Sie die Schritte dann auf einem weißen Blatt Papier rückwärts. Das durchbricht Ihr negatives Kopfkino und fokussiert Sie auf Lösungen.	Endzustand: Ich habe zwei neue Erzieherinnen eingestellt. Schritte davor: 1. Sie haben einen Arbeitsvertrag unterschrieben. 2. Sie waren zum Probearbeiten da. 3. Sie waren beim Bewerbungsgespräch. 4. Sie haben sich beworben. 5. Sie haben die Anzeige gesehen, die in der Internet-Stellenbörse stand. 6. Die andere hat von einem Elternteil gehört, dass wir jemanden suchen. 7. Ich habe die Anzeige geschrieben und mir überlegt, was die Kita besonders hervorhebt. 8. ….
Machen Sie ein Lösungsquadrat, um Alternativen zu finden.	Es ist immer wichtig, in Lösungsoptionen zu denken. Das empfiehlt sich von vornherein. Wenn Sie also das *Was* definieren: Überlegen Sie, ob es auch *Was*-Alternativen gibt. Falten Sie ein Blatt zweimal und schreiben Sie in jedes Feld eine Alternative.	*Was*: Eine Vollzeitkraft: Alternative A: Zwei Halbtagskräfte Alternative B: Eine Studentin, die Soziale Arbeit studiert und 6 Monate Praktikum in der Kita macht
Bleiben Sie im Funktionsmodus.	Lenken Sie Ihren Fokus bei der Lösung Ihrer Probleme auf gut funktionierende Dinge. Überlegen Sie, was schon gut funktioniert und wie Sie von dort aus weiterarbeiten können.	„Ich habe eine Erzieherin, die mich unterstützen kann. Außerdem kann ich eine Praktikantin von der Erzieherinnen-Schule bekommen …"

Resilienzfaktor Soziale Unterstützung:
Wie Sie sich Hilfe holen, wenn es darauf ankommt

Ich bin mit 37 relativ spät Mutter geworden. Ich habe nicht damit gerechnet, ein Kind zu bekommen, und mich in den Jahren davor stark auf meinen Job fokussiert. Weil er mir Spaß macht und weil ich auch die Zeit hatte, es zu tun. Ich war also zu dem Zeitpunkt bereits Geschäftsführerin von persolog. Ich muss dazu sagen, dass ich immer dachte, dass ich es allein irgendwie hinkriege. Es war mir schon immer unangenehm, um Hilfe zu bitten. Ich habe mein Studium allein finanziert und auch danach kam ich im Wesentlichen allein klar. Doch das änderte sich mit der Geburt meiner Tochter.

Ich wollte sie nicht direkt „weggeben", aber ich hatte keine Chance, Job, Babysitting, Hausarbeit und all das, was sonst so anfällt, zu schaffen. Und ich konnte auch die Firma nicht einfach laufen lassen. Am Anfang tat ich mich schwer damit, meine Mutter oder Schwestern anzurufen und zu fragen: „Kannst du mir helfen?" Doch ich lernte dann Schritt für Schritt: Es ist okay. Sie wollen helfen und sie tun es gern. Tatsächlich hätte ich das erste Jahr meiner Tochter niemals ohne ihre Hilfe und Unterstützung geschafft. Genau das zeigen auch alle Resilienzstudien. In schwierigen Situationen brauchen wir Menschen Unterstützung von anderen. In Emmy E. Werners erster Studie zeigte sich, dass Kinder, die eine verlässliche Kontaktperson außerhalb der Kernfamilie haben, später deutlich resilienter waren.

„Nutzen" und „fragen" sind die Schlüssel

Ich vermute, dass es auch Ihnen als Kita-Leitung häufig so geht, dass Sie es gewohnt sind, die Probleme selbst zu lösen. Dass die Leute zu Ihnen kommen, um Hilfe zu bekommen, aber vermutlich gehen Sie nicht so oft zu anderen. Dabei ist es manchmal so viel leichter im Leben, wenn wir andere um Hilfe bitten. Soziale Unterstützung als Resilienzfaktor kann nämlich nur dann zur Geltung kommen, wenn Sie die Unterstützung annehmen, die Sie in Ihrem Umfeld vorfinden. Wenn Sie in Ihrem Umfeld zu wenig Unterstützung haben, die Sie um Hilfe bitten können, dann geht es trotzdem darum, diese Schritt für Schritt aufzubauen.

Menschen sind nicht zum Alleinsein gemacht

Wir sind alle soziale Wesen. Manche brauchen andere mehr, manche kommen allein ganz gut zurecht. Aber vor allem dann, wenn wir Krisen und Schwierigkeiten haben, brauchen wir Menschen, die uns zuhören, uns auffangen und uns helfen, durch die Krise zu kommen. Übrigens gilt das beruflich wie privat. Eine Kita-Leitung zu haben, die den Erzieherinnen den Rücken stärkt, ist einer der wichtigsten Stress reduzierenden Faktoren für Ihr Team. Genauso brauchen Sie aber auch Menschen im beruflichen Umfeld, auf die Sie sich verlassen können. Familie, Freunde, Kollegen, Bekannte, Nachbarn … sie alle können eine soziale Unterstützung für uns sein.

So trainieren Sie Ihre soziale Unterstützung

Auf der nächsten Seite finden Sie eine Übung. Die funktioniert folgendermaßen: Überlegen Sie: Wer kann Ihnen in welchem Bereich helfen? Schreiben Sie die Namen dieser Menschen in die Felder. Wichtig ist, dass Sie am Ende mindestens fünf Freunde (oder Familienmitglieder) notiert haben. Es sollen also verschiedene Personen sein, nicht ein und dieselbe Person in allen Feldern. Sie können auch mehrere Namen pro Feld notieren. Wenn Sie sich dann das Blatt ansehen, erkennen Sie, welche Bereiche Ihnen fehlen und welche gut ausgebaut sind. Wenn Sie heute noch nicht alle Felder füllen können, dann können Sie daran arbeiten.

Fünf Freunde: Wer kann Ihnen wann helfen?

Es ist nicht nur wichtig, gute Freunde zu haben. Sie brauchen auch Menschen, die in bestimmten Situationen helfen können. Es stärkt z. B. Ihre Resilienz, wenn Sie jemanden haben, der in finanzieller Not aushelfen kann. Oder einen Babysitter, der hilft, wenn Ihr Partner ins Krankenhaus kommt. Oder jemanden, der beim Haushalt hilft, wenn Sie es nicht (mehr) allein schaffen. Überlegen Sie, ob Sie für jeden entscheidenden Lebensbereich jemanden haben, der helfen kann.

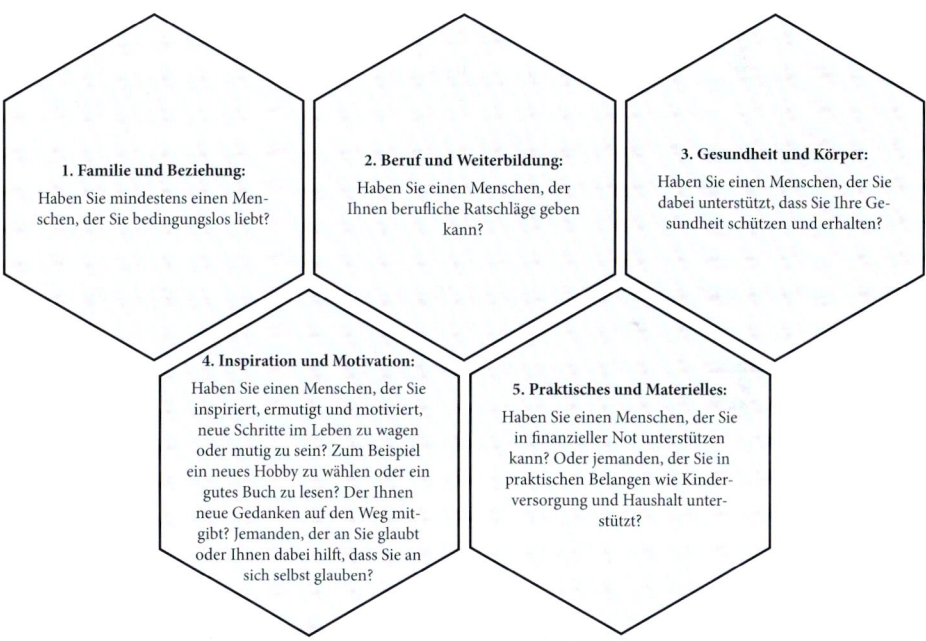

1. Familie und Beziehung:
Haben Sie mindestens einen Menschen, der Sie bedingungslos liebt?

2. Beruf und Weiterbildung:
Haben Sie einen Menschen, der Ihnen berufliche Ratschläge geben kann?

3. Gesundheit und Körper:
Haben Sie einen Menschen, der Sie dabei unterstützt, dass Sie Ihre Gesundheit schützen und erhalten?

4. Inspiration und Motivation:
Haben Sie einen Menschen, der Sie inspiriert, ermutigt und motiviert, neue Schritte im Leben zu wagen oder mutig zu sein? Zum Beispiel ein neues Hobby zu wählen oder ein gutes Buch zu lesen? Der Ihnen neue Gedanken auf den Weg mitgibt? Jemanden, der an Sie glaubt oder Ihnen dabei hilft, dass Sie an sich selbst glauben?

5. Praktisches und Materielles:
Haben Sie einen Menschen, der Sie in finanzieller Not unterstützen kann? Oder jemanden, der Sie in praktischen Belangen wie Kinderversorgung und Haushalt unterstützt?

Hinweis: Ausbalancierte soziale Unterstützung besteht immer aus Geben und Nehmen. Drehen Sie die Übung um: Für wen sind Sie eine Unterstützung, in welchem Feld könnten Sie stehen?

Quelle für diese Übung: Karsch, Debora: 4 Wege zu mehr Resilienz

Resilienzfaktor Kausalanalyse:
So lösen Sie Ihre Probleme an der Wurzel

Sie erleben in der Kita jeden Tag, wie die kleinen Kinder anfangen zu fragen, warum Dinge so sind, wie sie sind.

- Warum fällt der Regen vom Himmel?

- Warum sind Kerne in der Melone?

- Warum hat Oma Falten im Gesicht?

- Warum hat Leni eine Brille bekommen?

- Warum wird es dunkel?

- Warum fällt die Sonne nicht vom Himmel?

- Warum sieht man den Mond am Tag nicht?

Neugier in Bezug auf uns selbst und die Dinge um uns herum ist uns angeboren. Wir wollen verstehen, wer wir sind, was wir in der Welt tun können und warum die Welt so ist, wie sie ist. Leider verlieren wir diese angeborene Fähigkeit häufig im Verlauf des Lebens, dabei ist es so entscheidend, diese WARUM-Fragen zu stellen. Denn so kann es uns gelingen, Probleme und deren Ursachen in unserem Leben zu verstehen.

Was genau ist eine Kausalanalyse?

Dieses etwas kompliziertere Wort ist die Fähigkeit, kausale Zusammenhänge in unserem Leben zu erkennen und zu verstehen. Anders formuliert: Kausalanalyse ist die Fähigkeit, Situationen zu analysieren und die Ursachen dafür zu identifizieren. Diese Fähigkeit ist deshalb so wichtig, weil sie uns hilft, in Zukunft dafür zu sorgen, dass wir die gleichen Probleme nicht noch mal bekommen.

Die Dinge an der Wurzel packen

2015 haben mein Mann und ich ein Haus gekauft. Der Garten war ziemlich verwildert, weil das Ehepaar sich aus gesundheitlichen Gründen nicht mehr darum kümmern konnte. Ich hatte davor so gut wie keine Gärtner-Erfahrungen. Ich ging voll motiviert los und begann damit, Unkraut zu beseitigen, indem ich es einfach rausrupfte. Außerdem gab es jede Menge Brombeeren, die alles zuwucherten. Ich habe eine Woche richtig geschuftet und am Ende war das Beet komplett frei von sämtlichen Pflanzen. Doch keine drei Wochen später traute ich meinen Augen kaum. Es kam alles wieder hoch und innerhalb von sechs Wochen sah es genauso aus wie vorher. Warum? Weil ich das Unkraut nicht mit der Wurzel beseitigt hatte. Genau diesen Fehler begehen wir häufig in unserem Leben.

Lösen Sie Probleme zu oberflächlich?

Wenn Sie im Leben die gleichen Probleme immer mal wieder haben, können Sie davon ausgehen, dass Sie das Problem nicht an der Ursache beseitigt haben. Doch wie geht das? Der erste Schritt ist immer zu verstehen, wie ein Problem entstanden ist, welche Faktoren eine Rolle spielen und welche sich eventuell gegenseitig beeinflussen. Wenn wir das wissen, können wir im zweiten Schritt überlegen, wo wir ansetzen können, um das Problem zu lösen. Im gesamten Problemlöseprozess müssen wir also mehrere Kausalanalysen durchführen und immer wieder objektiv überlegen, wie das Problem entstanden ist.

Die Voraussetzung: Der Wille, sich selbst zu verändern

Die meisten Menschen wünschen sich Dinge anders. Zu Hause, in der Kita, bei den eigenen Kindern oder in Freundschaften. Es ist also nicht so, dass wir vor Veränderung zurückscheuen. Das Problem ist allerdings, dass wir meistens dann vor Veränderungen zurückscheuen, wenn wir uns selbst dafür verändern müssen. Wenn wir Probleme in unserem Leben dauerhaft lösen möchten, bedeutet dies meistens, dass wir die Dinge anders machen müssen, als wir sie bisher gemacht habe. Das ist ganz entscheidend. Fragen Sie sich also, wenn Sie sich in Ihrem Leben etwas anders wünschen: Bin ich dafür auch bereit, mich selbst zu verändern?

Warum-5-Methode: Fragen Sie immer mindestens 5 Mal nach dem Warum

Diese Methode kommt aus Japan, wo die Produktionsunternehmen ihren Fokus besonders auf Effizienz richten. Dort wurde herausgefunden, dass wir häufig das Problem zu oberflächlich hinterfragen und dann lösen. Doch damit kommen wir nicht an die Wurzel heran. Die Methode besagt, dass Sie fünfmal nach dem *Warum* fragen sollten, bis Sie bei der tatsächlichen Ursache angelangt sind. Diese Methode eignet sich besonders für klassische Alltagsprobleme. Probieren Sie es einmal für sich aus.

> Anwendung: Fragen Sie das nächste Mal, wenn Sie auf ein Problem stoßen, fünfmal nach dem Warum. Schauen Sie erst dann, was die Problemlösung sein könnte.

Beispiel: Sie sind Kita-Leitung und sollen einen YouTube-Kanal starten.

1. Warum schaffe ich es nicht, das Projekt anzugehen? – Weil ich einfach keine Zeit dafür habe.
   ▼
2. Warum? – Weil ich mich ausführlich in die Videosoftware einarbeiten muss und dafür Zeit brauche.
   ▼
3. Warum? – Weil ich mich schwer damit tue, mir das über Tutorials anzutrainieren.
   ▼
4. Warum? – Weil ich leichter lerne, wenn mir jemand hilft, alles einzurichten.
   ▼
5. Warum? – Weil ich so schnell anfangen kann und nicht das Gefühl habe, alles falsch zu machen.

> **Lösung:** Den Chef um einen Tag Videocoaching bei einem Experten bitten.

Resilienzfaktor Empathie: Wie Sie die Gefühle anderer richtig deuten

„Das Vermögen, das sich am besten verzinst" – so hat der deutsche Schriftsteller Günter Radtke (geb. 1925) einmal das Einfühlungsvermögen charakterisiert. Experten sehen darin eine soziale Kompetenz, die für wirtschaftlichen Erfolg genauso wichtig ist wie für die Lösung von Konflikten in persönlichen Beziehungen. Empathie ist der letzte von zehn Resilienzfaktoren, die wir Ihnen hier vorstellen.

Warum ist Empathie ein Resilienzfaktor?

Wer empathisch ist, versteht besser, was auf der Welt passiert. Menschen mit hoher Empathie haben die Fähigkeit, die Gefühle anderer Menschen richtig deuten und nachempfinden zu können. Wenn Sie diese Fähigkeit besitzen, können Sie sich unter Menschen besser zurechtfinden. Sie wissen schneller, was Schwierigkeiten bereiten wird, und Sie wissen auch schneller, was gut ankommt. Empathie ist eine wichtige soziale Kompetenz. Für Sie als Kita-Leitung sogar auf drei Ebenen: Einmal natürlich in Bezug auf Ihr ganzes Leben. Dann auch in Bezug auf Ihr Team, denn empathische Teamleiter haben es immer leichter, Konflikte frühzeitig zu erkennen oder auch zu bemerken, wenn es andere Schwierigkeiten gibt. Die dritte Ebene sind die Kinder, mit denen Sie jeden Tag arbeiten. Empathie ist vor allem bei den Kindern unter drei, die sich noch nicht immer richtig äußern können, entscheidend, um die richtigen Schlüsse zu ziehen.

3 Arten der Empathie

Empathie ist eine wichtige Kompetenz für Leitungskräfte – das wissen wir inzwischen aus der Forschung. Doch es gibt unterschiedliche Arten der Empathie:

- Kognitive Empathie: Ich kann die Sichtweise anderer verstehen.
- Emotionale Empathie: Ich kann mich in die Gefühlslage anderer hineinversetzen.

- Empathische Zuwendung: Ich spüre, was mein Gegenüber braucht.

Schauen Sie mal, in welchem Bereich Ihre Empathie besonders stark ist.

Doch Achtung! Es gibt auch Schattenseiten

In einem Experiment ließ die Neurowissenschaftlerin Tania Singer vom Max-Planck-Institut in Leipzig Probanden dabei zusehen, wie andere Probanden stressige Prüfungssituationen meisterten. Ergebnis: Auch bei den reinen Beobachtern stieg der Spiegel des – ungesunden – Stresshormons Cortisol. Es kann uns also selbst stressen, wenn wir empathisch sind und andere verstehen oder uns in sie hineinversetzen.

Zeigen Sie gesunde Empathie

Wichtig ist, dass empathisch sein nicht gleich heißt, dass Sie Mitgefühl mit allem und jedem haben. Menschen, die hier zu empathisch sind, können selbst sehr stark darunter leiden, dass der Nachbar den Job verloren oder der ehemalige Kollege sich von seiner Frau getrennt hat. Das Mitleiden sollte in Maßen geschehen. Außerdem laufen Sie mit hoher Empathie Gefahr, dass Sie keine Bitten abschlagen und sich darüber selbst vergessen. Auch das ist nicht mehr sinnvoll. Seien Sie also immer auch selbstempathisch und verlieren Sie sich in Ihrer Empathie nicht selbst aus dem Blick.

5 Anregungen, wie Sie lernen, empathischer zu sein

Gastbeitrag von Dr. Ruth Drost-Hüttl, Chefredakteurin Simplify your life

- Beobachten Sie fremde Menschen, und versetzen Sie sich in sie hinein. Schalten Sie bei einem Spielfilm den Ton ab: Was verraten Ihnen Mimik und Gestik?

- Schenken Sie anderen Menschen so oft wie möglich Ihre ungeteilte Aufmerksamkeit. Also nicht telefonieren und gleichzeitig Mails checken oder das Auto durch den Feierabendverkehr lenken.

- Nehmen Sie die Rolle Ihres Gegenübers ein. Lassen Sie sich beispielsweise als Kita-Leitung etwas beibringen, für das Sie unbegabt sind – ob das nun Slacklining ist oder Parkettlegen. Auf diese Weise gewinnen Sie einen Eindruck davon, wie sich Ihre Kita- und Hortkinder fühlen.

- Überprüfen Sie regelmäßig, ob Sie intuitiv richtiggelegen haben. Erkundigen Sie sich nach den Gefühlen oder Bedürfnissen Ihres Gegenübers: *„Ich kann mir vorstellen, dass Sie das richtig nervös gemacht hat."* Vielleicht bekommen Sie zu Ihrem Erstaunen zu hören: *„Nein, das hat mich voll motiviert!"*

- Können Sie die Körperhaltung Ihres Gegenübers nachahmen (Gesichtsausdruck, Körperhaltung, Art zu reden, Gesten)? So erkennen Sie besser, was in ihm vorgeht. Aber nicht übertreiben, damit der andere es nicht merkt.

Wie Sie Ihre Wünsche in die Tat umsetzen

Dieses Praxishandbuch hat bei Ihnen als Kita-Leitung angesetzt. Warum? Weil kein Kapitel in diesem Buch Sie weiterbringen wird auf dem Weg zu einer resilienten Kita, wenn Sie nicht selbst resilient sind. Sie haben sich nun selbst reflektiert, Sie haben viele verschiedene Übungen zu den Resilienzfaktoren bekommen. Die Frage ist: Was setzen Sie um?

Der große Umsetzungsfehler, den Sie nicht begehen sollten

Wenn Sie sich etwas Neues vornehmen, starten Sie in der Regel hoch motiviert. Sie haben den Willen, es auf jeden Fall zu schaffen. Doch dann kommt der Alltag dazwischen und die Dinge laufen anders. Der große Fehler, den viele Menschen begehen: Sie setzen alles auf ihre Willenskraft. Doch sie wissen meistens nicht: Willenskraft ist begrenzt.

Wenn Sie neue Dinge in Ihren Alltag integrieren, brauchen Sie Willenskraft

Die Stanford-Psychologin Kelly McGonigal beschreibt Willenskraft wie ein Fass. Jedes Mal am Tag, wenn wir uns zu etwas aufraffen müssen, brauchen wir Willenskraft. Sie wird also jedes Mal weniger. Wie das Fass, das immer leerer wird. Sie konnten sich kaum aufraffen, weil Sie nicht so fit sind? Das „Fass der Willenskraft" wird leerer. Sie müssen den Träger anrufen, ein Gespräch, das Sie seit Monaten vor sich herschieben? Leerer. Sie wollen nur einen Apfel essen statt des geliebten Schokoriegels in der Pause. Leerer. Sie wollen der Mutter von Philipp noch einen Tipp geben, doch sie reagiert meistens nicht so gut darauf. Leerer. In der Kita sieht es aus, als hätte eine Bombe eingeschlagen, Sie müssen eigentlich schnell nach Hause, aber nein, noch schnell aufräumen. Leerer. So geht das den ganzen Tag.

Der Schlüssel: Neue Gewohnheiten

Es ist deshalb entscheidend, dass Sie sich nicht zu viel auf einmal vornehmen. Beginnen Sie damit, einen konkreten Resilienzfaktor zu trainieren. Überlegen Sie, was sich in Ihrem Alltag verändern soll. Dafür brauchen Sie dann Willenskraft. Doch jetzt machen Sie aus der neuen Sache Schritt für Schritt eine Gewohnheit. Denn Willenskraft ist begrenzt, aber gute Gewohnheiten sind unbegrenzt.

Damit aus Ihrem Vorgaben Wirklichkeit wird, ist es entscheidend, dass Sie einerseits die Motivation aufbringen, Anstrengungen und Mühen auf sich zu nehmen, und andererseits dauerhaft Ihr eigenes Verhalten verändern. Der Schlüssel dazu ist, alte Gewohnheiten zu durchbrechen und neue Gewohnheiten zu etablieren.

Gewohnheiten lassen sich am besten trainieren, wenn Sie etwas jeden Tag machen, und zwar in kurzen Einheiten. Das ist Erfolg versprechender als lange Einheiten, die aber nur einmal im Jahr stattfinden. Stellen Sie es sich so vor: Sie putzen jeden Tag Ihre Zähne für drei Minuten. Der Effekt ist, dass Ihre Zähne bis ins hohe Alter hoffentlich in einem akzeptablen Zustand bleiben und Sie nicht schon mit 35 ein Gebiss brauchen. Hätten Sie sich hingegen noch nie im Leben die Zähne geputzt und **würden** sich nun vornehmen: „Ich putze mir jetzt jede Woche eine Stunde lang die Zähne", wäre dieses Vorhaben viel schwieriger umsetzbar als jeden Tag drei Minuten Zähneputzen – mal abgesehen davon, dass es auch weniger bringen würde. Was heißt das auf die Resilienz übertragen?

Angenommen, Sie wollen am Resilienzfaktor „Soziale Unterst**ützung**" arbeiten, weil Sie bemerkt haben, dass Sie zu wenig soziale Unterstützung in Ihrem Umfeld haben. Dann ist es besser, Sie investieren jeden Tag 15 Minuten in Ihre Freundschaften, als einmal die Woche zwei Stunden. Die Erfolgsaussichten sind dann höher und vermutlich werden aus den 15 Minuten sowieso einmal pro Woche zwei Stunden werden, weil Sie mit einem Freund etwas trinken gehen.

Sehen Sie sich die Strategie an, die Sie für sich ausgewählt haben. Was könnten Sie jeden Tag für 15 Minuten machen, das Ihnen dabei hilft, diese Strategie in Ihren Alltag zu integrieren? Und wann genau wollen Sie das machen?

Aktionsplan: So steigern Sie Ihre Resilienz

An welchem Resilienzfaktor wollen Sie in den nächsten 3 Monaten besonders arbeiten?

○ Akzeptanz

○ Selbstwirksamkeitserwartung

○ Verantwortung

○ Positive Emotionen

○ Impulskontrolle

○ Realistischer Optimismus

○ Lösungsorientierung

○ Soziale Unterstützung

○ Kausalanalyse

○ Empathie

Was konkret wollen Sie in Ihrem Alltag verändern? Was wünschen Sie sich anders?

....

....

....

....

....

Können Sie aus diesen Wünschen ein konkretes Ziel formulieren? Was wollen Sie bis wann ganz konkret schaffen?

Mit welchen Übungen und Tipps aus diesem Kapitel wollen Sie arbeiten?

Welche neuen Gewohnheiten brauchen Sie in Ihrem Alltag, damit Sie Ihr Ziel erreichen können?

KAPITEL 3

SCHRITT 2: SO FÖRDERN SIE DIE RESILIENZ IM KITA-TEAM

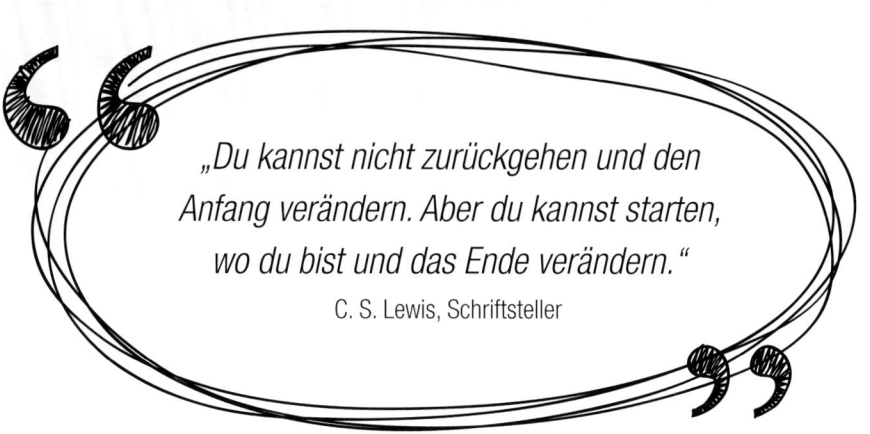

„Du kannst nicht zurückgehen und den Anfang verändern. Aber du kannst starten, wo du bist und das Ende verändern."

C. S. Lewis, Schriftsteller

Wie Sie Resilienz im Kita-Team fördern

Sie haben sich nun ausführlich mit Ihrer eigenen Resilienz beschäftigt. Auf Seite 39 haben Sie auch erfahren, dass Sie als Kita-Leitung immer eine Doppelrolle haben. Sie sind einerseits Resilienzvorbild und andererseits Resilienzförderer für Ihr Team.

Resilienz im Kita-Team startet immer bei Ihnen

Sie sind Resilienzvorbild und damit startet ein resilientes Kita-Team auch immer bei Ihnen. Sie wissen, dass Kinder Verhalten imitieren. Was Sie vielleicht nicht so gut im Blick haben, ist, dass auch Erzieherinnen Verhalten imitieren. Sie sehen, was Sie tun und was Sie nicht tun, und werten es entsprechend. Sie kommen immer zu spät? Es ist sehr wahrscheinlich, dass auch in Ihrem Team Pünktlichkeit nicht großgeschrieben wird. Genauso ist es aber andersherum. Wenn Sie vorleben, dass es wichtig ist, sich Hilfe zu holen, wenn man nicht mehr weiterweiß, wissen damit auch die Erzieherinnen, dass sie das genauso tun können.

Ihre Rolle als Resilienzförderer im Kita-Team

Die zweite wichtige Rolle, die Sie in Bezug auf Resilienz im Kita-Team haben, ist die Rolle des Resilienzförderers. Resilienz lässt sich entwickeln und trainieren, wie Sie im letzten Kapitel erfahren haben. So können Sie durch die Art, wie Sie führen, wie Sie mit Ihrem Kita-Team umgehen, auch Resilienz-fördernd führen.

Was bedeutet es, Resilienzförderer zu sein?

Wenn Sie Resilienzförderer sind, dann versuchen Sie im Alltag mit den Erzieherinnen so zu handeln, dass sich das positiv auf deren Resilienz auswirkt. Beispiel: Wenn eine Erzieherin Sie fragt: „Wie soll ich das machen?", können Sie zurückfragen: „Was schlägst du denn vor?" Wenn Sie die Lösung vorgeben, ist das zunächst vermutlich leichter für Sie, und es wird genau so gemacht, wie Sie es sich wünschen. Wenn Sie aber zurück-fragen fördern Sie deren Resilienzfaktor Lösungsorientierung.

Prüfen Sie: Wo stehen Sie?

Im Folgenden finden Sie einen Schnell-Check. Hier geht es nun um Ihre Rolle als Resilienzförderer in der Kita.

Schnell-Check: Sind Sie eine Resilienz-fördernde Kita-Leitung?

Trifft diese Aussage auf Sie zu?	ja	nein	teilweise
Wenn ich etwas kommunizieren muss, das die Erzieher nicht gut finden werden, achte ich bewusst darauf, ihnen klarzumachen, dass manche Entscheidungen unveränderlich sind. „Trotzdem haben wir jetzt noch die Möglichkeit zu überlegen, wie wir damit umgehen."			
Ich kämpfe als Leitung für wichtige Themen. Wenn ich aber merke, dass der Kampf verloren ist, akzeptiere ich das auch und überlege dann gemeinsam mit dem Team, wie wir vorgehen können.			
Jede Erzieherin steht an einem anderen Punkt in ihrem Leben und in ihrer beruflichen Kompetenz. Ich achte auf die jeweilige Situation und schaffe geeignete Herausforderungen, damit jede über sich hinauswachsen kann.			
Ich sage den Erziehern regelmäßig, was sie gut machen, und arbeite mit ihnen daran, sich weitere Fähigkeiten anzueignen.			
Die Gesundheit der Erzieher ist mir wichtig. Ich achte darauf, dass ich mein Team nicht überfordere und sie sich auch selbst nicht zu viel zumuten.			
Ich delegiere Aufgaben und überlasse es den Erziehern, wie sie die Aufgabe umsetzen.			
Ich mache den Erziehern klar, dass mit einer hohen Handlungsfreiheit auch eine hohe Verantwortung einhergeht. So lernen sie, für ihre Fehler geradezustehen.			
Ich gebe die Verantwortung für bestimmte Bereiche an meine Mitarbeiter ab, wenn ich weiß, dass sie es meistern können.			
Ich achte darauf, dass wir alle in einem wertschätzenden Ton miteinander reden.			
Fehler sind bei uns o. k., denn sie passieren. Sie sollten nur nicht wiederholt werden. Das mache ich den Mitarbeitern auch klar.			
Ich achte darauf, dass wir eine gute Stimmung in der Kita haben, indem ich die Erzieher auf die positiven Dinge fokussiere.			

Trifft diese Aussage auf Sie zu?	ja	nein	teilweise
Ich schaue, dass wir uns im Kita-Team regelmäßig Zeit nehmen, um uns selbst zu reflektieren und uns Feedback zu geben. So lernen die Erzieher, dass es nicht schlimm ist, Feedback zu erhalten, sondern dass man daran wachsen kann.			
Ich selbst hole mir regelmäßig Feedback von meinem Kita-Team ein. Auch bei mir gibt es Dinge, die besser laufen könnten. Zum Beispiel frage ich sie, wie ich sie besser unterstützen kann.			
Wenn die Erzieher Probleme in ihrem Alltag haben, sage ich ihnen nicht, was sie zu tun haben. Aber ich unterstütze sie bei der Lösungsfindung.			
Ich erkläre den Erziehern, wie sie schwierige Probleme lösen können, ohne ihnen dabei die Lösung vorzugeben.			
Ich gehe zuversichtlich an Projekte heran und kommuniziere meinen Optimismus auch an mein Team.			
Ich sage den Erziehern, dass wir positiv bleiben, auch wenn wir nicht wissen, wie es weitergeht. Denn irgendwie wird es schon werden. Dann konzentrieren wir uns auf die guten Dinge.			
Wenn mir selbst etwas gut gelingt, teile ich meine Freude mit meinen Mitarbeitern.			
Wenn meine Mitarbeiter nicht mehr weiterwissen, bitten sie mich (oder sich gegenseitig) um Hilfe.			
Wir haben eine „Wir-helfen-uns-Kultur" in der Kita.			
Ich unterstütze die Erzieher dabei, sich selbst zu hinterfragen, wenn sie nicht wissen, warum ihnen immer wieder die gleichen Fehler passieren.			
Ich gebe meinen Mitarbeitern Feedback, um ihre blinden Flecken aufzudecken und sich besser reflektieren zu können.			
Gesamtpunkte (Summen)			

Zählen Sie zusammen, wie oft Sie jeweils „ja", „nein" und „teilweise" angekreuzt haben.

Auswertung: Je öfter Sie „ja" angekreuzt haben, desto besser fördern Sie die Resilienz Ihrer Mitarbeiter. Prüfen Sie alle Punkte mit „nein" und „teilweise" und überlegen Sie, wie Sie Resilienzförderung noch stärker in Ihren Kita-Leitungsalltag integrieren können.

Bessere Entscheidungen treffen: Wie Sie den Resilienzfaktor Akzeptanz bei Ihrem Kita-Team fördern

Es ist ein Balanceakt: Einerseits ist es wichtig, dass Ihre Teammitglieder lernen, nicht direkt aufzugeben, sondern für etwas zu kämpfen. Andererseits ist es aber eben auch genauso wichtig, manche Entscheidungen einfach zu akzeptieren.

Wenn Ihr Team mit den Entscheidungen anderer hadert

In meiner Funktion als Führungskraft gehe ich fast immer nach demselben Prinzip vor, wenn ich merke, dass die Mitarbeiter mit Entscheidungen anderer hadern. Ich gehe mit ihnen das Prinzip *Change it, leave it, love it* durch, das Sie auf Seite 42 bereits kennengelernt haben. Wenn Mitarbeiterin Emma zu Ihnen kommt und sagt: „Ich finde es einfach ätzend, dass wir jetzt auch noch Spätschichten machen sollen, nur weil der Träger die Öffnungszeiten erweitern will." Fragen Sie nach: „Was könntest du jetzt tun, damit du diese Spätschichten nicht machen musst?" (Zum Beispiel: Ich suche eine Kollegin, die nur spät arbeiten will.). Wenn sie etwas findet, ermutigen Sie Emma, aktiv zu werden. Wenn sie nichts findet, fragen Sie: „Sind die Spätschichten denn etwas, was für dich ein Grund wäre, dir einen anderen Job zu suchen?" (Emma sagt dann z. B.: „Nein, aber ich finde es einfach blöd.") Dann können Sie überleiten: „Emma, du hast immer die Wahl im Leben. Keiner zwingt dich zu tun, was du tust. Die Frage ist immer nach den Alternativen. Wenn du sagst, das ist kein Grund, dir einen anderen Job zu suchen, dann schlage ich vor: Lass uns gemeinsam entscheiden, es so zu akzeptieren, wie es ist, und das Beste daraus zu machen." Sie können selbstverständlich auch bei der Alternativensuche unterstützen. Probieren Sie es aus. Ich verspreche Ihnen, diese Vorgehensweise ist ein effizientes Führungstool. Doch es geht nicht immer um die Entscheidungen anderer. Gerade bei sensiblen Menschen wie Ihren Erzieherinnen, geht es auch viel um die eigenen Entscheidungen im Leben.

Wenn Ihr Team die eigenen Entscheidungen bereut

Es gilt tagtäglich, unzählige Entscheidungen zu treffen. Viele Entscheidungen zählen nur für den Moment, aber einige beeinflussen auch maßgeblich unsere Zukunft. Natürlich entscheiden Sie im Moment immer das, was Sie für die beste Wahl halten. Doch manchmal denken wir, dass wir die falsche Wahl getroffen haben. Wir bereuen also unsere zuvor getroffene Entscheidung. Genau so geht es Ihren Erzieherinnen auch. Unterstützen Sie die Einzelnen deshalb dabei zu lernen, bessere Entscheidungen zu treffen.

Tipp 1 für bessere Entscheidungen: Nach der Entscheidung ist vor der Entscheidung

Ganz oft erlebe ich, dass Menschen zu mir kommen mit einer Entscheidung, die sie bereuen. Zum Beispiel hatte eine junge Frau ein Haus gekauft und war mit der monatlichen Kreditrate überlastet. Sie hätte jetzt viel lieber eine Wohnung gekauft. Ich frage sie: „Warum machst du das denn nicht? Verkauf das Haus und zieh in eine Wohnung." Sie sagt: „Ich hab schon so viel reingesteckt und die Bank" … es kommen jede Menge Gründe. Schlussendlich ist sie zur Bank gegangen, hat die Situation erläutert und über die Bank eine Wohnung gekauft, die für sie entspannter und auch finanzierbarer war. Wir denken immer, wir können uns nicht mehr anders entscheiden, aber oft geht es eben doch. Auch hier können Sie ein Vorbild sein. Wenn Sie neue Informationen bekommen und deshalb Ihre Entscheidung ändern müssen, ist das keine Schwäche, sondern eine Stärke. Sagen Sie dem Team: „Ich habe neue Informationen und die bringen mich dazu, eine andere Entscheidung zu treffen."

Tipp 2 für bessere Entscheidungen: Bringen Sie Ihrem Team bei, dass es auf Fakten und Emotionen achtet

Wenn Sie Entscheidungen von vornherein besser treffen, heißt das, dass Sie weniger damit hadern, was Sie hätten anders oder besser machen können. Viele Menschen machen sich Pro-Kontra-Listen bezüglich der Fakten, aber verlieren einen wichtigen Faktor aus den Augen: Die Emotionen sind entscheidend bei jeder Entscheidung. Vielleicht haben Sie schon einmal zwei Bewerber gehabt: Der eine war deutlich besser qualifiziert, aber Sie hatten gleichzeitig ein diffuses Störgefühl. Wenn Sie das ignoriert haben, haben Sie vermutlich danach keine gute Entscheidung getroffen bzw. Erfahrung gemacht. Emotionale Störgefühle sind immer ein Signal. Doch wie können Sie die erkennen? Nutzen Sie für sich und mit Ihren Mitarbeitern den Emotions-Check, mit dem Sie Ihre Emotionen auf den Prüfstand stellen können.

Emotions-Check: Gibt es emotionale Störgefühle?

Bei einer wichtigen Entscheidung müssen Fakten und Emotionen zusammenpassen. Es reicht zwar nicht aus, ein gutes Bauchgefühl zu haben, es darf aber auch kein Störgefühl geben. Überlegen Sie sich im ersten Schritt, welche Option nach Faktenlage die bessere wäre. Doch egal, wie sehr die Fakten für eine Option sprechen, bei emotionalen Fragezeichen sollte Ihre Entscheidung immer „Nein" lauten. Wie können Sie feststellen, dass Sie emotionale Fragezeichen haben – abgesehen vom Bauchgefühl? Ich habe für Sie eine Checkliste erstellt. Prüfen Sie, auf welcher der beiden Seiten Sie sich eher wiederfinden. Dann wissen Sie, ob Sie emotionale Fragezeichen bei Ihrer Entscheidung haben oder nicht.

Entscheiden Sie sich jeweils für eines der beiden Wörter in einer Zeile und kreuzen Sie es an. Fühlen Sie sich bei Ihrer Entscheidung eher …

X	KRITERIEN SPALTE A		KRITERIEN SPALTE B	X
	fröhlich	oder	nachdenklich	
	festgelegt	oder	zweifelnd	
	optimistisch	oder	erforschend	
	entschieden	oder	bange	
	begeistert	oder	misstrauisch	
	zuversichtlich	oder	kritisch	
	sicher	oder	wachsam	
	hoffnungsvoll	oder	ängstlich	
	bestimmt	oder	geduldig	
	SUMME Kreuze Spalte A		SUMME Kreuze Spalte B	

Sie haben neun Entscheidungen getroffen. Zählen Sie nun zusammen, wie oft Sie sich jeweils für Spalte A bzw. Spalte B entschieden haben. Pro Kreuz vergeben Sie einen Punkt.

Wenn Sie 7 oder mehr Punkte in Spalte A haben
Handeln Sie. Denn Sie haben keine emotionalen Fragezeichen. Vermeiden Sie jedoch Impulsivität. Das heißt besonders für wichtige Entscheidungen: Schlafen Sie trotzdem noch einmal eine Nacht über Ihre Entscheidung.

Wenn Sie 5 bis 6 Punkte in Spalte A haben
Machen Sie erst einmal einen vorübergehenden Entscheidungs-Stopp, denn Sie haben emotionale Fragezeichen. Können Sie andere Menschen, denen Sie vertrauen, in die Entscheidung mit einbeziehen?

Wenn Sie 4 oder weniger Punkte in Spalte A haben
Vorsicht! Sie sollten sich Zeit lassen, bevor Sie handeln. Denken Sie über mögliche Alternativen nach. Es könnte sein, dass Sie sich gegen diese Option entscheiden müssen, weil Ihre emotionalen Fragezeichen zu groß sind.

Der Emotions-Check wurde hier abgedruckt mit freundlicher Genehmigung der persolog Management GmbH

© persolog Management GmbH 2021, D-75196 Remchingen

Mitarbeiter fordern:
Wie Sie den Resilienzfaktor Selbstwirksamkeitserwartung bei Ihrem Kita-Team fördern

„Mitarbeiter fördern und fordern und feedbacken." Das sind in der Managementliteratur die 3 Fs der Führung. Die meisten Führungskräfte fördern und feedbacken sehr gut – sie vergessen aber manchmal das Fordern. Und genau das trainiert die Selbstwirksamkeitserwartung bei Mitarbeitern. Kleine Kinder – das können Sie als Kita-Leitung wunderbar beobachten – gehen die Leiter zur Rutsche hoch, obwohl sie es noch nie gemacht haben.

Wenn ich mit meiner kleinen Tochter auf dem Spielplatz bin, staune ich immer wieder, was sie sich zutraut. Sie will auf der großen Schaukel schaukeln, obwohl ich als Mama genau weiß, dass es noch nicht geht. Sie will auf der großen Rutsche rutschen, obwohl die viel zu schnell ist und sie sich unten nicht halten kann. Immer wenn ich das sehe, frage ich mich: Wie können wir das so verlernt haben in den vielen Jahren, in denen wir aufwachsen? Ich frage mich auch: Arbeiten wir unsere Mitarbeiter manchmal zu gut und zu sensibel ein, sodass sie gar nicht mehr mit großen Herausforderungen konfrontiert sind, sondern wissen, was auf sie zukommt? Das ist zwar einerseits gut, aber andererseits hinderlich. Denn Herausforderungen zu meistern ist genau das, was unsere Selbstwirksamkeitserwartung trainiert.

Warum die transformationale Führung ein Resilienz-Booster ist

In der Forschung zeigt sich, dass die transformationale Führung Resilienz-fördernd ist und insbesondere auch die Selbstwirksamkeitserwartung der Mitarbeiter steigert. Ein Pionier auf dem Gebiet der Transformationalen Führung ist der amerikanische Wirtschaftspsychologe Bernard Morris Bass. Er nennt vier Kriterien, welche die Transformationale Führung bestimmen sollten: Führungskräfte müssen

- als Vorbild fungieren,
- inspirierend motivieren,
- intellektuell anregen und
- individuell unterstützen.

Durch Ihr eigenes Vorbild werden Sie Verhaltensänderungen bei den Erziehern erleben. In Bezug auf die Resilienz kann das z. B. heißen, dass die Mitarbeiter sich mehr zutrauen und Herausforderungen annehmen, die sie sich vorher nicht zugetraut hätten.

Je mehr die Mitarbeiter positiv gefordert werden, desto besser für die Selbstwirksamkeitserwartung

Selbstverständlich können Sie auch mit anderen Führungsstilen die Resilienz oder insbesondere die Selbstwirksamkeitserwartung fördern. Es gibt jedoch auch Führungsstile, die sich hinderlich auf die Resilienz der Mitarbeiter auswirken. Dies ist z. B. bei einem autoritären Führungsstil der Fall, der nur eine geringe Beteiligung der Mitarbeiter zulässt. Hingegen ist ein kooperativer Führungsstil, der den Mitarbeitern und Teams gewisse Entscheidungsspielräume einräumt, Resilienz-förderlich. Kurz gesagt: Je mehr Partizipation und Transparenz, desto besser für die Resilienz des Kita-Teams.

5 Ideen, wie Sie Ihre Mitarbeiter fordern, ohne sie zu überfordern

Nr.	Idee	Erklärung
1	Geben Sie Zeit für Fortbildung.	Fortbildung in schriftlicher, mündlicher oder sonstiger Form ist entscheidend dafür, dass Ihr Kita-Team sich mehr zutraut. Denn ihr Wissens-Koffer ist besser gerüstet und damit werden sie sich sicherer fühlen. Geben Sie also Raum zur Fortbildung. Bei uns im Unternehmen fördere ich z. B. das Schauen von You-Tube-Videos, ich bezahle Bücher, ich ermutige zu Fortbildungen oder ich kopiere Artikel für alle, die ich wichtig finde.
2	Lass dich überraschen!	Lassen Sie die Mitarbeiter doch einmal etwas tun, von dem Sie gar keine Ahnung haben. Ich stelle immer wieder fest, dass Mitarbeiter mehr Wert darauf legen, was die Leitung denkt, als die Leitung es erwartet. Das beeinflusst die Handlungen. Also lassen Sie doch die Erzieherinnen ein Projekt machen, von dem Sie keine Ahnung haben. Wichtig: Sie müssen es den Personen zutrauen, sonst sollten Sie es besser lassen.

Nr.	Idee	Erklärung
3	Machen Sie einen Rollentausch.	Als ich Anfang 20 war, habe ich bei einem Internet-Radiosender ein Praktikum gemacht. Dort hat jeden Tag der Chef gewechselt. Es gab einen Tisch, da saß der Chef. Natürlich konnte nicht jeder Chef sein, aber es gab 5 verschiedene Personen, die sich abwechselten. Warum also nicht mal einen Rollentausch machen, der Ihre Perspektive und die des Teams erweitert? Lassen Sie mal jemanden auf Ihrem Stuhl sitzen. Oder die Praktikantin und die Erzieherin tauschen die Rollen. Auch hier gilt wieder: Sie müssen es den Menschen zutrauen.
4	Machen Sie im Team Komfortzonen-Challenges.	Eine der wichtigsten Fähigkeiten, um Neues zu lernen, ist der Mut, es auszuprobieren. Mut bedeutet: Raus aus der Komfortzone. Wir machen im Team Komfortzonen-Challenges. Das heißt, jeder übernimmt in einer Woche eine Sache, die er noch nie erledigt hat und die außerhalb der Komfortzone liegt. Aysa, eine muslimische Erzieherin, sucht sich aus, für die Kinder eine religiöse Osterfeier anzubieten. Sie vermittelt dabei den christlichen Hintergrund des Osterfestes. Hinterher ist Aysa glücklich, denn ohne die Challenge hätte sie sich das nie und nimmer zugetraut.
5	Verteilen Sie bewusst Aufgaben, die außerhalb der momentanen Kompetenz liegen.	Ich schaue bei jedem Mitarbeitergespräch darauf, welche Aufgaben ich der Person geben kann, die außerhalb der momentanen Kompetenz liegen, ich ihr aber mit etwas Übung zutraue. Zum Beispiel einen Vortrag beim Elternabend halten darüber, was in den nächsten Wochen ansteht, für jemanden, der das noch nie gemacht hat. Oder den nächsten Kita-Ausflug planen. Geben Sie Ihren Mitarbeitern ganz gezielt solche Aufgaben.

Wichtiger Hinweis: Bei all diesen Themen ist es wichtig, dass Sie Rückendeckung bieten und Unterstützung, wenn es nötig wird. Sonst kann Überforderung drohen.

Delegieren Sie konsequent: Wie Sie den Resilienzfaktor Verantwortung bei Ihrem Kita-Team fördern

Schauen Sie sich Ihr eigenes Führungsverhalten als Kita-Leitung einmal an. Bei welcher Aussage würden Sie zustimmen:

- Aussage 1: „Ich muss darauf achten, dass ich unersetzbar bleibe, sonst kicken die mich raus."

- Aussage 2: „Ich gebe Verantwortung ab, aber die wichtigen Dinge mache ich trotzdem zur Sicherheit selbst."

- Aussage 3: „Ich gebe Verantwortung ab und versuche, mich selbst ersetzbar zu machen."

Was denken Sie? Hinterfragen Sie kritisch und ehrlich, was Sie denken.

Führung heißt, Verantwortung zu teilen

Meine Empfehlung ist: Führen Sie nach dem Motto: „Ich versuche, mich selbst ersetzbar zu machen." Wenn Sie diese Haltung haben, geben Sie automatisch Verantwortung an Ihre Mitarbeiter ab. Wichtig ist dabei allerdings, dass Sie Verantwortung auch wirklich delegieren. Das bedeutet, Ihrem Team klarzumachen, wer für was zuständig ist. Delegieren heißt nicht, dass Sie nichts mehr dazu sagen können. Das ist Ihre Verantwortung als Führungskraft. Aber achten Sie darauf, dass die Erzieher auch entsprechenden Spielraum haben und nicht doch alles wieder von Ihnen entschieden wird.

Führung heißt, Verantwortung und Freiheit in Balance zu bringen

Verantwortung übernehmen bedeutet für Ihr Team, dass es Freiheiten hat, Dinge zu gestalten. Verantwortung und Freiheit gehören immer zusammen. Alle Mitarbeiter wünschen sich Freiheit, aber nicht jeder ist bereit, auch Verantwortung zu übernehmen. Es kann auch sein, dass ein Mitarbeiter mehr Freiheiten hat als der andere, weil er mehr Verantwortung übernimmt. Je weniger Verantwortung jemand übernimmt oder auch zu übernehmen bereit ist, desto weniger Freiheiten hat er, desto enger muss die Führung sein, denn Sie stehen am Ende dafür gerade.

Entwickeln Sie Ihr eigenes Delegationskonzept

Ich empfehle Ihnen, dass Sie Ihr eigenes Delegationskonzept entwickeln. Das kann sich einerseits auf Ihre Sprache beziehen, andererseits auch auf die Art und Weise, wie Sie delegieren. Ich erkläre allen Mitarbeitern, wenn sie ein Projekt übernehmen, also Verantwortung bekommen, dass ich ihnen dazu Rückmeldungen geben werde mit folgenden Wörtern:

- **Tipp:** „Ich würde mir noch Folgendes anschauen …"

- **Empfehlung:** „Ich empfehle dir, es entsprechend anzupassen."

- **Anweisung:** „Ich erwarte, dass du das genauso anpasst, wie ich es sage!"

Das hilft den Mitarbeitern, weil sie wissen, wie ihr Handlungsspielraum aussieht. Klären Sie außerdem die wichtigsten Fragen, um effektiv zu delegieren. Dazu können Sie z. B. den Farbkreis auf der nächsten Seite nutzen.

So delegieren Sie professionell und effektiv mit dem Farbkreis

Es gibt schnelle, einfache Delegationen wie etwa: „Übernehmen Sie in meinem Urlaub bitte die Post", oder auch kompliziertere wie etwa: „Übernehmen Sie die Erstellung der Präsentation für den nächsten Elternabend." Eines haben beide Delegationen gemeinsam: Sie müssen klar definiert und kommuniziert werden, damit sie auch korrekt umgesetzt werden. Der Farbkreis auf dieser Seite greift die zentralen Punkte jeder Delegation auf. Nutzen Sie diesen künftig für jede Art der Delegation. Sie können als Vorlage den Kreis kopieren und Ihre Angaben dazu in Kurzform jeweils daneben notieren. So hat jeder alles zentral auf einer Seite im Blick.

WER?

Legen Sie genau fest, welche Person im Team die Aufgabe übernehmen soll. Halten Sie das schriftlich fest.

WAS?

Halten Sie in 5–8 Spiegelstrichen genau fest, was der Umfang der Aufgabe ist. Beispielsweise lautet die Aufgabe „Neue Präsentation für die neuen Eltern am 1. Elternabend erstellen. Inhalte sind die Kita-Abläufe, die Öffnungszeiten etc."

UMSETZUNG:

In 5–8 Spiegelstrichen legen Sie die Eckdaten der Aufgabe fest, anhand derer Sie das gewünschte Ergebnis kurz beschreiben oder festlegen, dass die Aufgabe völlig frei umgesetzt werden kann. Die Präsentation soll beispielsweise 15 PowerPoint-Folien umfassen und auf jeder Seite das Kita-Logo enthalten.

Briefing

BETEILIGTE:

Hier notieren Sie, ob und – wenn ja – wer eingebunden werden muss. Beim Postfach-Leeren, z. B. ist keine weitere Person notwendig. Bei der Präsentation hingegen muss der Träger informiert werden, da es auch um konzeptionelle Inhalte geht.

ETAT:

Beschreiben Sie kurz, ob für die delegierte Aufgabe Geld benötigt wird, und wenn ja, wie viel dafür zur Verfügung steht. Für die Leerung des Postfachs benötigt es keinen Etat, für die Erstellung einer Präsentation hingegen wird eventuell eine Digitalkamera im Wert von 200 € genehmigt.

ZEIT:

Legen Sie fest, in welchem Zeitraum die Aufgabe erledigt werden muss. Zum Beispiel täglich Postfach leeren oder die Präsentation bis zum 31.03.2021 fertigstellen.

Eine motivierende Arbeitsatmosphäre schaffen: Wie Sie den Resilienzfaktor Positive Emotionen bei Ihrem Kita-Team fördern

Sie möchten Ihre Erzieher so lange wie möglich an die Kita binden? Damit die Ihrer Kita treu bleiben und ihr Bestes geben, müssen sie sich in ihrem Job wohlfühlen. Das heißt, sie brauchen nicht nur passende, interessante Aufgaben und Tätigkeitsinhalte, sondern auch gute Kontakte zu den Kollegen und angemessene Herausforderungen. Dabei ist auch die Arbeitsatmosphäre entscheidend. Der eine mag es, wenn alle Kollegen Freunde sind, der andere schätzt den distanzierteren Umgang. Jede Kita-Leitung und jeder Mitarbeiter sollten sich deshalb fragen: „Wie können wir so zusammenarbeiten, dass es für uns anregend und produktiv erlebt wird?"

Gehen Sie achtsam mit den eigenen Emotionen und denen anderer im Team um

Stellen Sie sich vor: Eine Erzieherin rastet ständig wegen jeder Kleinigkeit aus. Ein kritisches Wort am Morgen von einem Vater oder ein falsches Datum in der Einladung zum Elternabend, und schon ist sie auf 180. Oder Sie werden in jeder Mittagspause von einer Erzieherin vereinnahmt, die nur darüber klagt, wie ätzend alles ist. All das wird Auswirkungen auf Ihre Emotionen und die des Teams haben. Das gilt es zu ändern, um Resilienz zu fördern. Der erste Schritt heißt erst einmal wahrnehmen, was überhaupt passiert. Sie müssen merken, dass die Erzieherin, die Ihnen in der Mittagspause die schlimmen Geschichten aus ihrem Leben erzählt, Ihre Emotionen negativ beeinflusst. Bringen Sie Ihrem Team durch Ihr Vorbild bei, dass es wichtig ist, das wahrzunehmen, was man in sich spürt.

Bringen Sie Ihrem Team die Macht des Embodiments bei

Wenn Sie feststellen, dass Sie in einer Situation öfter nicht das tun, was Sie tun möchten, dann kann das daran liegen, dass Ihr Körper und Ihr Geist unterschiedliche Dinge wollen. Bei der emotionalen Selbstführung spielt der Körper eine entscheidende Rolle. Vor allem die Körperhaltung. Versuchen Sie einmal gebückt und nach unten gerichtet zu stehen und sich gleichzeitig zu sagen: „Ich bin richtig gut drauf!" Das funktioniert nicht, weil Ihre Körperhaltung und Ihre Aussage nicht zusammenpassen. Menschen können sich besser motivieren, schwierige Aufgaben zu lösen und dabei zuversichtlich zu bleiben, wenn sie aufrecht und offen in ihrer Körperhaltung sind. Eine gekrümmte Körperhaltung signalisiert dem Bewusstsein negative Gefühle. Durch bewusste Variation der Körperhaltung können Emotionen jedoch beeinflusst werden. Nutzen Sie dieses Wissen für sich und Ihr Team.

Sorgen Sie selbst regelmäßig für positive Erlebnisse

Zu einer guten Arbeitsatmosphäre können Sie als Leitung auch etwas beitragen, indem Sie im ganzen Team für gute Stimmung sorgen. Das können Sie mit verschiedenen Aktionen machen oder auch mit Kleinigkeiten. Meine ehemalige Chefin hat uns in unseren Postfächern immer mal wieder mit Kinderriegeln versorgt. Das hat sie ein paar Euro gekostet, hat aber für gute Stimmung im ganzen Team gesorgt. Wichtig ist, dass solche Aktionen immer im Gesamtkontext gesehen werden müssen. Wenn Sie eine dauerhaft negative Arbeitsatmosphäre haben, wird das nur bedingt helfen. Wenn Sie aber sowieso schon eine gute Stimmung haben, dann wird das ein weiterer Motivationsbooster sein.

Mit diesem 5-Punkte-Plan sorgen Sie für gute Stimmung im Team

Von Claudia Fischer

Sie können wirklich stolz sein auf Ihr Team. Es hat eine herausfordernde Pandemie durchgehalten und den Kita-Alltag trotz aller Einschränkungen gemeistert. Umso wichtiger ist, dass Sie als Leitung mit kleinen Ideen für gute Stimmung im Team sorgen, an Ihr Team denken, Danke sagen und damit positiv unterstützen. 5 einfache, aber wirkungsvolle Tipps finden Sie hier.

Packen Sie Thementüten

Besorgen Sie Butterbrottüten. Packen Sie in diese Materialien zu verschiedenen Themen. In die *Gute Laune Tüte* kann beispielsweise eine Sammlung an ausgedruckten Witzen, lustige Fotos von Teamausflügen, eine saure Zitrone. In die *Entspannungstüte* kann ein Mandala zum Ausmalen, ein Strauß getrockneter Lavendel und eine Entspannungsgeschichte. Überlegen Sie sich verschiedene Themen und richten Sie ausreichend Tüten für alle Mitarbeiter. Diese können Sie einfach so am Ende einer Woche oder einer Teamsitzung bereitstellen, dass sich jeder eine Tüte aussuchen kann.

Organisieren Sie ein Winter- bzw. Frühlingswichteln

Jeder Mitarbeiter zieht in einer Teamsitzung einen Zettel. Auf jedem Zettel steht der Name eines Mitarbeiters. Im Laufe der nächsten 4 Wochen wichtelt nun jeder dem Mitarbeiter, den er gezogen hat eine Kleinigkeit. Entweder noch passend zum Winter oder schon etwas Frühlingshaftes, wie etwa eine Tüte Blumensamen oder Ähnliches. Das schafft einen schönen Zusammenhalt und lenkt von allen Pandemiethemen ab.

Mit selbst genähten Masken zu mehr Gemeinschaft

In Vielen Situationen tragen Sie in der Kita mittlerweile eine Alltagsmaske. Überlegen Sie sich als Team, welche Maske Sie gemeinsam für alle Mitarbeiter nähen. Das kann ein Motivstoff sein, der allen gefällt, oder eine einfarbige Maske. Bestimmt kann nicht jeder im Team nähen, dafür kann aber der eine den Gummi zuschneiden, der nächste den Stoff besorgen und irgendeiner schreibt mit Stofffarbe den Kita Namen auf die Masken. So entstehet ein sichtbares Stück Gemeinsamkeit und Farbenfreude im Alltag. Sie können auch thematische Masken, wie eine Wintermaske, eine Frühlingsmaske, eine Sommermaske herstellen.

Überraschen Sie Ihr Team mit einer Auszeit

Seit Monaten sind Sie damit beschäftigt, Ihr Team in Teamsitzungen in Bezug auf Hygiene, Pandemievorgaben ständig auf den neuesten Stand zu bringen. Auch wenn das natürlich wichtig ist, Spaß macht es keinem so richtig. Schaufeln Sie sich in einer Teamsitzung ein Zeitfenster von ca. 1 Stunde frei, indem Sie nur wenige Tagesordnungspunkte einplanen. Überraschen Sie dann Ihr Team, indem Sie die Besprechung früher beenden und alle mit einem leckeren Eiscafé, einem Stück Kuchen oder auch heißen Kastanien aus dem Backofen belohnen. Sitzen Sie dabei einfach zusammen, fragen Sie, wie es Ihren Mitarbeitern geht, was sie am Wochenende vorhaben oder Ähnliches. Es geht darum, etwas „geschenkte" Zeit miteinander zu verbringen und ganz bewusst das Thema Pandemie auszublenden.

Erzählen Sie sich mit Bildern von der Woche

Aufgrund der Pandemie bekommen die einzelnen Gruppen aktuell nicht mehr so viel voneinander mit. Meist müssen die Gruppen getrennt bleiben. Gestalten Sie im Pausenraum eine große Pinnwand. Jede Gruppe erhält dort ein abgestecktes Stück und berichtet über Fotos, einen kurzen Text über die laufende Woche. So bekommt doch jeder im Team etwas vom Alltag der anderen mit.

Pausieren statt ausflippen: Wie Sie den Resilienzfaktor Impulskontrolle bei Ihrem Kita-Team fördern

Die Kontrolle über das eigene Denken, Fühlen und Handeln zu behalten ist einer der wichtigsten Resilienzfaktoren für Sie als Kita-Leitung. Es ist aber auch für die Erzieher einer der wichtigsten Resilienzfaktoren im Umgang mit den Kita-Kindern – und übrigens ein hervorragendes Training für die Erzieher an sich. Doch es gibt auch weitere Dinge, mit denen Sie die Impulskontrolle von einzelnen Erziehern oder innerhalb des Teams steigern können.

Ob Sie Impulse in sich wahrnehmen oder nicht, ist nicht zu ändern

Chefs, die ausflippen und cholerisch sind, Partner, die ihren Partner verbal lautstark angehen, sind in der Regel Menschen, die sich nicht im Griff haben. Es gelingt ihnen nicht, das, was sie empfinden, unter Kontrolle zu behalten, sondern sie lassen es unkontrolliert raus. Das ist ein Negativbild, das wir z. B. auch von dominanter Führung haben. Vielleicht gehören Sie zu den Menschen, die eine hohe Impulskontrolle haben, und Sie können gar nicht nachvollziehen, warum Menschen laut werden und andere anschreien. Oder Sie gehören zu den Menschen, die es gelernt haben, ihre Impulse unter Kontrolle zu bekommen, und dennoch fühlen Sie sich innerlich vielleicht manchmal so wie die lautstarken Schreihälse. Bereits im letzten Kapitel ging es um folgende Grundthese: Sie können nicht verändern, dass Sie starke Impulse empfinden. Sie können aber entscheiden, wie Sie mit ihnen umgehen.

Machen Sie den Erziehern mit niedriger Impulskontrolle klar, dass sie okay sind, wie sie sind

Auch bei Ihrem Erzieher-Team wird es beide Richtungen (hohe und niedrige Impulskontrolle) geben. Gerade die, die eine eher niedrige Impulskontrolle besitzen, werden manchmal das Gefühl haben, dass sie nicht okay sind, so, wie sie sind. Machen Sie genau diesen Mitarbeitern klar, dass es okay ist, diese Impulse zu verspüren. Doch jeder von uns kann entscheiden, was er daraus macht – und genau da liegt unser Handlungsspielraum. Wenn das für Sie selbst ein Thema ist: Berichten Sie offen und ehrlich von Ihren Erfahrungen und wie es Ihnen damit geht.

Lernen Sie gemeinsam mit Ihren Erziehern, Situations-Reaktions-Ketten zu durchbrechen

Als Kita-Leitung beobachten Sie Ihr Team. Sie wissen, bei welchen Themen es für die einzelnen Erzieher kritisch wird. Verschaffen Sie sich einen guten Überblick.

- Welche Blitzreaktionen führen bei den Erziehern immer wieder zu unangenehmen Konsequenzen?

- In welchen Situationen handeln die Erzieher immer wieder ähnlich impulsiv, was dann zu ihrem eigenen oder zum Nachteil anderer ist?

- Mit welchen Gruppen (Ihnen gegenüber, Kollegen, Kinder, Eltern) haben die einzelnen Erzieher Probleme, bezogen auf ihre Impulskontrolle?

Im Anschluss geht es darum, dass Sie die Erzieher dabei unterstützen, ihr Verhalten zu verändern. Das kann Ihnen z. B. mit einer Stimmungsampel gelingen.

Die rote Ampel: Nutzen Sie eine Stimmungsampel

Manche Menschen reagieren impulsiver als andere. Meistens kündigt sich eine Impulswelle allerdings an. Zum Beispiel bin ich an einem Tag, an dem ich schlecht geschlafen habe, viel gereizter und empfindlicher als sonst. Ein Impuls baut sich wie eine Welle auf: Sie rollt heran und dann bricht sie – die Impulsreaktion ist erfolgt und es ist zu spät. Die Lösung ist die, die Welle schon vorher abzuschwächen. Wie geht das?

Anwendung: Impulsive Reaktionen kündigen sich an. Stellen Sie sich eine Ampel vor:

- Grün: Alles läuft normal.

- Gelb: Sie merken, dass Sie unruhig werden.

- Rot: Sie geben dem Impuls nach.

Wenn Sie nun Ihre Impulse besser kontrollieren möchten, ist der Faktor Zeit wesentlich. Denn Impulse sind Automatismen. Schnelle Reaktionen, die einfach erfolgen. Wenn Sie wissen, wie sich Gelb anfühlt, merken Sie in Zukunft auch, wenn Sie im gelben Bereich sind. Sagen Sie dann laut oder innerlich: „Stopp!" Dann zählen Sie bis fünf oder in schlimmen Fällen bis zehn. Die Wahrscheinlichkeit, dass Sie dem Impuls dann noch nachgeben, sinkt dramatisch. Es geht also darum, das Tempo zu senken.

Anwendung mit Ihrem Erzieher-Team: Identifizieren Sie im Einzelgespräch gemeinsam mit den Erziehern ihre Trigger und unterstützen Sie sie dabei, einen Weg zu finden, schon etwas zu unternehmen, wenn die Ampel auf Gelb steht. Also sich z. B. eine Auszeit zu nehmen oder mal kurz nach draußen zu gehen und zu schreien. Es ist wichtig, dass Menschen, die sehr impulsiv sind, Wege finden, um sozialverträglich Dampf abzulassen. Das geht z. B. über Schreien im Wald.

Wie Sie den Resilienzfaktor Realistischer Optimismus bei Ihrem Kita-Team fördern

Es gibt ein psychologisches Phänomen, die sogenannte Self-fulfilling Prophecy (sich selbst erfüllende Prophezeiung). Gedanken haben demnach die Tendenz, das sie zur Realität werden. Deshalb lassen sich auch Wirkungen bei Pillen nachweisen, die gar keine Wirkstoffe enthalten, sogenannte Placebos – man spricht hier vom Placebo-Effekt. Viele Forschungen belegen: Denken beeinflusst Handeln. Stellen Sie sich nun vor, Sie denken immer wieder: „Das darf nicht passieren." Sie sind also sorgenvoll und pessimistisch in Bezug auf ein Ereignis in Ihrer Zukunft. Dann können Sie fast sicher sein, dass es eintreten wird! Zum Glück funktioniert das auch umgekehrt. Gedankenkraft wird deshalb auch im Hochleistungssport systematisch genutzt: Sportler gewinnen zuerst im Kopf. Sie überwinden die Hürden vorher mental, reagieren auf ihre Gegner, sehen sich selbst beim Siegen zu und glauben daran, dass es funktioniert. All das ist nur möglich, wenn Sie eine gesunde Portion an Optimismus mitbringen.

Optimistisch oder nicht: Die Tendenz ist angeboren

Optimismus ist tatsächlich einer der Resilienzfaktoren, der schwerer trainierbar ist, da er teilweise angeboren ist. Ob Sie also dazu tendieren, das Glas halb voll oder halb leer zu sehen, hängt stark mit Ihrer Persönlichkeit zusammen. Vermutlich wird es in Ihrem Kita-Team beide Extreme geben. Wie können Sie jetzt dazu beitragen, dass im ganzen Team mehr Optimismus herrscht, wenn Sie den Optimismus der Einzelnen nicht wirklich beeinflussen können? Wir zeigen Ihnen hier zwei Ideen auf:

Idee 1: Stecken Sie andere an

Emotionen übertragen sich in der Kommunikation (Fachjargon: Synchronisation) auf andere. Das heißt: Sie können mit Unzufriedenheit andere anstecken, aber auch mit Optimismus. Als Faustregel gilt: Die stärkere Emotion setzt sich durch. Das heißt, depressive Menschen können uns herunterziehen, während wir uns von Optimisten beflügeln lassen. Wenn Sie als Kita-Leitung also ehrlich gemeinten Optimismus versprühen, werden Sie damit das Team inspirieren und motivieren, seine negativen Gefühle zu dämpfen. Denken Sie an erfolgreiche Motivationsredner, die es schaffen, Tausenden von Menschen mit ihren Gefühlen anzustecken und zu bewegen. Sie entscheiden also in jedem Gespräch, das Sie einzeln oder im Team führen, was der emotionale Ton ist. Machen Sie sich bewusst: Dieser Ton wird sich auf Ihr Gegenüber übertragen und damit haben Sie große Einflussmöglichkeiten – auch auf den Optimismus des Kita-Teams.

Idee 2: Verhelfen Sie zu einem realistischeren Blick

Hauptfeind Nummer eins eines gesunden Optimismus sind Versagensängste, dicht gefolgt von Nummer 2, dem Zweifel an den anderen. Werden Sie sich dessen bewusst und machen Sie sich auch bewusst, dass genau das ein Thema für Ihre eher pessimistischen Erzieher sein wird. Nutzen Sie die Best Case – Worst Case Methode von Seite 60, um Ihren Mitarbeitern auch die andere Seite aufzuzeigen und den Fokus auf den wahrscheinlichen Ausgang zu richten. Übrigens: Das ist die Methode, die ich am häufigsten im Alltag einsetze, um Mitarbeitern aus einer Situation zu helfen, in der sie mit Versagensängsten konfrontiert sind.

Vergleich: Typische Eigenschaften von Opti misten und Pessimisten

Vergleichen Sie die folgende Eigenschaften-Liste, und überlegen Sie, welche Teammitglieder Sie eher als Optimisten oder als Pessimisten bezeichnen würden.*

Typisch Optimist, typisch Pessimist?

Optimisten sind im Allgemeinen:	Pessimisten sind im Allgemeinen:
leichtsinnig	kritisch / mäkelig
leichtgläubig	sorgenvoll
vertrauensvoll	misstrauisch
naiv	empfindlich
unvorsichtig	kompliziert
spontan	unzufrieden
zufrieden	unzufrieden
glücklich	**vorausschauend**
zuversichtlich	**gründlich**
unkompliziert	unsicher

Sie sehen, dass sowohl beim Optimismus als auch beim Pessimismus negative und positive Eigenschaften stehen. Tatsächlich geht es in beim Resilienz-fördernden Optimismus darum, einen balancierten Optimismus zu haben. Anders gesagt: Ein paar Elemente des Pessimismus (fett markiert) mit zu berücksichtigen. Denn wenn Sie nur alles rosarot sehen, kann das dazu führen, dass der Optimismus Ihnen mehr im Weg steht, als dass er Ihnen hilft.

Frühzeitig an Konflikte ran:
Wie Sie den Resilienzfaktor Soziale Unterstützung bei Ihrem Kita-Team fördern

Soziale Unterstützung bedeutet, dass Menschen sich gegenseitig helfen und sich unterstützen. Das Gegenteil von sozialer Unterstützung sind also Konflikte, die im Team unterschwellig oder an der Oberfläche sind und ein konstruktives Miteinander verhindern. Wenn Sie also die Resilienz in Ihrem Kita-Team fördern wollen, arbeiten Sie an einer gesunden Konfliktkultur. Was ist eigentlich ein Konflikt? Es ist nicht eine Meinungsverschiedenheit, in der Sie sagen, dass Sie dafür sind, dass das Projekt „Wald" umgesetzt wird, und die Erzieherin sagt, dass das Projekt „Meer" umgesetzt wird, und Sie darüber diskutieren. Konkret geht es darum: Zwei sind verschiedener Meinung und es besteht die Notwendigkeit einer Einigung. Und einer fühlt sich benachteiligt. Haben Sie schon einmal erlebt, dass Ihr Team – oder zwei Teammitglieder – nicht miteinander konnten? Dass jeder dem anderen misstraut und der eine denkt, dass der andere es schlecht mit ihm meint? Das hat eine bekannte Kita-Leitung von mir live erlebt.

Wie aus einem funktionierenden Team ein Konfliktherd wurde

Sie hat eine neue Erzieherin eingestellt. Sie war sich nicht hundertprozentig sicher, ob sie ins Team passt, aber sie brauchte dringend jemanden, und die Erzieherin, wir nennen sie hier Lisa, machte einen ordentlichen Eindruck. Auch beim Probearbeiten sammelte sie Punkte beim Team. Kinder und Erzieher mochten sie gleichermaßen. Lisa wurde also eingestellt. Die ersten Wochen liefen insgesamt ganz gut. An manchen Stellen war es etwas holprig, weil die Kita-Leitung viele Missverständnisse mit Lisa hatte. Allerdings dachte sie, dass es an ihr liegt. Zu viel Stress. Vielleicht hat sie sich nicht klar ausgedrückt. Doch nach einigen Wochen nahm die Kita-Leitung auch beim restlichen Team Probleme war. Sie konnte es anfangs nicht richtig einschätzen, doch es schienen sich Fronten zu bilden. Und Lisa war immer mittendrin. Es dauerte fast ein halbes Jahr, bis der Kita-Leitung klar wurde: So geht es nicht weiter. Lisa ist zwar bemüht, aber sie verursachte immer Unruhen im Team. Sie musste alles auf persönlicher Ebene austragen, kontaktierte die Erzieherinnen privat und bombardierte sie mit Whats-App-Nachrichten, wie leid ihr alles tue, was tagsüber schiefgelaufen ist. Es war eine Daueranspannung bei allen im Team, eine unerträgliche Situation für alle Beteiligten.

Soziale Konflikte sind einer der größten Stressoren und Resilienzhemmer

Tatsächlich sind soziale Konflikte einer der größten Stressoren. Meine Trainer-Kollegin und Arbeitsmedizinerin Manuela Jacob-Niedballa formuliert es in ihren Vorträgen folgendermaßen: Wenn Sie in eine Schale mit grünen Äpfeln einen braunen Apfel legen, ist es in der Regel so, dass der braune Apfel die grünen Äpfel ansteckt, und nicht andersherum. Genauso ist es mit Problemen im Team. In der Regel ist es so, dass jemand, der viel Unruhe erzeugt, eher die anderen mit hineinzieht, als dass die anderen ihn beruhigen. In so einem Fall kann es sein, dass Ihnen nichts anderes übrig bleibt, als eine Person aus dem Team zu entfernen. Aber bevor Sie das tun, geht es natürlich darum, möglichst frühzeitig die Konflikte im Team zu beseitigen. Sorgen Sie also dafür, dass aus den Alltagsstreitereien gar nicht erst echte Konflikte entstehen.

Mit diesen 3 Fragen lösen Sie jeden Alltagsstreit im Team

Sie stellen im Laufe der letzten Wochen fest, dass es im Team vermehrt zu Sticheleien kommt. Der Ton untereinander ist etwas rauer, man lässt andere Meinungen nicht mehr gelten, sondern wettert dagegen in Teamsitzungen. Es gibt keinen greifbaren Konflikt und keine fixen Auslöser dafür im Team. Trotzdem merken Sie, es läuft nicht rund. Genau das ist der richtige Zeitpunkt, um mit den folgenden 3 Fragen zu starten.

Darum lösen Sie mit Fragen die Alltagsstreitereien auf

Die drei Fragen bewirken, dass sich jeder selbst an die eigene Nase fasst: Es geht um keine tiefgreifende Selbstreflexion mit bedeutendem tiefen psychologischen Hintergrund. Mit den drei Fragen bewirken Sie, dass die aktuelle Situation im Team bewusst gemacht wird. Jeder merkt, dass es nicht mehr so rundläuft, und überlegt sich, was er selbst dazu beigetragen hat – sowohl im Positiven als auch im Negativen.

So bereiten Sie die Fragen im und für das Team vor

Nehmen Sie sich im Team 60–90 Minuten Zeit. Treffen Sie sich dazu entweder in einem großen Raum oder alternativ auch per Videokonferenz. Stellen Sie dem Team nun die folgende Aufgabe zur Vorbereitung:

„In den letzten Wochen gab es immer mehr Sticheleien untereinander. Ich habe wahrgenommen, dass ihr zunehmend übereinander gelästert und geschimpft habt. Nehmt euch bitte 5 Minuten Zeit, um ganz in Ruhe die letzten Wochen Revue passieren zu lassen. Wo oder wann ist es euch selbst aufgefallen, dass ihr gereizter aufeinander reagiert habt? Gab es einen speziellen Auslöser dafür?" Jeder geht nun ganz in Ruhe für sich dieser Aufgabe nach. Gern kann sich jeder auch Notizen dazu machen.

Starten Sie mit den 3 Fragen

Geben Sie die folgenden 3 Fragen an Ihr Team weiter, entweder mündlich oder schriftlich vorbereitet:

- Was gibt mir das Team? (Wann hat mir das Team geholfen, wo war die Zusammenarbeit bereichernd, von wem habe ich etwas lernen können?)

- Was habe ich dem Team schon geben können? (Wie bringe ich mich selbst im Team ein, wo bin ich eine Bereicherung für das Team?)

- Welche Schwierigkeiten bereite ich selbst dem Team? (Was habe ich an Entwicklungen behindert, wo habe ich Prozesse ausgebremst, habe ich andere in ihrer Arbeit gestört?)

Geben Sie für die Beantwortung der Fragen 20 Minuten Zeit, in der sich jeder wieder allein damit beschäftigen kann. Entweder nur gedanklich oder gern auch mit schriftlichen Notizen.

So geht es weiter

Planen Sie nun ca. 20–30 Minuten ein, in denen Ihr Team wertfrei über seine Gedanken zu den Fragen berichtet. Sie können dazu wie folgt einleiten:

„Reihum würde ich gern damit starten, dass jeder das, was er möchte, zur 1. Frage vorstellt. Ihr müsst dabei keine Namen nennen, sondern nur die Situation oder das Erleben beschreiben, wo euch das Team gutgetan hat."

Ebenso verfahren Sie mit den weiteren beiden Fragen. Dabei wird nicht kommentiert.

Wichtig: Der positive Abschluss und Ausblick. Anschließend sammeln Sie während 10–15 Minuten auf einem Plakat Ideen und Gedanken, was jeder selbst an Positivem einbringen kann, wie z. B.: Kritik nicht mehr so persönlich nehmen, eigenes Wissen an andere weitergeben, das Gegenüber ausreden lassen etc. Dieses Plakat hängen Sie gut sichtbar im Teamzimmer auf. So wird jeder in den nächsten Tagen und Wochen daran erinnert, was er seinerseits zur guten Atmosphäre beitragen kann.

Den Ball zurückspielen: Wie Sie den Resilienzfaktor Lösungsorientierung bei Ihrem Kita-Team fördern

Als es in einem meiner Vorträge darum ging, immer einen Plan B parat zu haben, hat mich eine Zuhörerin gefragt: „Warum ist das positiv? Mein Vater hat vor Urlaubsreisen immer alle Alternativrouten untersucht, weil er davon ausging, dass auf jeden Fall ein Stau kommt. Ich habe das nicht als positiv erlebt." Der große Unterschied ist, dass es nicht darum geht, von vornherein Schwierigkeiten zu erwarten. Aber wenn Sie kurz vor Italien hören, dass es vor dem Gotthardtunnel 25 Kilometer Stau gibt, ist es eine Überlegung wert, über die Berge zu fahren. Um das tun zu können, müssen Sie wissen, dass es andere Routen gibt, und vor allem auch bereit sein, Ihre ursprüngliche Route zu verlassen. Und wenn Sie ein Unternehmen haben, aber niemand Ihr geniales, über Jahre geplantes Produkt kaufen möchte, müssen Sie umdenken, wenn Sie nicht pleitegehen wollen. Das gilt genauso für Sie in der Kita-Einrichtung. Resiliente Menschen sehen Probleme als Normalfall des Lebens und lenken ihren Fokus auf die Chancen. Sie sind nicht überrascht, dass es Staus vor dem Tunnel gibt, sondern wissen, dass es überall zu einem Stau kommen kann. Sie vertrauen dann auf ihre Problemlösefähigkeit, um die beste Lösung zu wählen.

Die typische Mitarbeiter-Frage

„Wie soll ich das nur machen? Für den Kita-Ausflug fehlen mir noch 2 begleitende Eltern, und ich finde einfach keinen, der sich freiwillig meldet." Kennen Sie solche und ähnliche Aussagen von Ihrem Erzieher-Team? Bei allen Problemen, die uns im Alltag begegnen, ist der Resilienzfaktor Lösungsorientierung gefragt. Aus meiner Erfahrung ist Lösungsorientierung einer der Faktoren, den Sie als Kita-Leitung am leichtesten bei Ihrem Team beeinflussen können.

Der entscheidende Faktor sind Sie selbst

Das Problem bei Fragen wie: „Wie soll ich das nur machen?", ist Folgendes: Als Kita-Leitung sind Sie nicht grundlos in Ihrer Position. Vermutlich mussten Sie selbst in der Vergangenheit viele Probleme in der Kita lösen und das ist Ihnen auch gelungen. Sonst wären Sie nicht da, wo Sie sind. Unabhängig davon, wie hoch Ihre eigene Problemlösungskompetenz ist, werden Sie viele Fragen der Erzieher relativ schnell beantworten können. Vermutlich poppt die Antwort oft schon in Ihrem Kopf auf, bevor die Erzieher ihre Frage zu Ende gestellt haben. Und jetzt kommt die Herausforderung für Sie: Wenn Sie die Lösungsorientierung Ihres Teams trainieren wollen, antworten Sie nicht mit der Lösung, die Sie im Kopf haben. Stattdessen fragen Sie zurück:

- „Was schlägst du denn vor, was du tun kannst?"

- „Hast du denn schon eine Idee, wie du evtl. vorgehen kannst?"

- „Nimm dir mal Zeit und überlege mal, wie du vorgehen könntest."

Im Anschluss gehen Sie nach einem 5-Schritte-Programm vor, das wir für Sie beispielhaft aufbereitet haben.

Das 5-Schritte-Programm für mehr Lösungsorientierung im Kita-Team

Das Problem: „Wie soll ich das nur machen? Für den Kita-Ausflug fehlen mir noch 2 begleitende Eltern und ich finde einfach keinen, der sich freiwillig meldet."

Schritt 1: Sie spielen den Ball zurück

- Ihre Antwort: „Was schlägst du denn vor, was du tun kannst?"

- Erzieher: „Ich habe keine Ahnung, mir fällt nichts ein. Du hast doch bestimmt eine gute Idee."

- Sie: „Nimm dir mal 5 Minuten Zeit und überlege mal, was du tun kannst, und schreib alle Ideen auf."

Eine meiner größten Stärken ist meine Lösungsorientierung. Meistens fallen mir schnellere und oft auch bessere Lösungen ein als den Mitarbeitern. Deshalb ist die Versuchung groß, die Lösung vorzugeben. Gleichzeitig weiß ich aber auch, dass sie etwas niemals lernen, wenn ich alle Probleme für sie löse. Ich habe mir deshalb angewöhnt, grundsätzlich nicht meinen Vorschlag zu machen, sondern zurückzufragen. Wenn ich den Ball zurückspiele, fangen die Mitarbeiter an zu denken. Am Anfang haben sie Schwierigkeiten, eine Lösung zu finden. Doch das entwickelt sich Schritt für Schritt. Sie brauchen nur etwas Geduld und Offenheit. Denn es kann sein, dass nicht Ihre Lösung genutzt wird.

Schritt 2: Bestätigen Sie die Erzieher in ihrer Lösung

- Erzieher erarbeitet Vorschläge und sagt dann: „Wir könnten die Mutter von Emma noch einmal gezielt ansprechen. Sie geht gern auf Ausflüge mit. Sie hat sich aber nicht gemeldet."

- Sie: „Eine gute Idee zu überlegen, welche Eltern grundsätzlich bereit sind mitzukommen."

Wenn die Erzieher nun kommen und einen Vorschlag machen, ist es wichtig, dass Sie diesen grundsätzlich bestätigen. Wenn der Vorschlag gar nicht umsetzbar ist, bitten Sie den Erzieher, noch eine Alternative zu überlegen, und bewerten den Vorschlag nicht direkt. Wenn der Vorschlag umsetzbar ist, bestätigen Sie die Idee und heben das hervor, was daran besonders gut ist. Hier ist extrem wichtig, dass Sie nicht alles zunichtemachen und Ihre ursprüngliche Idee durchsetzen. Sonst ist das demotivierend für die Mitarbeiter.

Schritt 3: Ergänzen Sie die Lösung

- Sie: „Hast du schon einmal darüber nachgedacht, dass auch andere Begleitpersonen wie Au-pairs oder eine Tante mitkommen könnten? Vielleicht ist das den Eltern gar nicht klar?"

Häufig ist es – zumindest am Anfang solcher Prozesse – so, dass der Vorschlag der Mitarbeiter nicht perfekt ist – hier z. B., weil das nur eine weitere Person wäre. Machen Sie jetzt Ergänzungen oder erarbeiten Sie im Dialog Erweiterungen des Vorschlags.

Schritt 4: Beschließen Sie gemeinsam den Umsetzungsweg

- Sie: „Ich fasse noch einmal zusammen: Du rufst die Mutter von Emma an und sprichst sie direkt an. Außerdem schreibst du noch mal an alle Eltern, ob jemand aus dem Umfeld Interesse daran hat, unseren Ausflug zu begleiten."

Schritt 5: Reflektieren Sie die Vorgehensweise, sodass sie beim nächsten mal nicht eingreifen müssen

- Sie: „Super, jetzt haben wir ja eine Idee, wie das Problem gelöst werden kann. Wenn du das nächste Mal vor so einem Problem stehst, kannst du direkt diese Schritte umsetzen, ohne es mit mir zu besprechen."

Wichtig ist es nun, dem Mitarbeiter zu zeigen, dass diese Vorgehensweise eine ist, die er in Zukunft auch ohne Ihre Unterstützung umsetzen kann.

Fehler nicht wiederholen: Wie Sie den Resilienz-faktor Kausalanalyse bei Ihrem Kita-Team fördern

Kausalanalyse beschreibt die Fähigkeit, ein Problem zeitlich und inhaltlich, gründlich und treffend zu analysieren. Diese Fähigkeit hilft Menschen dabei, denselben Fehler nicht wieder und wieder zu machen und nicht zu früh aufzugeben.

Ein wichtiger Weg für Ihr Kita-Team: Feedback geben

Es wird Ihnen garantiert nicht neu sein, wenn ich Ihnen jetzt sage: Geben Sie Ihren Mitarbeitern regelmäßig Feedback und holen Sie sich auch Feedback ein. Wir wissen es alle, aber wir vergessen es immer wieder. Im Hinblick auf den Resilienzfaktor Kausalanalyse ist Feedback deshalb besonders wichtig, weil es dabei unterstützt, Fehlermuster zu eliminieren.

Selbstbild und Fremdbild unterscheiden sich

Es ist wichtig, dass Sie wissen, wie andere Sie sehen (Fremdbild). Genauso wichtig ist es zu wissen, welche eigenen Erwartungen Sie antreiben und wo Unbewusstes schlummert (Selbstbild). Sind Selbst- und Fremdbild weitgehend deckungsgleich, werden Erwartungen seltener enttäuscht. Es entstehen weniger Missverständnisse. Übertragen auf die Erzieher bedeutet das: Je mehr Sie ihre Sichtweise über sich kennen, desto besser kennen Sie das Fremdbild.

Warum Feedback unerlässlich ist

Ein gutes Modell, um die Unterschiede zwischen Fremd- und Selbstbild deutlich zu machen, ist das so genannte Johari-Fenster. Es wurde entwickelt von den amerikanischen Sozialpsychologen Joseph Luft und Harry Ingham. Das Johari-Fenster unterteilt die **Wahrnehmungen** und **typischen Verhaltensmuster** des Betroffenen in **4 Quadranten:**

Ziel ist immer, den Bereich A größer zu machen. So wird Ihre Kita-Leitung-Erzieher-Beziehung besser und so entwickeln sich die Erzieher auch optimal. Das geht zum einen über Selbstoffenbarung. Das bedeutet, dass die Erzieher Ihnen Dinge über sich erzählen, die Sie nicht sofort wissen. Der andere Weg geht über Feedback, indem Sie den Erziehern blinde Flecken aufzeigen.

Der blinde Fleck

Wenn Sie Erzieher dabei unterstützen wollen, dieselben Fehler nicht mehrfach zu machen, kann es hilfreich sein, dass Sie ihnen ihre blinden Flecken sichtbarer machen. Es könnte z. B. sein, dass eine Erzieherin auf dem Spielplatz teilweise die Kinder „anschreit", weil sie sich Sorgen um sie macht. Die Kinder erschrecken sich dabei und den Umgangston wollen Sie auch nicht in Ihrer Kita haben. Sie merken aber: Der Erzieherin ist es gar nicht bewusst, wie laut Sie ist. Deshalb begeht sie diesen „Fehler" immer wieder. Jetzt braucht sie Ihr Feedback.

Wie sind die Feldgrößen bei Ihrem Team?

Probieren Sie einmal, eine Einschätzung für Ihr Kita-Team zu machen. Bei welchem Erzieher sind die 4 Quadranten wie verteilt? Wer kennt sich gut? Wer hat viele blinde Flecken? Wem müssten Sie zu was Feedback geben? Wichtig ist: Ihre Einschätzung kann natürlich nur Teile der Realität abdecken, aber es hilft Ihnen zu schauen, bei wem der Bereich „Blinder Fleck" dringend verkleinert werden müsste.

Blinde Flecken reduzieren mit dem Johari-Fenster

A: „Öffentlicher Bereich": Das wissen alle, ich und die anderen auch.

B: „Blinder Fleck": Das wissen andere über mich, aber ich weiß es nicht bzw. es ist mir nicht bewusst.

C: „Geheimer Bereich": Das weiß nur ich selbst: meine Geheimnisse.

D: „Unbekannter Bereich": Das ist niemandem bewusst – mir nicht und auch den anderen nicht.

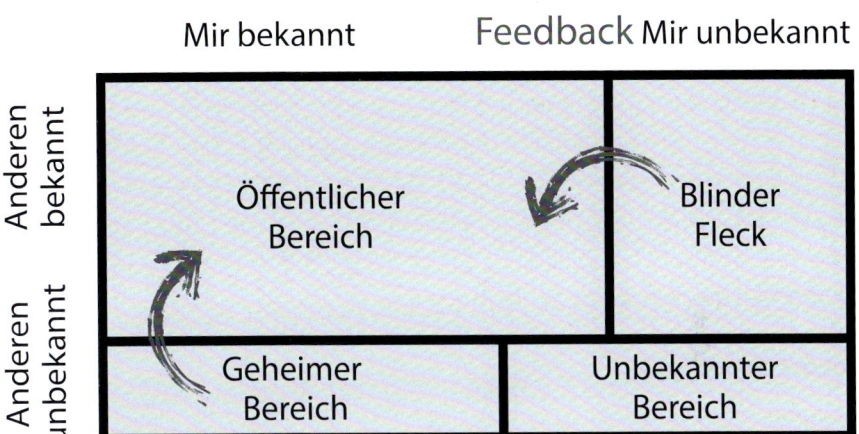

Das Johari-Fenster besteht aus 4 Quadranten. Ziel ist, den Öffentlichen Bereich (A) zu vergrößern, da hier Missverständnisse reduziert und Selbstreflexion gesteigert wird.

Raum zum Begegnen schaffen:
Wie Sie den Resilienzfaktor Empathie bei Ihrem Kita-Team fördern

Manche Erzieher spüren einfach, wenn mit einem Kind etwas nicht stimmt, anderen fällt es erst auf, wenn einer was sagt. Manche Erzieher merken, wenn es Ihnen nicht gut geht, und fragen Sie sogar, während andere nicht mal realisieren, wenn Sie mitten in der größten Stresswoche Ihres Lebens stecken. In jeder Kita ist es wie im Leben. Es gibt Menschen mit mehr und weniger Empathie. Das ist übrigens gar nicht so leicht zu verändern, ob eine einzelne Person mehr oder weniger Empathie hat. Worauf Sie jedoch Einfluss haben, ist, wie empathisch das Kita-Team miteinander umgeht.

Schaffen Sie Räume zur Begegnung

Sie können nur schwer verändern, wie empathisch der Einzelne ist. Aber Sie können stark beeinflussen, wie das Team miteinander umgeht. Wenn wir mehr übereinander wissen, werden wir wahrscheinlich empathischer gegenüber dem anderen sein. Wenn ich weiß, dass die Erzieherin Daniela sich gerade von ihrem Mann trennt, werde ich als Teammitglied wahrscheinlich nicht alles auf die Goldwaage legen. Es geht darum, dass Sie in Ihrem Team nicht nur den gemeinsamen Job sehen, sondern dass Sie Raum zur Begegnung miteinander schaffen.

Formell und informell

Raum zur Begegnung können Sie entweder formell oder informell schaffen. Informell z. B., indem Sie die Erzieher nicht sofort schräg anschauen, wenn die sich während des Legospielens vom Wochenende erzählen. Formell, indem Sie z. B. Check-in-Runden (siehe unten Idee 3) in Ihre Team-Meetings integrieren.

Selbstoffenbarung schafft Empathie

Auf Seite 107 habe ich Ihnen das Johari-Fenster vorgestellt. Sie haben gelesen, dass Sie den öffentlichen Bereich durch Feedback und auch durch Selbstoffenbarung erweitern können. Wenn Sie Selbstoffenbarung – also jemand erzählt etwas von sich, das Sie nicht wissen – im Team nutzen, steigern Sie damit automatisch die Empathie füreinander im Team und der öffentliche Bereich wächst.

Sehen Sie Ihre Erzieher als ganzen Menschen

Mir begegnen immer wieder Führungskräfte, die sagen: „Die soll hier arbeiten. Die Scheidung spielt hier keine Rolle, das kann sie zu Hause lassen." Doch so funktionieren Menschen nicht. In der Kita haben Sie die Erzieher als Menschen mit all ihren beruflichen und privaten Sorgen. Und ja, es ist wichtig, nicht immer alle privaten Sorgen mit in den Kita-Alltag reinzunehmen, aber Ihre Mitarbeiter werden ihre Finanzsorgen und ihren Ehekrieg auch nicht an der Eingangstür abstellen. Ihre Sichtweise auf den ganzen Menschen ist entscheidend dafür, wie die Empathie sich im Team entwickelt.

So trainieren Sie die Empathie im Team

Idee 1: Sammeln Sie Geschichten im Team

Ermutigen Sie das Team, übereinander zu lernen und Geschichten voneinander zu erzählen, ganz nach dem Motto „Mehr zuhören als reden". Machen Sie dann ein Team-Meeting, in der jeder eine schöne Geschichte über einen anderen im Team erzählt.

Idee 2: Methode „de Niro"

Der Schauspieler Robert de Niro erzählte einmal, dass er die Körpersprache von Menschen imitiert, um sich besser in sie hineinzuversetzen. Sie können diesen Tipp Ihrem Team geben. Gerade wenn wir uns fragen, was mit dem anderen los ist, kann es Wunder bewirken, wenn wir seine Körperhaltung einnehmen. So spüren wir viel schneller, ob der andere traurig oder fröhlich ist.

Idee 3: Machen Sie Check-in-Runden

Es ist wichtig, dass jeder im Team das Gefühl hat, ankommen zu können. Ich kann in zwei Minuten erzählen, wie es mir geht. Oder vielleicht sogar nur mit Daumen hoch, Daumen runter oder Daumen zur Seite anzeigen, was bei mir heute Sache ist. Wenn dann ein Teammitglied den Daumen senkt, ist es eine Frage der Zeit, bis der erste Kollege nachfragt.

Idee 4: Kleinteam-Runden

Jedes Kleinteam einer Gruppe bespricht sich regelmäßig einmal wöchentlich. Dieses Kleinteam beginnt gezielt mit 5 Minuten Small Talk der Erzieher untereinander. Hier werden einander oft private Belange, aber auch nette Begebenheiten mit Kindern oder Eltern erzählt. Ein Erzieher ist Zeitwächter und sorgt durch ein Signal dafür, dass nach dieser Zeit auch inhaltlich geplant wird. Oder nutzen Sie eine 5-Minuten-Sanduhr, die Sie in die Mitte stellen und herunterlaufen lassen.

So wird Ihr Kita-Team resilienter

Teams werden durchgerüttelt durch Krisen und schwierige Situationen. Das ist ganz normal. Wichtig ist, dass im Team genügend Ressourcen bei den einzelnen Mitgliedern vorhanden sind, um die Krisen zu bewältigen.

Wenn Sie mit dem Erzieher-Team an der Resilienz arbeiten, werden Sie ein resilientes Team erleben: Ihr Team wird …

- merken, wenn es ihm zu viel ist, und Sie ansprechen, dass weitere Ressourcen benötigt werden.

- Entscheidungen akzeptieren, die es nicht verändern kann, aber gleichzeitig kämpfen für das, was ihm wichtig ist.

- Verantwortung von Ihnen und anderen übernehmen und Dinge zu Ende bringen.

- die eigenen Überzeugungen hinterfragen und ggf. verändern.

- rechtzeitig Hilfe holen, wenn es nicht mehr allein zurechtkommt.

- wertschätzend miteinander und den anderen beteiligten Parteien umgehen.

- sich gegenseitig ermutigen und stärken, wenn Einzelne denken, dass sie etwas nicht schaffen können.

- optimistisch und zuversichtlich auch in schwierige Zeiten gehen.

- nach Lösungen suchen, ohne dass Sie immer einbezogen werden müssen.

- sich selbst reflektieren und Fehler eingestehen.

- Handlungsbedarf erkennen, wenn immer wieder dieselben Fehler passieren.

- verstehen, dass auch Sie als Kita-Leitung kein Roboter sind.

- sich in veränderungsreichen Zeiten flexibel an die Gegebenheiten anpassen.

- stressresistenter sein als andere Kollegen.

Mein Tipp: Überlegen Sie heute noch, woran Sie mit Ihrem Team arbeiten wollen. Auch hier gilt genauso wie bei Ihrer persönlichen Resilienz: Konzentrieren Sie sich. Fragen Sie sich, welcher Resilienzfaktor dem Team wirklich helfen könnte. Besprechen Sie Ihre Idee vielleicht sogar mit dem Team und holen Sie alle mit ihrem Commitment an Bord.

Beachten Sie die 4 Komponenten für erfolgreiche Veränderungen

Veränderungen in einem Team können dann erfolgreich sein, wenn Sie folgende vier Komponenten beachten.

1. Die Veränderungsnotwendigkeit: Kommunizieren Sie nicht nur, warum die Veränderung wichtig ist, sondern, warum sie gerade jetzt wichtig ist.

2. Die Veränderungsfähigkeit: Die Mitarbeiter müssen daran glauben, dass sie in der Lage sind, das von Ihnen erwünschte Ergebnis zu erzielen.

3. Die Veränderungsbereitschaft: Die Mitarbeiter müssen alle bereit sein, den Weg mitzugehen. Das können Sie ihnen nicht abnehmen.

4. Das Commitment: Nicht nur für den Startschuss, sondern für die dauerhafte Veränderung.

Nur wenn alle vier Komponenten erfüllt sind, wird es Ihnen gelingen, Ihr Kita-Team auf das nächste Level zu bringen. Machen Sie am besten jetzt Ihren Aktionsplan.

Aktionsplan: So steigern Sie die Resilienz in Ihrem Kita-Team

Was haben Sie für sich in Ihrer Rolle als Resilienzvorbild für das Team erkannt?

....

....

An welchem Resilienzfaktor wollen Sie in den nächsten 3 Monaten im Team besonders arbeiten?

- ○ Akzeptanz
- ○ Selbstwirksamkeitserwartung
- ○ Verantwortung
- ○ Positive Emotionen
- ○ Impulskontrolle
- ○ Realistischer Optimismus
- ○ Lösungsorientierung
- ○ Soziale Unterstützung
- ○ Kausalanalyse
- ○ Empathie

Wie wollen Sie die Veränderungsnotwendigkeit kommunizieren?

....

....

....

Wie können Sie den Glauben bei den Mitarbeitern bestärken, dass diese es auch schaffen können?

Wie könnten Sie an die Bereitschaft der Mitarbeiter appellieren? Hilfreich kann sein zu überlegen, wie der Mitarbeiter konkret davon profitiert.

Welche neuen Gewohnheiten brauchen Sie in Ihrem Team-Alltag, damit Sie Ihr Ziel erreichen können?

KAPITEL 4

SCHRITT 3: WIE SIE DIE RESILIENZ BEI DEN KITA-KINDERN VON ANFANG AN STÄRKEN

„Die Beziehung zu einem Kind ist keine Einbahnstraße. Das Kind soll nicht nur das entgegennehmen, was wir ihm geben wollen. Wir müssen auch bereit sein, das entgegenzunehmen, was unsere Kinder uns geben.“

Jesper Juul, Familientherapeut

So leben Sie einen Resilienz-fördernden Erziehungsstil

Heute ist es wichtiger denn je, Kinder darin zu unterstützen, dass sie eine innere Widerstandskraft entwickeln, denn:

- Es gibt immer mehr Kinder, die von klein auf Armut erleben, was eine Einschränkung und Beeinträchtigung in vielen Lebensbereichen für das Kind nach sich ziehen kann. Das fängt bei der Auswahl passender und wettergerechter Kleidung an und reicht bis zum nötigen Kleingeld für eine ausgewogene und gesunde Ernährung.

- Die beruflichen Anforderungen an Eltern sind gewachsen, wodurch oftmals weniger Zeit für die individuelle Begleitung der Kinder bleibt.

- Mehr Kinder denn je besuchen schon vor dem 3. Geburtstag eine Kindertageseinrichtung und müssen frühzeitig lernen, mit Trennungen, Verlustängsten und neuen sozialen Kontakten adäquat umzugehen.

Was würde ein resilientes Kind sagen?

Als Erzieherin haben Sie im pädagogischen Alltag immensen Einfluss auf das Kind und seine Resilienz. Wenn Sie dieses Praxishandbuch durcharbeiten, ist es Ihnen vermutlich wichtig, dass Sie diese Stärkung bewusst beachten und verbessern. Manchmal ist es schwierig zu beurteilen, ob Kinder resilient sind oder nicht. Deshalb haben wir Ihnen hier Sätze aufgeschrieben, die ein resilientes Kind sagen würde – auch wenn es sie nicht ganz so buchstabengetreu formulieren würde:

- „Ich habe Menschen, die mir Grenzen setzen und auf die ich mich verlassen kann."

- „Die Menschen, die mich umgeben, sind für mich gute Vorbilder, von denen ich lernen kann."

- „Ich kann meinen Bezugspersonen bedingungslos vertrauen."

- „Ich weiß, dass ich auch Dinge schaffen kann, die ich noch nie gemacht habe."

- „Ich weiß, dass ich auch mal wütend sein darf oder traurig. Doch es wird mir danach wieder besser gehen."

- „Ich kann mit meinem Ärger umgehen."

- „Ich weiß, dass ich nicht alles kriege, was ich möchte."

- Usw.

Wie gut fördern Sie die Kinder?

Wenn Sie den Wunsch in sich haben, Kinder noch besser zu stärken, geht es darum, zunächst zu schauen, wo Sie überhaupt stehen. Nutzen Sie dazu den folgenden Selbstcheck.

Selbstcheck: Wie Resilienz-fördernd ist Ihr Erziehungsstil?

Trifft diese Aussage auf Sie zu?	ja	nein	teilweise
Ich achte darauf, dass Kinder lernen, Entscheidungen zu akzeptieren, die sie nicht gut finden, und lebe dann auch einmal damit, dass ein Kind kurzfristig sauer auf mich ist.			
Ich achte darauf, dass die Kinder von Anfang an Verantwortung in ihrem Maß übernehmen, z. B. sich selbst anziehen oder die Spielsachen aufräumen, die sie genutzt haben. Auch wenn das für mich negative Konsequenzen wie z. B. erhöhten Zeitaufwand bedeutet.			
Ich fordere die Kinder angemessen heraus, Neues zu lernen und ihre Komfortzone zu verlassen.			
Ich ermögliche den Kindern, dass sie ihre eigenen Erfahrungen machen können, auch wenn ich schon weiß, dass das schiefgehen wird.			
Ich achte darauf, dass die Kinder lernen, Eigeninitiative zu entwickeln.			
Ich unterstütze nachdrücklich, wenn Kinder nach Erfolgserlebnissen (z. B. bei einem Bastelprojekt) weitermachen möchten (z. B. weiter am Basteltisch arbeiten).			

Trifft diese Aussage auf Sie zu?	ja	nein	teilweise
Wenn das Kind in schwierigen Situationen aufgeben möchte, frage ich gezielt nach den Möglichkeiten und Alternativen, es trotzdem zu schaffen.			
Wenn ein Kind mich kritisiert, höre ich aufmerksam und geduldig zu und entscheide danach bewusst, wie ich das Feedback berücksichtigen kann.			
Ich äußere mich nicht skeptisch, wenn die Kinder sich anspruchsvolle Ziele setzen.			
Ich achte darauf, dem Kind genügend Freiraum zu lassen, in dem es selbst entscheiden kann, was es tun möchte.			
Ich lasse das Kind kurzfristig mit seinen Emotionen auch mal allein, damit es lernt, mit emotionalen Turbulenzen zurechtzukommen.			
Ich unterstütze die Kinder darin, den Glauben an ein positives Ergebnis oder Ereignis zu haben. Zum Beispiel, dass es am Mittag bestimmt nicht regnet und wir auf den Spielplatz gehen können. Hier achte ich doch darauf, dass es realistisch bleibt.			
Ich bin für die Kinder da, wenn sie mich brauchen.			
Mir fällt schnell auf, wenn es einem Kind nicht gut geht oder irgendetwas nicht zu stimmen scheint.			
Wenn ein Kind einen Fehler gemacht hat, mache ich klar, dass das nicht schlimm ist, reflektiere aber gemeinsam mit dem Kind, wie es nächstes Mal anders laufen kann.			
Bringen Sie den Kindern bei, dass diese über sich selbst lachen können, wenn etwas schiefgeht?			
Gesamtpunkte (Summen)			

Auswertung: Je öfter Sie „ja" angekreuzt haben, desto näher sind Sie an einem Resilienz-fördernden Erziehungsstil. Prüfen Sie alle Punkte mit „nein" und „teilweise" und überlegen Sie, wie Sie diese Verhaltensweisen stärker in Ihren Alltag integrieren könnten.

Die eigene Identität entwickeln: Wie Sie den Resilienzfaktor Akzeptanz durch vorteilsbewusste Erziehung stärken

Sich selbst und das eigene Leben so zu akzeptieren, wie es ist, wird für jedes Kita-Kind irgendwann im Leben einmal eine Herausforderung. Sie können mit vorteilsbewusster Bildung und Erziehung von Anfang an dafür sorgen, dass die Kita-Kinder zu schätzen lernen, was sie sind und was sie haben.

Die Kita als Ort, an dem Unterschiede gewertschätzt werden

Wenn Kinder aufgrund von Alter, Geschlecht, Einschränkung, Hautfarbe, Familienkonstellation, Religion und sozioökonomischem Status der Familie oder ihrer Sprache benachteiligt werden, haben sie es schwer, ein positives Selbstbild zu entwickeln. Solche Benachteiligungen sind auf den ersten Blick oftmals nicht als solche erkennbar. Da- her ist es wichtig, dass Sie in Ihrer Kita einen Ort schaffen, an dem alle Besonderheiten wertgeschätzt werden.

Warum eine vorurteilsbewusste Erziehung und Bildung so wichtig ist

Bereits Kinder mit 2 Jahren werden von gesellschaftlichen Bewertungen und Vorurteilen beeinflusst. Sie erleben im Alltag mit, dass beispielsweise …

- Kinder, die eine weniger anerkannte Sprache wie Türkisch, Polnisch, Kroatisch oder afrikanische Stammessprachen sprechen, für ihre Kompetenzen weniger Wertschätzung erfahren als Kinder, die eine Bildungssprache wie Englisch oder Französisch sprechen.

- eher ärmlich gekleidete Kinder oder Kinder mit geringeren sprachlichen Kompetenzen von der Kita-Gruppe nicht so viel Anerkennung erfahren und weniger als Spielpartner angefragt werden.

- Kinder mit einem sichtbaren Handicap von anderen Menschen ganz unbewusst erstaunte oder gar abwertende Blick zugeworfen bekommen.

- in unserer Gesellschaft immer noch Sprüche wie „Die Mädchen sind Zicken", „Jungen sind wild", „Jungen/große Kinder weinen nicht" und „Ein Indianer kennt keinen Schmerz" verbreitet sind.

So erhalten die Kinder Botschaften, wonach äußere Merkmale von Menschen angeblich ihre Eigenschaften, Vorlieben und Fähigkeiten bestimmen. Dadurch werden Kinder beeinflusst, und das führt nicht selten dazu, dass die Kinder Vorurteile übernehmen oder ausbilden.

Die Kinder schließen ggf. sogar selbst schon manche Kinder aufgrund ihres Geschlechts, ihrer Hautfarbe, Sprache, Bekleidung oder körperlichen Einschränkung aus. Es kann auch zu Hänseleien und Spott kommen. Auch wenn Sie nun vielleicht denken: „Das gab es doch immer schon", ist das zwar richtig, zeugt aber dennoch von keiner qualitativ hochwertigen und zeitgemäßen Pädagogik. Keinesfalls sollten Sie solch ein Verhalten ignorieren oder mit den Worten „Wir lachen niemanden aus" schnell abtun.

Stellen Sie immer das Gemeinsame in den Vordergrund

Praxisbeispiel: Einige Kinder Ihrer Kita-Gruppe haben eine Bande gegründet. Als Johannes mitspielen möchte, sagen die Kinder: „Du darfst nicht mitspielen. Du bist noch zu klein. Du kannst noch nicht auf das große Gerüst klettern. Das müssen alle Bandenmitglieder können." Die Erzieherin Birgit bekommt die Situation mit und geht auf die Kindergruppe zu. Sie fragt: „Wie fühlt es sich an, nicht mitspielen zu dürfen? Habt ihr das schon mal erlebt?" Viele Kinder äußern, dass sie dies schon mal erlebt haben. Sie waren in der Situation traurig, wütend oder verletzt. Dann fragt Birgit: „Was könnt ihr machen, damit Johannes auch mitmachen kann?" Die Kinder entwickeln sogleich Ideen: „Wir können ihm beibringen, wie er auf das große Gerüst kommt. Wir können eine Räuberleiter machen, damit er hochkommt. Johannes kann unsere Höhle bewachen. Denn er ist so klein und kann sich gut in der hinteren Ecke verstecken, in die wir nicht mehr reinkommen!" Sogleich laufen die Kinder gemeinsam mit Johannes los zur Höhle. Ein paar Tage später erlebt Birgit, wie die Kinder erst Sebastian ausgrenzen wollen. Dann sagt plötzlich ein Kind: „Das ist ja wie bei Johannes. Was könnt ihr machen, damit Sebastian mitspielen kann?" Durch das gute Vorbild von Birgit entwickeln die Kinder selbstständig Ideen, wie sie Sebastian in das Spiel integrieren können.

Diesen Schritt in der Identitätsentwicklung der Kinder müssen Sie kennen

Kinder entwickeln ihre eigene Identität und Haltung gegenüber anderen Menschen im Zusammenspiel dieser 3 Faktoren:

1. Die Erfahrungen, die sie mit ihrem eigenen Körper machen

2. Die Erfahrungen, die sie mit ihren Mitmenschen machen

3. Ihr kognitiver Entwicklungsstand

Helfen Sie den Kindern durch klare und sachliche Informationen dabei, dass sie eine positive eigene Identität entwickeln und eine möglichst vorurteilsfreie Haltung anderen Menschen gegenüber zeigen.

Wichtig: Niemand ist komplett vorurteilsfrei. Daher lautet das Ziel, ein Vorurteilsbewusstsein zu entwickeln. Denn Vorurteile haben auch etwas Positives, denn durch sie können wir Situationen in Sekundenschnelle beurteilen. Wichtig ist, dass wir diese Bewertungen und Beurteilungen immer wieder kritisch hinterfragen.

Stärken Sie die Kinder in ihrer eigenen Identität

Eine Methode, um die Identitätsentwicklung zu stärken, ist die, dass die Kinder sich mit ihrem Aussehen und ihren Vorlieben, Verhalten und Fähigkeiten auseinandersetzen.

Hierzu bilden die Kinder Paare. Ein Kind legt sich auf das Papier und ein anderes zeichnet den Umriss nach. Danach wird getauscht. Fertigen Sie so von jedem Kind einen lebensgroßen Umriss an.

Bitten Sie die Kinder, sich so zu malen, wie sie sich sehen, d. h. Augenfarbe, Haarfarbe, Frisur, Hautfarbe usw. Sprechen Sie mit den Kindern über die Bilder und machen Sie die Gemeinsamkeiten bei den Unterschieden deutlich.

Sprechen Sie mit den Kindern beispielsweise darüber, dass jedes Kind eine ganz individuelle Hautfarbe hat, auch wenn Sie kein Kind mit einer besonders dunklen Hautfarbe in der Gruppe haben. Sie werden viele unterschiedliche Nuancen finden. Bitten Sie hierzu mal alle Kinder Ihrer Gruppe, die Hände nebeneinanderzuhalten. Sicherlich werden die Kinder keine Hautfarbe 2-mal entdecken.

Erklären Sie den Kindern: „Jedes Kind hat seine eigene, ganz besondere Hautfarbe. Egal, ob ein Kind eine eher helle oder eine dunkle Hautfarbe hat. Das macht uns einzigartig."

Gehen Sie so auch mit anderen äußerlichen Merkmalen um. So zeigen Sie durch Ihre vorurteilsbewusste Bildung den Kindern, dass es in Wirklichkeit „normal" ist, unterschiedlich zu sein.

Machen Sie den Kindern ihre Vorlieben und Fertigkeiten bewusst

Danach malen die Kinder um ihren Umriss herum, was sie besonders gut können und was sie besonders mögen oder gern tun. All dies sind die Stärken und Ressourcen eines Kindes. Sprechen Sie darüber und machen Sie auch hier wieder deutlich, dass diese von Geschlecht oder Herkunft unabhängig sind – z. B., indem Sie sagen: „Oh, nicht nur Mädchen malen gern, sondern auch Jungen. Schaut, Anna und Jan malen beide gern."

So vermitteln Sie den Kindern, dass sie unabhängig von ihrem Geschlecht oder ihrer Herkunft für ihre individuelle Art geschätzt und respektiert werden.

Achten Sie auf diese Merkmale einer vorurteilsbewussten Bildung und Erziehung

Der Ansatz vorurteilsbewusster Bildung und Erziehung sensibilisiert Sie gegenüber Vorurteilen und Ausgrenzungen. Er hilft Ihnen dabei, Ihre Kompetenz als Erzieherin zu stärken, die individuellen Potenziale der Kinder zu erkennen und deren Entfaltung zu unterstützen. Als inklusive Einrichtung sollten Sie darauf achten, dass sich in der Kita jede Fachkraft, jedes Kind und jede Familie

- zugehörig fühlen.

- in allen Aspekten ihrer oder seiner Identität angenommen werden.

- über kulturelle Grenzen hinweg von anderen Menschen lernen können.

- aktiv an der Gesellschaft teilhaben können.

- aktiv gegen Voreingenommenheit und Vorurteile eintreten.

- bereit sind, sich infrage zu stellen und dazuzulernen.

- institutionelle Strukturen und Formen von Diskriminierung offenzulegen und auf ihre Beseitigung hinzuwirken.

Unbewusstes Lernen bewusst machen: So fördern Sie den Resilienzfaktor Selbstwirksamkeitserwartung bei den Kindern

von Claudia Hupp

Emil blickt von seinen Schuhen hoch und strahlt: Die 1. Schleife ganz allein! Bei Jonas geht es lauter zu: „Ich kann Rad fahren!", ruft er über den Hof. Solche Entwicklungsschritte machen Kinder groß – und sollten deshalb aufbewahrt werden. Machen Sie mit den Kindern ein „Könner-Heft". Das hat gleich zwei Vorteile: Sie steigern damit die Selbstwirksamkeitserwartung der Kinder, weil ihnen bewusst wird, was sie alles können und schaffen. Andererseits schaffen Sie etwas Tolles für die Kinder zum Nachschauen.

So funktioniert das Könnerheft

Emil und Jonas spüren: Ihnen ist etwas gelungen, das sie vorher noch nicht konnten, was sie vielleicht schon länger geübt oder bei anderen Kindern bewundert haben. Und jetzt können sie selbst Schleife binden oder Rad fahren. Diese Erlebnisse des Lernens setzen bei Kindern nicht nur Freude und Energie frei. Sie sind wichtige Meilensteine hin zu einer guten und lebensbejahenden Entwicklung. Mit der Einführung eines Könnerheftes für die Vorschulkinder unterstützen Sie ihren Selbstbildungsprozess.

Denn nur mit der bewussten Erfahrung, etwas Neues gemeistert zu haben, sehen sich Kinder selbst der Herausforderung neuer Entwicklungsschritte gewachsen.

Warum sich das Könnerheft für Kinder und Kita lohnt

„Zusätzlich zum Portfolio noch ein Heft?", mögen Sie zu Recht fragen. Die wichtigste Unterscheidung liegt wohl darin, dass die Verantwortung für das Füllen des Könnerheftes allein beim Kind liegt. Es kann dick sein oder dünn, ordentlich oder abgegriffen – beides erzählt von der Arbeit des Kindes mit seinem Könnerheft. Und so profitieren die Kinder von ihrem Könnerheft zusätzlich dazu, dass es sie die Selbstwirksamkeit spüren lässt („Ich habe geübt und ausprobiert, jetzt kann ich es."), z. B.:

- Selbstwahrnehmung des eigenen Handelns und Lernens spüren

- Selbstverantwortung für die Wertigkeit des eigenen Könnens übernehmen

- Verantwortung für die Dokumentation übernehmen

- Lernmethodische Kompetenzen erweitern durch das bewusste Erleben und anschließende Reflektieren, z. B. beim Malen

- Wertschätzung für sich selbst spüren („Ich sehe, was ich kann, und weiß, was mir wichtig ist."), besonders wichtig für Kinder, die bisher wenig Erfahrung von Wertschätzung mitbringen

- Sprachliche Kompetenzen erweitern, indem Worte und Ausdruck für das innere Erleben gesucht und gefunden werden

- Verantwortung und Sorgfalt für das Eigene entwickeln („Ich entscheide, was reinkommt, wer es sehen darf, ...“), besonders wichtig für Kinder, die bisher wenig Erfahrung von Eigentum mitbringen

Mit der Einführung eines Könnerheftes können Sie sich also darauf freuen, das Kind noch besser oder anders kennenzulernen.

So führen Sie das Könnerheft ein

Sicher hat jedes Kind Ihrer Kita bereits ein Portfolio. Deshalb ist den Vorschulkindern diese Form der Dokumentationsarbeit bereits vertraut. Für das Könnerheft eignet sich ein Schulheft blanko in der Größe DIN A5 (Schreibwaren, ca. 0,50 €). Wecken Sie nun die Neugier der Kinder, ganz allein der „Bestimmer“ für das Könnerheft zu sein: „Schau mal, was ich hier habe, kennst du das? Und wenn du hineinschaust, dann steht noch nichts drin, alles ist leer. Deshalb möchte ich dir das Heft geben und dich einladen, die leeren Seiten zu füllen. Wir wollen das Heft Könnerheft nennen, und es soll all das hinein, was du kannst oder was du neu lernst, oder vielleicht auch, was du bald können willst. Du bestimmst, was da hineinsoll und was dir so wichtig ist, dass du es hier eintragen willst. Dazu kannst du etwas malen oder mich bitten, etwas für dich aufzuschreiben. Damit jeder sieht, dass dieses Könnerheft nur dir gehört, schreibst du deinen Namen vorne drauf und kannst es so schmücken oder bemalen, wie es dir gefällt.“

Dazu stellen Sie den Kindern Möglichkeiten zur Verfügung, den Einband selbst zu gestalten wie

- Kleber, Scheren,

- verschiedene Arten von Stiften,

- Stoffe oder

- Teppichmuster zum Einbinden und

- Material zum Bekleben.

Ist das Könnerheft vom Kind individualisiert, entscheiden Sie gemeinsam mit den Kindern, wo diese verwahrt werden. So ist es z. B. durchaus möglich, mit dem Könnerheft das Portfolio zu ergänzen und dieses in einer Lasche oder einer Klarsichthülle im Portfolio-Ordner aufzubewahren. Ebenso können die Hefte in einer Kiste neben den Portfolios aufbewahrt werden. Besprechen Sie mit den Kindern, dass die Könnerhefte für einen Eintrag natürlich überallhin mitgenommen werden können. Zur Aufbewahrung sollten sie aber immer zum entsprechenden Ort gebracht werden. Dies ist wichtig, damit die Kinder die entsprechende Sorgfalt im Umgang damit lernen. Auch damit wird dem Könnerheft ein entsprechender Wert zugeordnet. Vereinbaren Sie mit den Kindern gemeinsame Regeln zum Umgang mit dem Könnerheft wie z. B.:

- „Das Könnerheft gehört mir."

- „Ich entscheide, was ich eintragen will."

- „Ich entscheide, wann ich das Könnerheft nutze."

- „Ich bestimme selbst, wer hineinschauen darf."

- „Ich bestimme selbst, was ich daraus erzähle oder zeige."

Sind den Kindern noch weitere Regeln wichtig? Dann werden diese ebenfalls mit aufgenommen.

Kommen Sie mit dem Kind ins Gespräch

Bis den Kindern der Umgang mit dem Könnerheft vertraut und präsent ist, können Sie durchaus Impulse für einen Eintrag geben: „Ich sehe, wie stolz du darauf bist, dass du jetzt die Schleife kannst. Magst du das in dein Könnerheft eintragen?" So bleibt die Entscheidung für oder gegen einen Eintrag beim Kind. Sind die ersten Einträge erstellt, nehmen Sie sich zurück. Ob und wie viel das Kind selbstständig einträgt, ist wichtiger Teil seines Selbstlernprozesses und für Sie somit eine interessante Beobachtung über das Kind.

Sehen Sie das Kind daran arbeiten, nutzen Sie dies immer wieder als wertvollen Gesprächsanlass. Äußern Sie sich dabei ebenso offen wie abwartend:

- „Du malst sehr konzentriert an deinem Eintrag. Magst du erzählen, woran du gerade arbeitest?"

- „Darf ich sehen, woran du arbeitest? Ich merke, du gibst dir sehr viel Mühe damit."

Bleiben Sie dabei, Ihre Beobachtung zu beschreiben. Versuchen Sie, Bewertungen („Das sieht schön aus.") zu vermeiden, denn diese könnten das Kind beeinflussen und eigene Gedanken stören.

Regen Sie das Kind an, dass es jederzeit auch auf Sie zukommt, damit Sie beim Aufschreiben behilflich sein können. Achten Sie darauf, die Aussagen des Kindes in seiner individuellen Ausdrucksweise aufzuschreiben. So versichern Sie sich, dass es dem Kind entsprechend notiert wurde:

- „Sag mir, was genau ich aufschreiben soll."

- „Habe ich das so richtig verstanden?"

- „Hör mal zu, was ich aufgeschrieben habe, passt das?"

- „Willst du noch mehr dazu erzählen?"

So berichtet das Kind aus seinem Könnerheft

Sicher will das Kind auch andere an seinem Könnerheft teilhaben lassen. Dies können Sie beispielsweise in einem wöchentlichen Portfolio-Stuhlkreis ritualisieren: Alle Kinder, die etwas zeigen oder erzählen wollen, bringen ihre Könnerhefte oder Portfolios mit in den Stuhlkreis. Das lässt Freude und Stolz über das Geschaffte wiederaufleben. Diesen reflexiven Dialog können Sie mit folgenden Impulsen moderieren:

- „Was magst du über das Bild erzählen?"

- „Erzähle uns doch von deiner Arbeit."

- „Was war schwer für dich, wie hast du es geschafft?"

- „Was war leicht für dich?"

- „Erkläre uns das, damit wir deine Ideen verstehen können."

- „Was war/ist dir besonders wichtig dabei?"

So werden die Aussagen auch für die anderen Kinder verständlich und interessant. So werden sich die Kinder gegenseitig konzentriert zuhören.

Das Könnerheft als Brücke ins Elternhaus

Mit seiner Handlichkeit hat das Könnerheft den Vorteil, jederzeit „mobil" zu sein. Denn auch zu Hause erlebt das Kind viele wichtige Entwicklungsschritte, z. B. das erste Mal die kleine Schwester gefüttert, das erste Mal allein einkaufen gehen. Indem das Kind das Könnerheft mit nach Hause nimmt, wird ihm selbst deutlich, dass Lernen und Entwicklung in jedem Lebensumfeld geschieht und wertzuschätzen ist.

Sprechen Sie mit den Eltern und dem Kind gemeinsam über das Könnerheft, und lassen Sie dabei möglichst viel das Kind erzählen. So kommt am besten zum Ausdruck, welche Ziele Sie damit verfolgen und welchen Wert das Könnerheft besitzt. Bitten Sie das Kind, Ihnen Bescheid zu sagen, wenn es sein Könnerheft mit nach Hause nimmt. Sie können als Erinnerung für das Kind auch ein Symbol als Platzhalter für das „abwesende" Könnerheft anbringen. So bleibt es dem Kind in Erinnerung, dass es wieder mit in Ihre Kita gebracht wird.

Fazit: Auf diese Faktoren kommt es an

Das Könnerheft ist ein Beispiel dafür, wie Sie die Selbstwirksamkeit bei den Kindern steigern können. Wichtig ist, dass Sie bei allem, was Sie tun,

- Kinder spüren lassen, was sie alles geschafft haben und dass sie deshalb auch andere Dinge schaffen können.

- Kinder ermutigen, ihr Bestes zu geben.

- Kinder ermutigen, auch auf den ersten Blick schwierige Herausforderungen anzunehmen.

Partizipation in der Kita umsetzen: Wie Sie die Meinung von Kindern einfordern und so den Resilienzfaktor Verantwortung fördern

Echte Partizipation, also Beteiligung, durchzieht den ganzen pädagogischen Alltag. Wenn Sie Kinder zu Beteiligten machen, können Sie von Anfang an dafür sorgen, dass das Verantwortungsbewusstsein bei den Kindern steigt. Wie Sie Kindern Fragen stellen, spielt dabei eine besondere Rolle.

Ein offener Dialog mit Kindern braucht Zeit, Geduld und lässt nicht zu, dass Kinder in eine bestimmte Richtung gedrängt werden. Mit der richtigen Fragetechnik kommen Sie den individuellen Anliegen, Gedanken und Bedürfnissen auf die Spur. Sie helfen den Kindern, sich selbst besser kennenzulernen. Aber auch Sie erfahren eine ganze Mange über die Gedanken- und Gefühlswelt der Kinder. So entsteht ein Dialog auf Augenhöhe und gelebte Partizipation:

1. Tipp: Stellen Sie den Kindern offene Fragen

„Findest du es gut, dass mehr als 3 Kinder im Atelier arbeiten dürfen?" Mit dieser Frage erhalten Sie ein „Ja" oder „Nein", also eine denkbar knappe Antwort. Solche geschlossenen Fragen eignen sich zum schnellen Informationsaustausch. Wollen Sie mehr über die Meinung oder die Gedanken des Kindes erfahren, wählen Sie eine offene Fragestellung: „Erzähle mal, wie es dir jetzt im Atelier gefällt, seit wir die Regel geändert haben!", oder: „Unser Atelier ist sehr beliebt. Wie würdest du das am liebsten regeln?" Dabei ist eine offene Frage nicht umso besser, je offener sie gestellt wird, z. B.: „Was möchtest du im Atelier?" Denn schnell wird sie so uneindeutig, dass es viele Richtungen gibt zu antworten. Achten Sie deshalb darauf, dass Ihre offenen Fragen einen konkreten Bezug zur Situation haben, in der die Frage aufkommt.

2. Tipp: Vermeiden Sie Warum-Fragen

„Warum ist in der Bauecke ein solches Durcheinander?" Oder: „Warum schwimmt der Frühstückstisch?" Das sind klassische Warum-Fragen. Schon beim Lesen haben Sie vermutlich die wahrscheinlichste Antwort der Kinder bereits im Ohr: „Ich hab nichts gemacht!" Denn Warum-Fragen bringen Ihr Gegenüber in die unangenehme Situation, sich rechtfertigen zu wollen. Mit solchen Warum-Fragen erforschen Sie Beweggründe und Verhaltensweisen. Diese zu beschreiben überfordert die Kinder aber meist. Wollen Sie tatsächlich ganz offen wissen, was passiert ist, fordern Sie zum Reden auf: „Erzähle mir mal, was in der Bauecke passiert ist." Sie können auch einfach nur beschreiben, was Sie wahrnehmen: „Der Frühstückstisch ist ganz nass." So gelingt es Kindern, sich angstfrei und offen zu äußern.

Wichtig: Nutzen Sie kurze Zeitfenster immer wieder, um Ihre Gespräche mit den Kindern zu reflektieren. Der folgende Selbstcheck unterstützt Sie dabei. Schauen Sie sich am Ende an, wo Sie keinen Haken setzen konnten. Sehen Sie dies nicht als Fehler oder Defizit, sondern als Möglichkeit, sich selbst im Austausch mit den Kindern weiterzuentwickeln. Formulieren Sie eine positive Entwicklung als Ziel für das nächste Gespräch mit den Kindern.

3. Tipp: Stellen Sie stets eindeutige Fragen

„Willst du lieber raus, in die Turnhalle oder einfach weiterspielen?" Auf solche Fragen lautet die Antwort meist zögerlich „Ja" oder „Nein", oder Sie bekommen gar keine Antwort, sondern ratloses Schweigen. Was das Kind wirklich will, erfahren Sie nicht. Denn die Kinder sind von solchen „Frage-Riesen" meist überfordert. Zudem kann es schnell zu Missverständnissen kommen, wenn die Kinder nur ein Schlagwort oder die letztgestellte Frage heraushören und darauf ihre Antwort formulieren. Je jünger die Kinder sind, desto schwieriger sind diese „Oder-Fragen" für sie. Stellen Sie eindeutige Fragen, indem Sie „Oder-Fragen" aufteilen: „Willst du rausgehen?" Bekommen Sie ein „Nein" zur Antwort ohne weitere Informationen, können Sie weiterfragen: „Möchtest du in die Turnhalle?" Haben Sie eine größere Auswahl anzubieten, z. B.

beim Nachtisch, zeigen Sie diese den Kindern und fordern Sie sie auf, aus dem Angebot zu wählen.

4. Tipp: Liefern Sie keine vorgefertigten Antworten

Wenn wir im Trubel des Kita-Alltags etwas fragen, haben wir oft die Antwort schon im Kopf. Denn mit Suggestivfragen sparen wir eine Menge Zeit: „In der Turnhalle spielen, das gefällt dir doch, oder?" Meist sind Suggestivfragen von der passenden Mimik und Betonung begleitet. Das Kind wird ziemlich sicher mit „Ja" antworten.

Das Kind antwortet so, wie Sie es hören wollen, denn es braucht das Gefühl und die Gewissheit, dass es etwas gut macht. Das Kind will sichergehen, dass nicht nur die Antwort in Ordnung ist, sondern es selbst auch. So wird das Kind nicht angeregt, über die eigenen Bedürfnisse oder das eigene Gefühl nachzudenken und diesen zu trauen. Das gelingt Ihnen hin- gegen, wenn Sie von sich selbst erzählen: „Ich habe das Gefühl, dass du gern in der Turnhalle spielst. Stimmt das denn?" So kann das Kind abwägen und mit seinem Gefühl vergleichen.

5. Tipp: Reihen Sie keine Fragen aneinander

Dieses Frage-Feuerwerk von mir ist erst wenige Tage alt: „Was ist denn eigentlich los mit dir? So kenne ich dir gar nicht. Hast du nicht ausgeschlafen? Oder kommst du mit deiner neuen Jacke nicht zurecht? Warum geht das denn heute bei dir nicht voran?" Eigentlich wollte ich hören, was mit dem Kind los ist, eine Antwort bekam ich natürlich keine. Denn mit meinem Fragenschwall habe ich das Kind maßlos überfordert.

Es ist selbst für einen Erwachsenen eine Herausforderung, auf mehrere, fast gleichzeitig gestellte Fragen zu antworten. Und ziemlich sicher ist beim Kind auch der leichte Vorwurf angekommen, der in meinen Fragen steckte. Bleiben Sie deshalb am besten immer bei Ihrer Wahrnehmung und äußern Sie diese ganz konkret: „Ich sehe, dass es heute schwierig für dich ist, dich für den Garten fertig zu machen." Diese Wahrnehmung können Sie sich zudem vom Kind bestätigen lassen: „Ist das so?" Dann wird das Kind sagen können, warum es heute so lange mit der Jacke kämpft: „Meine Jacke ist so neu, ich finde die Ärmellöcher noch nicht."

Die richtigen Fragen und Gesprächsöffner zu stellen fördert Ihre dialogische Haltung den Kindern gegenüber. Nur auf echter Augenhöhe gelingt ein offener und partizipativer Austausch mit ihnen.

Selbstcheck: War ich wirklich im partizipativen Austausch mit den Kindern?

	o. k.?
1. Ich hatte Zeit und Ruhe, mich auf das Kind einzulassen.	
2. Ich habe die Technik des Paraphrasierens genutzt, d. h., ich habe das Gehörte in eigenen Worten wiederholt.	
3. Ich habe aktiv zugehört, war mit meiner Aufmerksamkeit und Körperhaltung ganz beim Kind.	
4. Ich habe Gesprächspausen zugelassen.	
5. Ich habe nachgefragt, um sicherzugehen, dass ich alles richtig verstanden habe.	
6. Ich war daran interessiert, die Anliegen des Kindes zu klären.	
7. Ich habe Angebote aufgezeigt, keine Lösungen.	

Heute schon gelacht? Wie Sie den Resilienzfaktor Positive Emotionen durch Humor bei den Kindern fördern

Wenige Dinge bringen so viele positive Emotionen direkt ins Leben wie herzhaftes Lachen. Sie haben schon einiges im Leben erlebt. Denken Sie einmal zurück an die fröhlichen Erlebnisse in Ihrem Leben. Wenn ich z. B. an eine lustige Begebenheit aus meiner Vergangenheit denke, kann ich gar nicht anders, als zu schmunzeln. Und direkt geht es mir gut.

Werden Sie zum Lachen-Vorbild für die Kinder

Leichtigkeit, Frohsinn und Humor helfen, die Dinge leichter zu nehmen. Wenn ein Kind gestürzt ist und durch etwas Lustiges einen kurzen Moment später lachen muss, ist der Schmerz fast schon vergessen. Wussten Sie, dass sich unser Humor schon in der Kindheit entwickelt? Deshalb haben Sie als Erzieherin eine immense Einflussmöglichkeit auf die Humorentwicklung von Kindern und damit auf deren positive Emotionen in ihrem Leben.

Die Stufen der Humorentwicklung

Bereits wenige Wochen nach der Geburt nutzt das Baby dieses Lächeln als emotionale Brücke zu seinen engsten Bezugspersonen. Es zeigt: „Ich bin offen für dich und sehne mich nach Kontakt!" Ab jetzt geht es mit der Entwicklung des Lachens und damit des Humors rasant voran: Kinder lachen am Tag etwa 400-mal und das reicht vom Kichern bis zum Grölen. Erwachsene dagegen lachen nur etwa 15-mal am Tag. Müssten dann nicht wir Erwachsenen uns den Humor von den Kindern beibringen lassen? Das ist tatsächlich kein schlechter Gedanke, sich immer wieder vom kindlichen Humor mitreißen und anstecken zu lassen. Und darüber hinaus können Sie viel dafür tun, die Kinder in ihrer Humorentwicklung aktiv und ganz bewusst zu stärken und zu fördern.

Warum es sich lohnt, kindlichen Humor zu stärken

Wenn Ihnen dies gelingt, stärken Sie damit nicht nur ein Lachen, sondern die gesamte Persönlichkeit des Kindes, denn Humor

- löst eine positive Hormonlage aus, die nachweislich mehr neuronale Verbindungen ermöglicht.

- Hilft, Ängste abzubauen, und fördert die Freude am Entdecken und Lernen – übrigens sogar ein ganzes Leben lang!

- fördert den Gruppenzusammenhalt und stärkt die Beziehung zwischen Ihnen und den Kindern. Das Sprichwort „Lachen verbindet!" stimmt also.

- ermöglicht eine Atmosphäre, in der Fehler und Fragen nicht nur erlaubt, sondern sogar erwünscht sind.

- schafft Distanz zu Unzulänglichkeiten und Problemen und ermöglicht durch diese Entkrampfung unerwartete Problemlösungen.

- macht neugierig, erhöht die Aufmerksamkeit und Konzentration.

- fördert den Umgang mit Sprache und Kreativität.

- steigert die soziale Kompetenz, das Selbstwertgefühl und die Fähigkeit, Kontakte zu knüpfen.

Diese Punkte beziehen sich auf die Entwicklung des Kindes. Aber nicht nur – denn auch Sie selbst können diese positiven Effekte bei sich wahrnehmen, wenn Sie sich darauf einlassen, gemeinsam mit den Kindern eine heitere und humorvolle Atmosphäre zu schaffen.

Doch nicht alle Kinder lachen über die gleichen Dinge. Ihr Verständnis von Humor hängt von ihrer Entwicklung ab. Deshalb ist es wichtig zu wissen, wie sich der kindliche Humor ausbildet. Umgekehrt betrachtet ist das ein weiterer Gewinn für Sie: Wenn Sie beobachten, worüber Kinder lachen, wissen Sie, wo das Kind in seiner Entwicklung steht.

Darüber lachen Kinder von 2–3 Jahren

Ab etwa 2 Jahren haben Kinder eine Menge über ihre Umwelt gelernt und viel beobachtet. Deshalb fällt es ihnen jetzt auf, wenn etwas nicht zusammenpasst, und sie finden dies richtig komisch, z. B. eine Pizza aus Gummibärchen oder eine Banane als Telefon. Sie haben große Freude daran, widersinnige Dinge zu tun, z. B. ein Auto fliegen zu lassen, dem Erwachsenen etwas zu „verbieten" oder in einem Pappkarton Auto zu spielen.

Zudem entdecken sie das Spiel mit der Sprache: Sie lachen sich darüber kaputt, einen Löffel Schaufel zu nennen oder Ereignisse umzubenennen: „Mama hat gar keinen

Geburtstag, ich habe Geburtstag!" In dieser Phase kann das Lachen auch Ausdruck von Erleichterung sein, nachdem Spannung und Angst überwunden wurden. Ein wunderbares Beispiel ist das Kuckuckspiel, das die Kinder in dieser Phase nicht müde werden zu spielen: Sie verbergen sich ganz oder ihr Gesicht hinter den Händen, um dann schnell wieder hervorzukommen. Angespannt wartet das Kind auf Ihr Auftauchen und lacht dann laut, weil es die kurze Verunsicherung überwunden hat.

Stärken Sie den Humor dieser Entwicklungsphase

Machen Sie einfach mit, wann immer Sie den kindlichen Humor entdecken, z. B.:

- Lassen Sie sich das Gespräch aus dem Bananentelefon weiterreichen und telefonieren Sie lauthals weiter.

- Verbrennen Sie sich an der Gummibärchen-Pizza und pusten Sie Ihre „schmerzenden" Finger – oder lassen Sie vom Kind pusten.

- Gratulieren Sie dem Kind zu seinem erfundenen Geburtstag und wundern Sie sich, weil Sie sich irgendwie ein anderes Geburtsdatum gemerkt haben.

- Sprechen Sie mit verstellter, für Sie unpassender Stimme.

- Lassen Sie sich von der Freude am Kuckuckspiel anstecken und beweisen Sie dabei unendliche Ausdauer.

- „Wundern" Sie sich über Fortschritte: „Du siehst zwar aus wie Milena, aber die will ihre Schuhe nicht selbst anziehen. Wer bist du also mit deinen Schuhen an den Füßen?"

So entwickelt sich Humor zwischen 3 und 6 Jahren

Jetzt beginnt die Zeit des Körperklamauks. Die Kinder albern mit Grimassen bis hin zum Powackeln. Sie biegen sich vor Lachen, wenn Worte fallen wie „Pups", „Pipi" o. Ä. Auch die Sprache wird für die Humorentwicklung immer wichtiger. Die Kinder spielen in unendlichen Variationen mit der Welt der Wörter. Das zeigt sich auch in ihrer Lust am Reimen. Dabei müssen die Reime keinen Sinn ergeben, sie dienen nur der kindlichen Freude am Lachen.

Die Kinder erzählen erste Witze oder erfinden diese. Doch für uns Erwachsene sind diese Witze oft gar nicht lustig, weil wir die Pointe vermissen. Die Kinder aber schütten sich aus vor Lachen über ihre Spaßsätze.

In dieser Phase beginnt auch das unterschiedliche Lachen der Geschlechter: Jungen lachen lauter, direkter und frotzeln mehr. Sie kennen es sicherlich, wenn die Jungen sich einen regelrechten Wettstreit der „frechsten Pointen" liefern. Mädchen kichern eher darüber. Sie erzählen sich Fantasiegeschichten und schmücken diese mit witzigen Details aus. Und Mädchen lachen im Gegensatz zu den Jungen auch über sich selbst. Hier beginnt, was Wissenschaftler so auf den Punkt bringen: Männlicher Humor lebt von der Konkurrenz, weiblicher Humor vom Wunsch zu vereinen. Das fand z. B. der britische Psychologe Richard Wiseman von der University of Hertfordshire in einer umfassenden Witzstudie heraus.

Fördern Sie den Humor dieser Entwicklungsphase

Das Wichtigste zuerst: Bleiben Sie gelassen bei all dem Gelächter über Pupse. Versuchen Sie erst gar nicht, bestimmte Wörter zu verbieten, denn dann werden sie noch interessanter. Ziehen Sie lediglich einzelne, aber klare Grenzen, z. B. welche Wörter Sie bei Tisch nicht hören wollen oder welche Wörter verboten sind, weil sie beleidigen und damit andere Menschen traurig machen. Denken Sie daran, dass diese Phase vorbeigeht, und zeigen Sie eher gespielte Verzweiflung, „welche Wörter die frechen Kinder benutzen!". Wenn Sie das noch mit einem Klagegeheul untermauern, ist Ihnen der Trost der Kinder sicher.

Erkennen Sie zudem an, dass Jungen anders und über andere Dinge lachen. Sie sind deshalb nicht „böser" als Mädchen. Auch Folgendes werden Sie beobachten können: Andere Jungen lachen mit und können auch einstecken. Zudem spüren die Jungen meist, wenn ein Kind in Not ist, und nutzen dies nicht für Witze. Geben Sie den Jungen Raum für männlichen Humor!

Wenn die Witze und Späße der Kinder nach Ihrem Empfinden nicht lustig sind, achten Sie auf das Lachen der Kinder und weniger auf die fehlende Pointe. Verzichten Sie auf Belehrungen wie: „Das ist nicht lustig!", oder „Das ist nicht richtig!". So nähmen Sie den Kindern ihre Freude am Spiel mit der Sprache. Spielen Sie dieses vielmehr mit, wo immer sich die Gelegenheit bietet, z. B.

- reimen Sie – auch Nonsens!
- erfinden Sie mit den Kindern kuriose Abzählreime.
- verdrehen Sie einzelne Buchstaben.

Besondere Freude macht den Kindern auch das liebevolle Spiel mit ihren Vornamen.

- Teilen Sie mit den Kindern ihre Freude an Fantasiegeschichten und spinnen Sie diese ganz verrückt weiter.
- Erfinden Sie mit den Kindern Geheimwörter, deren Bedeutung nur Sie gemeinsam verstehen.
- Lassen Sie bekannte Geschichten neu enden.

Finden Sie immer den passenden Humor

Wie erwähnt wächst mit zunehmender Entwicklung auch die Fähigkeit der Kinder, Humor zu verstehen und sich selbst humorvoll zu äußern. Die Verhaltensbiologin Dr. G. Haug-Schnabel von der Universität Freiburg hat zentrale Fähigkeiten von Kindern beschrieben, um Humor genießen zu können. Anhand der Checkliste oben haben Sie diese wichtigen Aspekte immer im Blick. Fügen Sie diese Checkliste den Beobachtungsbögen, die in Ihrer Kita üblich sind, hinzu. Es ist sicher eine gute Ergänzung, das Kind auch unter diesem Aspekt in den Blick zu nehmen.

Checkliste: Haben die Kinder alle Fähigkeiten, um Ihren Humor zu verstehen?

Kriterien	o. k.?
Das Kind weiß, dass Worte nur zum Spaß ausgetauscht werden können.	
Das Kind weiß, dass nicht alles Gesagte ernst gemeint ist.	
Das Kind erkennt, was mit dem Gesagten gemeint ist, es kann also die Pointe verstehen.	
Das Kind besitzt eine innere Souveränität, fühlt sich damit nicht direkt betroffen und kann „über der Sache stehen".	
Das Kind kann die verzerrte Realität eines Witzes oder eines witzigen Geschehens genießen.	
Das Kind ist in seiner Entwicklung so weit, dass es erkennt, wenn das Humorvolle von der Norm abweicht.	

Körpergrenzen spüren:
Wie Sie den Resilienzfaktor Impulskontrolle durch Körperwahrnehmung bei den Kindern fördern

„Bist du wütend, zähl bis 4, hilft das nicht, dann explodier." Wer diesen Tipp von Wilhelm Busch berücksichtigt, hat schon halb gewonnen. Denn meistens hilft das Zählen, also die Pause, wie Sie durch die letzten Kapitel bereits wissen, den Impuls-Ausbruch zu verhindern. Eine impulsive Reaktion ist immer auch eine körperliche Reaktion. Unser Körper und unsere Emotionen sind untrennbar verbunden, wenn wir also aus einer angespannten wütenden Körperhaltung in eine Pause gehen, kann das sofort dazu beitragen, den Impuls zu beruhigen. Doch bei Kindern ist die eigene Körperwahrnehmung noch nicht so ausgeprägt, sodass sie gar nicht merken, dass bei ihrem Körper etwas anders ist.

Fördern Sie die Körperwahrnehmung der Kinder, um die Impulskontrolle zu verbessern

Manche Kinder stolpern oft, andere stoßen sich immer wieder an oder tun sich schwer, ihre Kraft zu dosieren. Denn sie spüren ihre Körpergrenzen nicht. Unterstützen Sie diese Kinder dabei gezielt. Wenn Kinder ihre Körpergrenzen nicht spüren, erleben sie häufig Frustration oder gar Ausgrenzung. Denn das, was anderen Kindern scheinbar mühelos gelingt, geht bei ihnen ständig schief. Indem Sie Spiele und auch gezielte Impulse in Ihren Alltag einbauen, die gezielt die Wahrnehmung der Körpergrenzen fördern, stärken Sie nicht nur die Kinder, die damit noch Schwierigkeiten haben, sondern die ganze Gruppe.

Warum es wichtig ist, die Körpergrenzen zu spüren

Etwa bis zum 7. Lebensjahr ist die Entwicklung des Körperschemas im Aufbau und profitiert von einer möglichst großen Vielzahl an Erfahrung. Das Spüren der Körpergrenzen stellt dabei die Grundlage dar, damit die Kinder

- die Grenzen anderer Menschen besser wahrnehmen.

- gesetzte Grenzen leichter akzeptieren.

- Raumwahrnehmung aufbauen.

- ein realistisches Selbstbild entwickeln.

- Essstörungen vorbeugen.

- Stress reduzieren.

- innere und äußere Reize zuordnen.

- „oben – unten" und „vorn – hinten" unterscheiden und zuordnen lernen.

- ein gutes Körpergefühl aufbauen und sich im eigenen Körper wohlfühlen und

- ein emotionales Gleichgewicht finden.

Viele gute Gründe also, um die Wahrnehmung der Körpergrenzen immer wieder bewusst zu fördern. Mit den folgenden 5 Angeboten können Sie den Kindern diese Erfahrung einfach spielerisch vermitteln.

1. Der Hamburger

Die 2 Weichbodenmatten werden aufeinandergelegt. Heben Sie die obere Matte so an, dass die Kinder dazwischenschlüpfen können, sodass vorn nur die Köpfe der Kinder herausschauen. Dann legen Sie die Matte wieder langsam ab. Geben Sie den Kindern einen Moment Zeit, sich an das Gewicht der Matte zu gewöhnen. Dann wird gesteigert: Während

die Kinder zwischen den Matten liegen bleiben,

- legen Sie sich auf die obere Matte.

- krabbeln Sie langsam darüber.

- krabbeln Sie mit Schwung darüber.

Fragen Sie die Kinder jeweils vorher, ob sie noch mehr wollen oder lieber aussteigen. Sind die Kinder bereits 5 oder 6 Jahre alt, können Sie auch über die obere Matte laufen oder gar hüpfen, während die Kinder dazwischen liegen.

2. Die Hängematten-Salami

Die Kinder legen sich einzeln in die Hängematte. Sie schlagen die beiden Seiten über dem Kind zusammen. Dann beginnen Sie, den überstehenden Stoff mit einer Hand auf Bauchhöhe, mit der anderen Hand auf Beinhöhe zusammenzurollen, sodass der Stoff immer straffer um das Kind liegt. Möchte das Kind noch ein wenig länger als „Salami" in der Hängematte liegen, können Sie den Stoff mit Wäscheklammern straff feststecken. Haben Sie keine Hängematte in Ihrer Kita, können Sie ein Kind in ein größeres Handtuch einrollen (Decken sind oft zu elastisch). So erzielen Sie einen ähnlichen Effekt.

3. Das Wolkenbett

Blasen Sie, möglichst mit einer Ballonpumpe, so viele Luftballons auf, dass Sie einen Bettbezug gut ausfüllen können. Die Luftballons sollten dabei nicht ganz gefüllt sein. Jetzt legt sich ein Kind auf das Wolkenbett und genießt erst einmal. Dann kann es versuchen, sich zum Rand zu rollen – gar nicht so einfach! Kleinere Kinder lieben es auch, in der „Wolke" herumzukrabbeln. Dafür öffnen Sie den Bettbezug so weit, dass das Kind hineinschlüpfen kann. Dann versucht es, zwischen den aufgeblasenen Luftballons herumzukriechen.

4. Die Ameise

Die Kinder stellen sich in einer Schlange voreinander auf. Das letzte Kind wird zur Ameise und „krabbelt" mit den Fingern an einer Körperstelle des Vorderkindes, also z. B. am Rücken oder Bein. Das „gekrabbelte" Kind gibt das Krabbeln an sein Vorderkind an der gleichen Körperstelle weiter, an der es dies gespürt hat. Kommt das Krabbeln beim vordersten Kind an der Körperstelle an, an der es losgeschickt wurde?

5. Die Cremekugel

Geben Sie den Kindern in beide geöffnete Handflächen jeweils ein bonbongroßes Stück Handcreme. Dann schließen die Kinder die Hände und beobachten, wie die Creme zwischen den Fingern hervorkommt, verteilen sie auf der Innen- und Außenseite der Hände, malen Muster hinein usw. So spüren die Kinder ihre Handflächen innen und außen ganz bewusst.

Die überschüssige Creme nehmen Sie am Ende mit einem Kosmetiktuch ab.

Mit Ängsten umgehen:
Wie Sie den Resilienzfaktor Realistischer Optimismus schon bei den kleinsten Kindern fördern

Optimistisch zu sein bedeutet das Gute zu erwarten. Warum gelingt uns das manchmal nicht? Ganz häufig sind es Ängste, die uns davon abhalten. Nicht nur Erwachsene haben Ängste, sondern auch Kinder. Übrigens auch schon Kinder unter drei. Mit diesen Ängsten klug umzugehen und den Kindern die andere Seite aufzeigen, ist ein wichtiger Punkt, um den Kindern den Resilienzfaktor Realistischer Optimismus beizubringen.

Alle Kinder haben Ängste

Manche Kinder haben Angst vor Tieren, übertriebene Ängste vor fremden Personen, vor der Dunkelheit oder vor dem Einschlafen. Wie geht man mit solchen Ängsten um? Häufig wachen Kinder nachts auf, weil sie von gefährlichen Monstern geträumt haben. Manche Ängste erleben Sie aber auch direkt in der Kita mit. Bei anderen wiederum kommen die Eltern oft hilflos auf Sie zu, um Rat zu suchen. Hierzu ist es wichtig zu wissen, was hinter den Ängsten steckt. Denn nur so können Sie den Kleinkindern helfen und Familien entsprechend beraten.

Ängste gehören zu einer natürlichen Entwicklung dazu

Um angemessen auf die Kinderängste einzugehen, ist es wichtig, dass Sie wissen, welche Ängste es bei Kindern gibt und wie sie sich zeigen. Viele Ängste gehören zu einer natürlichen Entwicklung dazu. Gerade im 2. Lebensjahr durchläuft jedes Kleinkind viele Entwicklungsschritte. Seine Sprache, sein Bewusstsein, sein eigener Wille, die Fantasie sowie die Motorik und damit Mobilität wachsen kontinuierlich. Oft können Kinder in diesem Alter Fantasie, im Fernsehen Gesehenes oder in Geschichten Gehörtes nicht immer von der Realität unterscheiden. Das Kleinkind wird unabhängiger von den Eltern und hat zudem noch ein großes Bedürfnis nach Geborgenheit. All dies kann zu Ängsten führen. Zum Beispiel zu den folgenden:

- **Urängste** wie z. B. Angst vor dem Alleinsein sind immer vorhanden. Diese Angst ist ein wichtiger Schutzmechanismus und sollte als solcher auch akzeptiert werden. Wichtig ist, dass die Bezugsperson dem Kind Sicherheit gibt.

- **Fremdeln (auch 8-Monats-Angst genannt)** – ab ca. 8 Monaten. Das Kleinkind braucht die Sicherheit einer bekannten Person. Wichtig ist, dass Sie das Kleinkind trösten, wenn es diese Ängste zeigt. Achten Sie auch auf die notwendige Distanz zu fremden Menschen. Hierzu gehören zeitweise vielleicht auch nicht so bekannte Kolleginnen, die Küchenfrau oder der Hausmeister. Geben Sie dem Kind zudem eine große Portion Nähe.

- **Vernichtungsangst** – zwischen dem 2. und 3. Lebensjahr. Das Kind merkt, dass es mehr Fähigkeiten hat und dass es trotzdem noch viel stärkere Menschen gibt. Das sorgt für Angst. Den Ratschlag „Du brauchst keine Angst zu haben" sollten Erwachsene nicht geben. Das Kind fühlt sich dann unverstanden. Wichtig ist, dass Sie die Ängste ernst nehmen. Lassen Sie das Kind erzählen, wovor es sich genau fürchtet. Diese Akzeptanz und die Auseinandersetzung mit der Angst helfen ein Stück weit, sie zu besiegen. Kleine Tricks, z. B. ein Zauberstein, der Kraft verleiht, oder ein Monster-Weg-Spray helfen oft sehr gut gegen diese Art von Ängsten.

So bieten Sie den Kleinkindern Halt und Herausforderung

Sie müssen dem ängstlichen Kind einen gesunden Umgang mit seiner Angst vermitteln. Hierzu gehört es, Ängste wahr- und ernst zu nehmen. Bieten Sie den Kleinkindern unbedingt die notwendige Sicherheit und gleichzeitig neue Herausforderungen. Falls ein Kind panisch auf eine neue Situation reagiert, ist es wichtig, diese schrittweise zu entdecken und zu erleben. Wichtig ist auch, dass Sie das Kleinkind ermutigen, es aber nicht zwingen oder für seine Ängste bestrafen.

Es ist wichtig, dass Sie den Kleinkindern eine gute Balance zwischen Sicherheit, Verständnis und neuen Herausforderungen bieten. So lernen die Kleinkinder, mit ihren Ängsten umzugehen. Immer wenn Kleinkinder erleben, dass sie ihre Ängste bewältigt haben, wachsen sie an der Herausforderung. Dies ist ein wichtiger Schritt für ein gesundes Selbstvertrauen und eine gute Basis für weniger Ängste. Eine angstfreie Umgebung gibt es nicht. Versuchen Sie auch nicht, diese zu schaffen. Ängste gehören zu einer natürlichen und gesunden Entwicklung dazu. Nutzen Sie die folgenden Praxistipps, um den Ängsten Ihrer Kleinsten im Alltag zu begegnen.

15 wichtige Ratschläge für Ihre Kita-Praxis: Wie Sie Ängsten der Kinder begegnen

Diese Ratschläge können Sie kopieren und an einer gut sichtbaren Stelle aushängen. So haben Sie immer alle wichtigen Tipps zur Hand, wie Sie gut reagieren, wenn ein Kleinkind Ängste hat.

1. Nehmen Sie die Angst des Kleinkindes als solche wahr.

2. Bagatellisieren Sie die Angst des Kindes nicht, z. B. durch Aussagen wie: „Du musst doch keine Angst haben."

3. Vergleichen Sie das ängstliche Kind auch nicht mit anderen Kleinkindern, z. B. durch Aussagen wie: „Schau, Peter hat keine Angst vor dem Hund."

4. Wenn ein Kind sich anders verhält als gewöhnlich, sich versteckt, stark zittert, aggressiv reagiert oder emotional explodiert, Schlafprobleme, Trennungsängste, Ängste vor dem Alleinsein oder Weinkrämpfe hat, gehen Sie behutsam auf das Kind ein. Versuchen Sie herauszufinden, was hinter den Ängsten stecken kann.

5. Achten Sie unbedingt darauf, Ihre eigenen Ängste nicht auf das Kind zu übertragen, z. B. Ihre Angst vor Hunden, vor bestimmten Situationen oder wenn das Kind klettert. Es besteht die Gefahr, dass das Kind die gleichen Ängste entwickelt.

6. Bieten Sie jedem Kind neue Herausforderungen und Anreize. Zwingen und überfordern Sie das Kind aber nicht.

7. Loben Sie das Kind für besondere Leistungen und für alles, was es sich zugetraut hat. Drücken Sie Ihren Stolz aus.

8. Geben Sie dem ängstlichen Kleinkind die Gelegenheit, behutsam in neue Situationen hineinzuwachsen. Entdecken Sie Unbekanntes gemeinsam, z. B. einen neuen Raum in der Kita, eine Person, die zu Besuch ist, eine neue Situation.

9. Spielen Sie mit dem Kleinkind Angst auslösende Situationen durch, z. B. einen Arztbesuch.

10. Schaffen Sie ein Ritual, das dem Kleinkind Sicherheit gibt, z. B. singen Sie ein bestimmtes Lied zur Beruhigung.

11. Geben Sie dem Kleinkind Geborgenheit, wenn es Angst hat und Geborgenheit braucht. Drücken Sie es sanft an Ihren Körper und trösten Sie es.

12. Geben Sie dem Kind die Gelegenheit, sich von Ihnen zu lösen, z. B. auf dem Spielplatz sich auch mal etwas von Ihnen zu entfernen. Wenn es Angst hat, wird es Ihren Blick oder Ihre Nähe suchen.

13. Trauen Sie dem Kleinkind etwas zu. Hierzu gehört, auf ein Klettergerüst zu klettern. Beobachten Sie das Kind genau, anstatt zu rufen: „Pass auf!" Das raubt dem Kind die Konzentration auf die Tätigkeit. In der Regel halten die Kinder inne oder drehen sich um, wenn sie sich unsicher fühlen. Mit jeder neuen Herausforderung, die ein Kind gemeistert hat, wächst sein Selbstvertrauen und schwächen sich mögliche Ängste ab.

14. Strahlen Sie selbst Ruhe und Gelassenheit aus, das vermittelt den Kleinkindern Sicherheit.

15. Denken Sie immer daran: Es ist nur eine Phase, die in der Regel von selbst wieder vergeht.

Gelingende Freundschaften unter Kindern: Wie Sie den Resilienzfaktor Soziale Unterstützung bei den Kindern fördern

Von Claudia Hupp

Den großen Wunsch nach guter Freundschaft beobachten Sie bei Kindern immer wieder. Sie äußern ihn oft ganz klar, und in der Hitliste der Lieblingsgeschichten stehen die ganz

oben, in denen Freunde füreinander da sind. Das ist natürlich, denn wir Menschen sind soziale Wesen, die nicht fürs Alleinsein geschaffen sind. Das hat einen doppelten Vorteil, denn Sie erfüllen nicht nur die Wünsche der Kinder, wenn Sie die Freundschaften fördern, sondern stärken gleichzeitig noch die Resilienz.

Kinder brauchen Freundschaften

Freundschaften brauchen Kinder nicht nur für ihr emotionales Gleichgewicht. Was jetzt ihre soziale und emotionale Kompetenz stärkt, ermöglicht ihnen später in Schule und Beruf,

- Kontakte zu knüpfen,

- diese zu pflegen,

- Konversation zu betreiben, z. B. die eigene Meinung zu vertreten,

- in Teams zu arbeiten,

- Diskussionen konstruktiv voranzubringen,

- selbstbewusst verschiedene Situationen zu meistern und Kritik und Streit zu bestehen.

Freundschaft müssen sich die Kinder selbst erarbeiten

Doch Sie können die Kinder mit folgenden Impulsen dabei entscheidend unterstützen.

Freundschaft braucht Freiräume Welches Kind genießt es nicht, sich zurückzuziehen und sich unbeobachtet zu fühlen? Und wenn andere Kinder das Versteck teilen, ist es noch einmal so schön. Auch die Sozialisationsforschung bestätigt: Ein nicht reglementierter Umgang der Kinder untereinander ist für deren soziale Entwicklung von zentraler Bedeutung. Sie probieren aus, üben und verinnerlichen Strukturen des Miteinanders, z. B.: „Wie gehe ich auf andere zu? Wie gewinne ich sie für mich?"

Bieten Sie Räume in Ihrer Kita an, in denen Kinder unbeobachtet sein können

Wenn Sie keine ganzen Räume zur Verfügung stellen können: schaffen Sie uneinsehbare Nischen und Höhlen, z. B. indem Sie

- im Gruppenraum eine Nische gestalten, die vor Blicken schützt.

- ein Zelt aufstellen.

- erlauben, dass Kinder im Gebüsch spielen dürfen.

- ermöglichen, sich mit dem Freund allein z. B. im Nebenraum aufhalten zu dürfen, oder

- von den Kindern gebaute Rückzugsmöglichkeiten über mehrere Tage stehen lassen.

Freundschaft braucht Raum zum Üben

Nicht immer ist das Signal so klar wie „Wir schaffen das jetzt allein!", wenn Kinder Ihnen zu verstehen geben wollen, dass Sie sich entfernen können. Denn gerade bei Kindern, denen es nicht so leichtfällt, Kontakte zu knüpfen oder sich vorschnell wieder zurückzuziehen, ist Ihre Unterstützung gefragt.

Ermutigen Sie zunächst die Kinder, sich miteinander zu beschäftigen, indem Sie gemeinsame Spiele initiieren und begleiten. Dann wählen Sie den richtigen Zeitpunkt, sich aus dem Spiel zurückzuziehen. Machen Sie sich so oft wie möglich bei den Kindern „entbehrlich".

Freunde brauchen die Möglichkeit zu streiten. Streit auszuhalten und konstruktiv zu lösen gehört wohl zur größten Herausforderung in einer Freundschaft. Das kennen Sie auch von sich, denn es gilt für jedes Lebensalter. Halten Sie deshalb kurz inne, und reflektieren Sie:

- Wie groß ist Ihr eigenes Bedürfnis nach Harmonie?

- Wie gut können Sie Streit aushalten?

- Haben Sie in Ihren eigenen Freund- und Partnerschaften die Lösung eines Streits und die Versöhnung als eher konstruktiv erlebt?

Nehmen Sie Ihren eigenen Umgang mit Konflikten bewusst wahr, damit dieser sich nicht vorschnell auf die Kinder überträgt, wenn diese in Streit geraten. Wenn Kinder streiten, achten Sie darauf, dass Sie

- nicht vorschnell eingreifen und den Kindern so die Chance nehmen, ihren Streit selbst beizulegen.

- den Streit nicht für die Kinder lösen, wenn sie Hilfe brauchen, sondern die Lösung mit ihnen finden.

- die Gefühle für die Kinder in Worte fassen, die zu dem Streit gehören, z. B.: „Ich könnte mir vorstellen, dass du darüber traurig bist."

- ein Versöhnungsritual festlegen, sich z. B. nach dem Streit wieder die Hände zu geben, und

- eigene Konfliktlösungen der Kinder akzeptieren, auch wenn sie nicht „pädagogisch wertvoll" erscheinen.

Freundschaften sind ein sozialer Schutzfaktor

Mit dieser Unterstützung erfüllen sich die Kinder selbst den elementaren Wunsch nach Freundschaft. Außerdem stärken Sie den Resilienzfaktor Soziale Unterstützung und schaffen damit einen sozialen Schutzfaktor. Doch es gibt auch noch weitere soziale Schutzfaktoren, die Kinder in ihrer Entwicklung von Resilienz unterstützen. Unten finden Sie eine Übersicht.

Wie Sie soziale Schutzfaktoren in den Kita-Alltag integrieren können

Von Petra Lachnit

Die folgende Übersicht gibt Ihnen viele unterschiedliche Anregungen. Nutzen Sie die Tabelle und sprechen Sie die Vermittlung von sozialen Schutzfaktoren mit Ihren Mitarbeitern im Rahmen einer Teambesprechung durch. Danach steht der Umsetzung nichts mehr im Wege.

Soziale Schutzfaktoren	Umsetzungshilfen für die Kita in der Praxis
Mindestens eine stabile, verlässliche Bezugsperson in der Kita, die dort die Autonomie des Kindes fördert	Regelmäßige Fallbesprechungen in der Kita, die besondere Belastungssituationen einzelner Kinder zum Thema haben.
	Bereitstellen eines verlässlichen Bezugserziehers in der Kita, der dem betroffenen Kind dauerhaft als Ansprechpartner und Begleiter zur Verfügung steht.
	Bezugserzieher, der mit dem Kind gemeinsam über die Belastungen spricht und mit ihm gezielt übt, selbstständiger zu werden.
Wertschätzendes und unterstützendes Klima in der Kita	Pädagogische Mitarbeiter in der Kita, die ein besonderes Augenmerk auf die Pandemie und die davon betroffenen Kinder legen, die in Belastungssituationen leben müssen.
	Unterstützung dieser einzelnen Kinder in der Kita mit dem Ziel, Chancengleichheit herzustellen, z. B. den Kindern Fahrgeld für Ausflüge mit der Kita-Gruppe ermöglichen, einen Geburtstagskuchen für die Feier des Kindes bereitstellen

Soziale Schutzfaktoren	Umsetzungshilfen für die Kita in der Praxis
Zusammenhalt in der Familie	Familien-unterstützende und -beratende Maßnahmen in der Kita einleiten, z. B. Gespräche mit der betroffenen Familie über die Möglichkeit zur Teilnahme an einer Gleichaltrigengruppe für das Kind, falls es bei Trennung den Verlust eines Elternteils nicht bewältigt hat.
	Gemeinsame Gespräche mit Eltern und Allgemeinem Sozialdienst mit dem Ziel, Entlastung für das Kind zu schaffen, z. B. durch die Bereitstellung einer sozialpädagogischen Familienhilfe, die mit der Familie zu Hause arbeitet, oder durch einen Erziehungsbeistand, der die Eltern entlastet und dem Kind als wichtige Vertrauensperson zur Seite stehen kann.
Kompetente, fürsorgliche Erwachsene außerhalb der Familie, die positive Vorbilder sind und dem Kind Mut machen	Bezugserzieher als positives Vorbild, der dem Kind Mut macht und sein Verhalten stabilisiert.
	Erziehungsbeistand als Identifikationsfigur, der das Kind in der Zeit außerhalb der Kita mit begleitet und ihm Freizeit- und Spiel- sowie Begegnungsmöglichkeiten zu anderen Kindern aufzeigt.
	Vorlesepaten in der Kita, z. B. Rentner aus dem Stadtteil oder Großeltern, die in die Kita kommen und Zeit mit dem Kind verbringen, z. B. beim Vorlesen, Kuchenbacken, Geschichtenerzählen ...
Positive Erlebnisse in der Bildungseinrichtung	Erfahrungen in der Kita, die das Leben des Kindes bereichern und ihm einen Wissens- und Erfahrungsschatz geben, z. B. durch die Teilnahme an Ferienfahrten und Ausflügen, Besuch im Kindertheater oder auf der Freilichtbühne, Erkundungsgang hinter die Kulissen des Theaters.
	Erkennen eigener Stärken und weitere Förderung dieser Stärken nach Beendigung der Pandemie, z. B. Erkennen der sportlichen, künstlerischen oder sportlichen Fähigkeiten
	Wissenserwerb durch die Teilnahme an unterschiedlichen Projekten in der Kita
	Stärkung der Selbstwirksamkeit durch partizipative Maßnahmen, z. B. durch Kinderkonferenzen, Abstimmungen oder Planungsgruppen gemeinsam mit Kindern
	Erlernen von Problemlösungs- und Stressbewältigungstechniken mit dem Kind, z. B. durch Entspannungsgeschichten, Kinderyoga, Beten oder Singen religiöser oder Mut machender Lieder

Perspektivwechsel durch Rollenspiele: Wie Sie den Resilienzfaktor Lösungsorientierung bei den Kindern fördern

Aus eigenen Seminaren kennen Sie vielleicht den Effekt, den Rollenspiele haben können. Einmal in die Rolle des Mitarbeiters geschlüpft, und schon verstehen Sie besser, warum der so reagiert hat, wie er reagiert hat. Auch für Kinder können Rollenspiele auf mehreren Ebenen bereichernd sein. Auf jeden Fall stärken sie andere Blickwinkel und dadurch Kreativität und Lösungsorientierung.

Was passiert im freien Rollenspiel?

Im freien Rollenspiel erweitern und festigen die Kinder ihre sozialen und kreativen Fähigkeiten. Zudem erfahren sie, wie sie erfolgreich um Rollen verhandeln. Niklas beispielsweise sollte den Hund spielen, am Ende einigte man sich auf die Rolle eines Besuchers. Und er wusste seine Rolle zu nutzen, denn er verkörperte dabei das FBI, das die ganze Familie vor dem Bösen bewahrte. Wie Sie die Kinder mit Rollenspielen fördern und welche Impulse Sie dafür brauchen, finden Sie hier dargestellt.

Im Rollenspiel gibt es 3 Hauptkategorien

Jedes Thema eines Rollenspiels lässt sich in eine der 3 Hauptkategorien einteilen:

Die häusliche und familiäre Kategorie: Dabei stehen die Familie und das häusliche Umfeld im Zentrum. Die Kinder beschäftigen sich z. B. damit, Essen zu kochen, Kinder zu beaufsichtigen oder Gäste zu empfangen.

☐ Die geschäftliche und berufliche Kategorie: Dabei spielt häufig Geld eine Rolle, es werden Dienstleistungen erbracht, z. B. beim Arzt oder Friseur, oder Waren verkauft, z. B. im Kaufladen.

☐ Die fantastische Kategorie: Die Rollenspiele finden in Fantasiewelten statt oder an Orten, um die sich Geschichten, Fernsehsendungen oder Märchen ranken, aber auch an Orten, die den Kindern in der Realität verwehrt bleiben, z. B. der Mond oder ein Vulkan.

Dabei werden Sie feststellen, dass sich diese 3 Hauptkategorien nicht immer klar voneinander trennen lassen. Und das ist auch gut so: Wenn Räumlichkeiten oder andere Impulse mehr als eine Kategorie zulassen, entwickeln die Kinder ein umso komplexeres und intensiveres Spiel.

Jede dieser 3 Hauptkategorien kann wiederum auf 3 Ebenen umgesetzt werden

Die Kinder können mit ihrem ganzen Körper spielen und nutzen dann Verkleidungen und Requisiten in natürlicher Größe. Dann kann jedes Rollenspiel auch „in Miniatur" umgesetzt werden, z. B. mit Lego oder Playmobil, in selbst gebastelten Dioramen oder im Puppenhaus. Die 3. Ebene beinhaltet das Spiel mit Handpuppen oder auch Marionetten.

Diese Lernchancen ermöglichen Sie mit dem Rollenspiel

Generell sind Rollenspiele bei den Kindern sehr beliebt, denn sie machen ihnen großen Spaß. Doch damit nicht genug. Rollenspiele fördern eine ganze Reihe von Kompetenzen in der kindlichen Entwicklung wie:

☐ Soziale Fähigkeiten: Rollen und Regeln werden verhandelt, starke und schwache Rollen werden erlebt, eigene Ideen werden in der Kindergruppe aufgegriffen oder verworfen.

☐ Die Kreativität: Geschichten werden gesponnen, weiterentwickelt und Unmögliches wird möglich.

☐ Erfahrungen der Selbstwirksamkeit: Ereignisse, die die Kinder erlebt haben, werden aufgegriffen, Lösungen ausprobiert, Angsteinflößendes beherrschbar gemacht.

☐ Mathematische Fähigkeiten: das Spiel mit Geld, mit Vergleichen oder mit Messgeräten.

☐ Sprachliche Fähigkeiten: Pläne verhandeln, Wortschatz erweitern, Sprache als Mittel, um Gefühle und Gedanken in Worte zu fassen.

☐ Situationsbezug: ausdrücken, was aktuell bedeutungsvoll ist, womit sich die Kinder beschäftigen und/oder was sie vielleicht sogar belastet. So können Sie wichtige Erkenntnisse über die Kinder gewinnen.

Stärken Sie mit Rollenspielen die Partizipation der Kinder

Das Entstehen von Rollenspielen und die Gestaltung von Kulissen oder des Umfeldes bieten den Kindern viele Möglichkeiten, an Entscheidungsprozessen teilzuhaben:

Was brauchen Kinder beispielsweise, um eine bestimmte Welt darzustellen? Wie können sie an diese Requisiten oder Kulissen kommen? Gibt es dabei Aufgaben zu verteilen? Wer übernimmt dann welche? Wie soll es aussehen, wenn alles fertig ist?

In der Kita „Pusteblume" beispielsweise fehlten Puppen. Die Kinder spielten oft Situation aus der Schule oder Kita nach und hatten dafür nur eine Puppe zur Verfügung. Dieses Problem wurde in der Kinderkonferenz angesprochen. Dabei einigten sich die Kinder darauf, einen Aushang zu gestalten, der in der Kita, aber auch in verschiedenen Geschäften und öffentlichen Räumen im Umfeld der Kita aufgehängt werden sollte. Die Erzieherin schrieb den Text nach den Worten der Kinder, und jedes Plakat wurde individuell gestaltet. Die Kinder verteilten die Plakate selbst und hatten Erfolg mit ihrer Aktion: Es fanden sich 4 weitere Puppen und sogar noch Puppenkleider, die jetzt die Requisiten für Rollenspiele ergänzen.

Beziehen Sie also, wann immer es geht, die Kinder in Pläne und Gestaltung mit ein. Ihre Wünsche, Vorschläge und Veränderungen werden das Spiel bereichern. Nur so werden die Rollenspiele der Kinder so einzigartig wie die Kinder selbst.

Die nachfolgende Tabelle gibt Ihnen viele Impulse für unterschiedliche Rollenspiele. Dabei können Sie passend zu Ihrer Gruppensituation vorgehen: Greifen Sie ein Thema auf, das die Kinder beschäftigt, und bieten Sie dazu passende Requisiten. Sie können die Kinder aber auch auf ein bestimmtes Thema neugierig machen, z. B. auf ein neues Projektthema, indem Sie passende Requisiten präsentieren. Platzieren Sie die Gegenstände gut sichtbar und lassen Sie die Kinder dann zunächst rätseln, was dahinterstecken könnte. Dazu finden Sie alle 3 Kategorien der Rollenspiele abgebildet, Beispiele für geeignetes Material und Verbindungen zu unterschiedlichen Lernbereichen.

Nutzen Sie diese Impulse für unterschiedliche Rollenspiele

Thema	Mögliche Ausstattung	Ergänzende Lernbereiche
Im Restaurant/Café	☐ Elegante Kleidung, z. B. Krawatten, Ketten, Röcke, ☐ Schürze für Kellner ☐ Tisch, Stühle ☐ Geschirr, Besteck ☐ Geld (wenn möglich echtes) ☐ Notizblock und Stift ☐ Tablets ☐ Hinweisschilder, z. B. „Geöffnet/Geschlossen" ☐ Tischdeko ☐ Speisekarte, Preisliste	Literacy: ☐ Speisekarten schreiben ☐ Hinweisschilder gestalten ☐ Bestellungen aufnehmen Mathematik: ☐ Umgang mit Geld ☐ Zählen, z. B. Portionen, Geld ☐ Formen, z. B. auf Hinweisschildern

Thema	Mögliche Ausstattung	Ergänzende Lernbereiche
Beim Tierarzt	☐ Kittel für Tierarzt ☐ Arztkoffer mit entsprechender Ausstattung ☐ Pflaster, Verbände ☐ Waage ☐ Stühle für das Wartezimmer, evtl. auch Zeitschriften ☐ Verschiedene Stofftiere ☐ Transportboxen für Tiere, z. B. Schachteln/Schuhkartons Untersuchungstisch ☐ Anmeldung, z. B. mit Tisch, Telefon, Schreibblock	Literacy: ☐ Schreiben, z. B. Anmeldung, Rezepte, Notizen ☐ Buchstaben, Lesen, z. B. in Zeitschriften Mathematik: ☐ Zahlen, z. B. Öffnungszeiten aufschreiben ☐ Geld abrechnen ☐ Tiere wiegen, messen ☐ Reihenfolgen festlegen, z. B. im Wartezimmer
Beim Friseur	☐ Haarspangen, Haarklammern und -nadeln ☐ Bürsten, Kämme ☐ Spiegel ☐ Föhn ☐ Flaschen, Tuben und Döschen. ☐ Frisurenbücher ☐ Waschbecken, z. B. Schüssel ☐ Umhang ☐ Stühle ☐ Tisch für Empfang und Kasse, Telefon ☐ Buch für Termine, Stifte	Literacy: ☐ Schilder schreiben, z. B. „Geöffnet/Geschlossen" ☐ Notizen Mathematik: ☐ Umgang mit Geld ☐ Preisschilder, Rechnungen schreiben ☐ Uhrzeiten

Thema	Mögliche Ausstattung	Ergänzende Lernbereiche
In der Unterwasserwelt	☐ Blaue Tücher ☐ Meeresstofftiere, z. B. Fische, Kraken, Delfine ☐ Schwimmbrillen, Tauchmasken ☐ Stoffpflanzen als Unterwasserwelt ☐ Große Kartons als U-Boote ☐ Ferngläser, Lupen, Uhr ☐ Notizblöcke ☐ Fotoapparat	Literacy: ☐ Notizen, Aufzeichnungen Mathematik: ☐ Größen vergleichen ☐ Positionen bestimmen

Wichtig für alle Altersgruppen:
Wie Sie den Resilienzfaktor Empathie bei Kindern mit Spaß stärken

Wie entwickelt sich eigentlich Empathie bei den Kindern? Ist sie angeboren? Die klare Antwort ist: Nein, sie wird durch Vorleben erlernt. Entscheidend ist die Autonomiephase – früher auch Trotzphase genannt. Sie ist für viele Bezugspersonen eine sehr anstrengende Zeit. Das Kind entwickelt ein eigenes „Ich-Bewusstsein" und einen eigenen starken Willen. Es benennt sich selbst nun mit „Ich". Dies ist ein enormer Schritt in der Entwicklung. Er äußert sich auch dadurch, dass die Kleinkinder nun mit sehr starkem Willen ihre eigenen Wünsche und Interessen durchsetzen wollen. Das alles sind wichtige Schritte zur Entwicklung der Empathiefähigkeit und damit auch für ein soziales Miteinander.

Mit der Autonomiephase zur Empathie

Damit Kinder in der Lage sind, Empathie zu empfinden, müssen sie zwischen sich selbst und anderen zu unterscheiden lernen. Die Grundlage für die Empathiefähigkeit ist ein gutes „Ich-Bewusstsein". Denn nur, wenn Kleinkinder sich als Person und die Gefühle als ihre eigenen wahrnehmen, können sie die Fähigkeit entwickeln, sich in andere Menschen einzufühlen. Die Autonomiephase spielt dabei eine entscheidende Rolle.

So entwickelt sich das Ich-Bewusstsein

Im Alter von 2 Jahren beginnen Kleinkinder, ihren eigenen Willen zu entdecken. Sie entdecken die Macht des Wortes „Nein", und in den nächsten Monaten wird dieses ein wichtiger Begleiter. Sie möchten vieles selbstständig tun und handeln. Dabei kommt es oftmals zu heftigen Wutausbrüchen, wenn sie Dinge nicht so umsetzen können, wie sie es sich vorstellen. In dieser Phase ist es wichtig, dass Sie die Kleinkinder in der Entwicklung des eigenen „Ich" unterstützen. Fertigen Sie dazu mit den Kleinkindern „Ich-Bücher" an. Unterstützen Sie die Versuche des Kindes, möglichst autonom zu handeln, indem Sie ihm Aufgaben übertragen. Planen Sie ausreichend Zeit und Gelegenheit ein, damit die Kleinkinder selbstständig handeln können.

Erste empathische Reaktionen

Neben der Autonomiephase ist in dieser Zeit die Phase der „egozentrischen Empathie" ein weiterer wichtiger Entwicklungsschritt. Die Kleinkinder zeigen nun zum ersten Mal mitfühlende und helfende Reaktionen. Allerdings handelt es sich hier noch nicht um echte Empathie, wie das Praxisbeispiel zeigt.

Praxisbeispiel: Die 2-jährige Johanna sieht, dass der ein Jahr alte Klaus weint. Er hat Hunger und möchte etwas zu essen haben. Johanna geht zu dem Kind und streichelt ihm sanft über die Wange. Dabei sagt sie „ei". Sie versucht, auf die Art und Weise den Jungen zu trösten, wie sie es sich wünschen würde. Klaus schiebt energisch ihre Hand weg. Johanna versucht weiterhin, den Jungen durch sanftes Streicheln zu trösten. Sie hat aber noch nicht verstanden, dass der Junge weint, weil er Hunger hat, und kein

Mitleid, sondern etwas zu essen braucht. Johanna kann zwar die Gefühle des Jungen wahrnehmen. Sie kann aber noch nicht verstehen, dass er ganz andere Bedürfnisse hat als sie.

Kleinkinder in dieser wichtigen Entwicklungsphase nehmen die Gefühle anderer Menschen wahr

Sie übertragen jedoch ihre eigenen Wünsche und Bedürfnisse auf die anderen Menschen. Daher handeln sie so, wie sie es sich in solch einer Situation für sich selbst wünschen würden. Sie haben noch nicht gelernt, dass andere Menschen in dieser Lage vielleicht eine ganz andere Reaktion brauchen.

So unterstützen Sie die Entwicklung echter Empathie

Sprechen Sie immer wieder mit den Kleinkindern über die Bedürfnisse von anderen Menschen. Im Praxisbeispiel oben könnten Sie laut fragen: „Was braucht Klaus nun? Was möchte er uns mit seinem Weinen sagen? Ich glaube, er hat Hunger." Dann fragen Sie Klaus: „Klaus, hast du Hunger?" Der Junge nickt. Nun beziehen Sie Johanna dabei mit ein, dem Jungen etwas zu essen zu geben. So erfährt das Mädchen, dass der Junge gerade etwas ganz anderes braucht, als sie es von ihren eigenen Bedürfnissen übertragen hat.

Im Laufe des Jahres zeigen die Kleinkinder immer häufiger empathische Reaktionen und sind bis zum Ende des 3. Lebensjahres auch (teilweise) in der Lage, die Perspektive von anderen Menschen zu übernehmen. Verstärken Sie dieses Verhalten, indem Sie die Kleinkinder für ihr empathisches Verhalten loben, auch wenn es manchmal noch recht ungeschickt aussieht. Unterstützen Sie die Kleinkinder auch dabei herauszufinden, welche Reaktion die anderen Kinder brauchen, indem Sie danach fragen.

Empathie wird nicht vererbt, sondern durch das Vorleben erlernt.

Ihre Bedeutung als Bezugsperson und Vorbild hat einen großen Einfluss auf die Entwicklung der Empathie und damit auf das soziale Verhalten der Kleinkinder. Achten Sie darauf, dass Sie warmherzig, liebevoll und mitfühlend mit den Kleinkindern umgehen. Denn zum einen fördern Sie so eine gute Beziehung zu ihnen, und zum anderen wirken Sie auch als ein Vorbild für den empathischen und sozialen Umgang miteinander.

Zeigen Sie sich selbst äußerst empathisch. Dabei sollte Ihr Handeln von Herzen kommen. Denn ein sachliches Handeln lehrt die Kleinkinder zwar eine Reaktion – wie trösten oder jemandem helfen. Aber es ist keine wirkliche Empathie, da kein Gefühl dahintersteckt.

Laden Sie zu empathischen Handlungen ein

Unterstützen Sie die Kleinkinder immer darin, empathische Handlungen zu zeigen. Beispiel: Sie sehen, wie die 2-jährige Ella beobachtet, dass Jonas sich am Fuß leicht gestoßen hat. Ella schaut Jonas an, wie er sich am Fuß reibt. Sie merken dem Mädchen deutlich an, dass es sich gern Jonas zuwenden würde. Irgendwas hält das Kind jedoch ab. Laden Sie das Mädchen ein, indem Sie beispielsweise sagen: „Ella, magst du Jonas trösten?" Nach solch einer Frage laufen die Kleinkinder oftmals schon los. Alternativ können Sie auch beide zu dem Jungen hingehen, um ihm Trost zu spenden.

In Rollenspielen fördern Sie das empathische Verhalten

Auch Rollenspiele eignen sich wunderbar dazu, um mit den Kleinkindern empathisches Verhalten zu üben. Spielen Sie mit den Kleinkindern in der Puppenecke. Dabei gibt es viele Möglichkeiten:

- Gemeinsam kümmern Sie sich mit dem Kleinkind liebevoll und warmherzig um eine Puppe oder ein anderes Kleinkind.

- Das Kleinkind übernimmt die Rolle eines Kindes und Sie kümmern sich spielerisch und empathisch um das Kind.

- Sie übernehmen die Rolle eines Babys und lassen sich liebevoll versorgen. Dabei können Sie den Kindern Anregungen geben, wie Sie – als Baby – gern versorgt werden möchten.

Das emotionale Verständnis wird immer differenzierter

Für Kleinkinder bis zum 2. Geburtstag bedeuten Tränen, dass ein anderer Mensch traurig ist. Ab 2 Jahren lernen sie dann, dass es auch andere Arten der Tränen gibt, z. B. Freudentränen bei erfreulichen Ereignissen oder Lachtränen, wenn eine Situation besonders lustig ist. Unterstützen Sie diesen Entwicklungsschritt dadurch, dass Sie immer wieder über die Emotionen sprechen, die Sie selbst gerade durchleben und bei anderen Kleinkindern beobachten.

Sagen Sie beispielsweise: „Mensch, das war jetzt lustig. Ich habe so gelacht, dass mir die Tränen kamen." So lernen die Kleinkinder, dass Emotionen unterschiedlich sein können und sie von verschiedenen Situationen und von der Persönlichkeit abhängen. Sprechen Sie diese Persönlichkeitsunterschiede auch bei den Kleinkindern an.

Beispielsweise beobachten Sie 3 Kleinkinder, die einen Turm aus Bausteinen bauen. Dieser fällt immer wieder um. Jedes Kleinkind reagiert unterschiedlich auf die Situation:

- Melina ist wütend, weil das Bauwerk immer wieder zusammenfällt.

- Johannes ist frustriert, weil der Turm instabil ist.

- Otto ist motiviert, den Turm erneut aufzubauen.

- Susanne ist amüsiert. Sie lacht jedes Mal schallend, wenn das Bauwerk umstürzt.

Sprechen Sie bewusst über die unterschiedlichen Emotionen. So lernen die Kleinkinder, dass diese von Mensch zu Mensch differieren und jeder Mensch eine Situation anders erlebt und anders reagiert. So fördern Sie das Emotionsverständnis.

Zusammenfassend ist zu sagen, dass ein Kind mit ca. 3 Jahren gelernt hat, die Perspektive eines anderen (zumindest teilweise) zu übernehmen, und dadurch z. B. Mitleid empfinden kann. Es wird zwar noch stark von den eigenen Emotionen geprägt, versucht, diese aber schon auf andere zu übertragen, um dessen mögliche Gefühle daraus abzuleiten. Dann können Sie anfangen, es konkret zu fördern.

Hier kommen konkrete Ideen, wie Sie bei Kita-Kindern über 3 die Empathie stärken

Im Gesicht und der Körperhaltung des anderen lesen zu können, wie es ihm geht, ist eine Grundvoraussetzung für Empathie. Wenn Kinder entschlüsseln, wie ein trauriges, fröhliches oder wütendes Gesicht aussieht, können sie entsprechend einfühlsam reagieren.

Der Nachrichtensprecher (ab 5 Jahren)

Mit diesem witzigen Spiel lernen die Kinder, die Gefühlslage ihres Gegenübers besser einzuschätzen.

Das wird gebraucht:

- 1 großer Karton, der auf einer Seite aufgeschnitten und wie ein Fernseher angemalt ist
- Tisch
- Stuhl

So wird's gemacht:

Der Fernseherkarton wird so aufgestellt, dass ein Kind wie ein Nachrichtensprecher

dahinter oder darin sitzen kann. Die anderen Kinder sitzen vor dem Fernseher. Damit die Kinder sich das Spiel vorstellen können, übernehmen Sie die ersten Nachrichten. Überlegen Sie sich ein Gefühl, in dem Sie die Nachrichten verkünden, z. B.: „Heute Morgen musste die Feuerwehr ausrücken. Ein Kätzchen hatte sich auf einen Baum verirrt und fand nicht mehr herunter." Jetzt raten die Kinder, welches Gefühl Sie dargestellt haben. Das Kind, das richtig geraten hat, darf der nächste Nachrichtensprecher sein.

Es kann immer wieder dieselbe Nachricht mit unterschiedlichen Gefühlen vermeldet werden oder jedes Kind überlegt sich eine neue Meldung. Witzig für die Kinder ist es, wenn die Nachrichten unmittelbar etwas mit der Gruppe zu tun haben, z. B.: „Ich vermelde Ihnen, dass heute der Geburtstag von Kim ist. Sie wird 6 Jahre alt." Bei den ersten Runden flüstern Sie dem Kind das Gefühl ein, das es darstellen soll, später wollen die Kinder das sicher selbst aussuchen.

Variation für ältere Kinder: Für Schulkinder kann die Aufgabenstellung schwieriger sein. So könnte z. B. „arrogant" oder „gelangweilt" dargestellt werden.

Das sprechende Gesicht (ab 5 Jahren)

Ohne Worte kann uns das Gesicht eines anderen Menschen viel erzählen. Wir müssen es nur entschlüsseln können …

So wird's gemacht:

Ein Kind steht vor den anderen Kindern und bekommt die Aufgabe von Ihnen zugeflüstert, ohne Worte darzustellen,

- was es sieht, z. B. den besten Freund, eine Zirkusnummer, ein grusliges Monster usw.,

- was es hört, z. B. eine schöne Musik, einen Schrei, eine traurige Geschichte, einen Witz usw.,

- was es riecht, z. B. ein leckeres Essen, übel riechende Schuhe usw.,

- was es schmeckt, z. B. leckeres Eis, scharfes Essen, saure Zitrone, heiße Suppe usw.,

- was es tastet, z. B. das weiche Fell einer Katze, einen Eiswürfel, etwas Ekliges, Heißes, Kaltes usw.

Die ratenden Kinder wissen dabei, zu welchem der 5 Sinne die Pantomime dargestellt wird. Wer richtig geraten hat, darf als Nächstes darstellen.

Die Rätselkette (ab 5 Jahren)

Jedes Kind durchlebt im Alltag eine Vielzahl von Emotionen. Bei manchen Ereignissen kann das eine richtige Achterbahn der Gefühle sein. Die einzelnen Teile einer solchen „Gefühlsachterbahnfahrt" bewusst wahrzunehmen lernen die Kinder mit diesem Spiel.

So wird's gemacht:

Die Kinder denken sich ein Ereignis aus ihrer Gruppe oder ihrem Alltag aus, z. B.:

1. „Ich habe einen hohen Turm gebaut und mich darüber gefreut.

2. Dann ist ein anderes Kind gekommen und hat ihn umgeworfen.

3. Mein Freund hat mir geholfen, den Turm wieder aufzubauen."

Oder :

1. „Ich habe geschaukelt.

2. Dann bin ich heruntergefallen.

3. Meine Freundin hat mich getröstet und mir geholfen, wieder aufzustehen."

Die Geschichten sollten jeweils „3-Teiler" sein. Bevor sich die Gruppe für eine solche Geschichte entscheidet, geht ein Kind vor die Tür. Dann werden 3 Kinder ausgesucht, die jeweils einen Teil der Geschichte erzählen oder darstellen. Die 3 Kinder verteilen sich im Kreis, dann wird das Kind vor der Tür wieder hereingerufen. Es tippt jetzt ein Kind an, das seinen Teil der Geschichte erzählt. Dann tippt es das nächste und anschließend das 3. Kind an. Jetzt muss es die Kinder so in die Reihenfolge stellen, dass der Ablauf der kleinen Geschichte stimmt.

Gemeinsam auf Werte setzen: Wie Sie den Resilienzfaktor Kausalanalyse bei den Kindern fördern

Bei Kindern geht es häufig darum zu verstehen, warum es nicht okay ist, ein anderes Kind zu schlagen oder das Spielzeug wegzunehmen. Damit Kinder also überhaupt verstehen, was dahintersteckt, ist es wichtig, dass sie diese Werte erst einmal verstehen. Denn: Babys werden mit einem egozentrischen Selbstverständnis geboren. Damit ein Kind gut in der Welt zurechtkommt, muss es sich an gesellschaftliche Konventionen halten. Es muss lernen, sich in einer stetig wandelnden Gesellschaft zurechtzufinden. Dazu müssen sich die Kinder in andere einfühlen, sich fair verhalten und nicht nur egoistisch handeln. Dazu gehört auch, sich selbst hinterfragen zu lernen. Wie Sie Kinder dabei unterstützen können, Werte zu entwickeln, erfahren Sie hier.

1. Tipp: Kinder brauchen Werte

In der heutigen Gesellschaft sind viele unterschiedliche Werte gefragt. Manchmal konkurrieren sie sogar miteinander. Trotzdem ist es für die Kinder wichtig zu lernen, wie sie sich verhalten sollen. Gerade Kinder mit Migrationshintergrund bekommen oftmals verschiedene Werte aus unterschiedlichen Kulturen vermittelt, die sie miteinander in Einklang bringen müssen. Das stellt für Kinder eine enorme Herausforderung dar.

Werte bieten den Kindern Sicherheit und Orientierung. Durch Werte lernen die Kinder, zwischen richtigem und falschem Verhalten zu unterscheiden. Kinder, die Werte erleben, sind glücklicher, belastbarer und in der Regel auch optimistischer.

2. Tipp: Sprechen Sie mit den Eltern über deren Wertvorstellungen

Damit die Kinder Werte lernen, brauchen sie die Unterstützung von Erwachsenen. Hierzu müssen Sie die Kinder kontinuierlich begleiten. Zeigen Sie ihnen, wie sie sich angemessen verhalten. Machen Sie sich bewusst, welche Werte Ihnen in der Erziehung wichtig sind.

Sprechen Sie mit den Eltern über deren Wertvorstellungen. Manchmal unterscheiden sich die einzelnen Vorstellungen voneinander. Das ist nicht schlimm. Um sich gut in der Welt zurechtzufinden, müssen die Kinder lernen, sich mit unterschiedlichen Werten zurechtzufinden. Das schaffen sie, indem sie sich mit den unterschiedlichen Wertevorstellungen auseinandersetzen.

3. Tipp: Passen Sie Ihre Erwartungen an das Alter an

Die Eltern und auch Sie haben viele Wünsche, wie sich das Kind verhalten sollte. Passen Sie Ihre Erwartungen dem Alter an. Jüngere Kinder müssen erst noch Mitgefühl entwickeln. Sie sind noch nicht in der Lage, Konflikte verbal zu lösen. Hierbei brauchen sie Ihre Unterstützung. Unterschätzen Sie die Kinder aber nicht. Trauen Sie ihnen ruhig etwas zu. Erfolgserlebnisse helfen ihnen, ein gesundes Selbstbewusstsein zu entwickeln und sich selbst als wertvoll zu erleben. Die volle Fähigkeit zum Perspektivenwechsel können Kinder erst ab einem Alter von 8 bis 10 Jahren einnehmen.

4. Tipp: Achten Sie auf Ihre eigene Vorbildwirkung

Kinder wollen groß sein und ahmen zunächst noch vollkommen unreflektiert unser Verhalten nach. Sie kopieren unseren Umgangston, unser Konfliktverhalten und die Werte, die wir leben. Halten Sie einfach mal inne und reflektieren Sie kritisch Ihre eigene Wertehaltung: Welchen Einfluss hat sie auf Ihren Alltag? Wie beeinflusst sie Ihre Arbeit mit den Kindern? Welche Werte leben Sie den Kindern vor? Welchen Einfluss hat Ihre eigene Wertehaltung auf die Kinder? Erleben die Kinder unterschiedliche Wertehaltungen? Welche Unterschiede gibt es?

Natürlich sind Sie nicht perfekt. Leben Sie die Werte selbst, die Sie den Kindern vermitteln wollen? Einer der wichtigsten Werte ist Ehrlichkeit. Sicherlich sagen Sie den Kindern, dass sie nicht lügen sollen. Aber greifen Sie nicht auch manchmal zu kleinen Notlügen, und die Kinder bekommen es mit?

5. Tipp: Zeigen Sie den Kindern Ihre Wertschätzung

Kinder wollen gemocht werden. Sie haben einen ausgeprägten Gerechtigkeitssinn. Sie möchten wertgeschätzt werden. Kinder erfahren Werte über sich – als eigenständige Person. Drücken Sie den Kindern Ihre Wertschätzung aus. Achten Sie die Kinder. Zeigen Sie dem Kind, welche Vorteile es hat, wenn es beispielsweise ehrlich und rücksichtsvoll ist.

Loben Sie gutes Verhalten. Zeigen Sie den Kindern, wie sehr Sie sich darüber freuen. Drücken Sie dabei genau aus, welche Werte Sie lobenswert finden. Wichtig ist dabei, dass Sie nicht die Gruppe als Ganzes loben: „Ihr habt heute aber schön miteinander gespielt." Loben Sie vielmehr einzelne Kinder mit Namen: „Peter, du hast heute schön mit Leonie zusammengespielt." Kinder erleben den Erfolg des Lobs besser, wenn sie konkret mit Namen angesprochen werden und nicht mit der Gruppe („ihr").

6. Tipp: Werte werden durch eigene Aktivitäten gebildet

Werte entwickeln sich nicht nur durch das Vorleben. Die Kinder müssen sie auch selbst aktiv leben. Wenn es Ihnen wichtig ist, dass die Kinder lernen, Verantwortung zu übernehmen, dann übertragen Sie ihnen Verantwortung.

Berücksichtigen Sie dabei den individuellen Entwicklungsstand. Auch jüngere Kinder können den Tisch decken. Sie freuen sich darüber, Verantwortung für Blumen oder ein Tier zu übernehmen. Helfen Sie bei Problemen und Konflikten. Räumen Sie ihnen aber nicht alle Schwierigkeiten aus dem Weg. Unterstützen Sie die Kinder darin, selbst wertvoll zu handeln. Kinder lieben es sehr, durch einfache und liebenswürdige Handlungen hilfreich zu sein. Schreiben Sie zusammen mit den Kindern Genesungskarten oder malen Sie ein Bild, wenn ein Kind oder eine Erzieherin länger krank ist.

Ermutigen Sie die Kinder, ihre Hilfe anzubieten. Sie können auch eine Patenschaft zu neuen Kita-Kindern oder älteren Menschen aufbauen.

Vielleicht gibt es in der Nähe der Kita ein Seniorenheim. Laden Sie Senioren zu Kaffee und Kuchen oder einem gemeinsamen Spielenachmittag ein. In der Regel sind diese darüber sehr glücklich. Die Kinder dürfen die Senioren mit Speisen und Getränken versorgen, mit ihnen spielen und ihnen helfen. Von solchen Aktivitäten profitieren in der Regel beide Seiten. Die Kinder lernen so Mitgefühl, Respekt, Freundlichkeit und Hilfsbereitschaft.

7. Tipp: Diskutieren Sie mit den Kindern über Werte

Um Werte zu vermitteln, zu lernen und zu leben, sind Konflikte wichtig. Sprechen Sie mit Kindern über Konflikte. Suchen Sie gemeinsam nach Lösungen. Diskutieren Sie Vor- und Nachteile dieser Lösungen. Bestimmt haben die Kinder für ihre Gruppe eigene Werte und verbindliche Regeln aufgestellt. Sie haben eine genaue Vorstellung davon, wie mit Verstößen umgegangen werden sollte. Beispielsweise: Wer in der Bauecke absichtlich etwas zerstört, darf nicht mehr mitspielen.

Sprechen Sie mit den Kindern über diese Regeln und die Konsequenzen. Das geht gut während einer Kinderkonferenz. So lernen sie Verantwortung und Logik (logische Konsequenz aus einem Verhalten) kennen. Gerade aus Konflikten lässt sich viel lernen.

Nutzen Sie auch alltägliche Dinge, um mit den Kindern über Werte zu sprechen. Das kann eine Gegebenheit sein, die Sie im Garten beobachtet haben. Ein Erlebnis, das ein Kind gemacht hat, kann diskutiert werden. Auch aktuelle Nachrichten aus der Zeitung bieten sich an. Fragen Sie die Kinder, was sie davon halten. Erkundigen Sie sich danach, wie sie sich in der Situation verhalten hätten. Gibt es vielleicht eine bessere Lösung? Stellen Sie Fragen, die zum Nachdenken anregen. Sprechen und diskutieren Sie über diese Werte.

Beispiel: Der kleine Tim (5 Jahre) wollte seine Oma besuchen. In der Zeitung stand ein Bericht darüber, dass der 5-jährige Tim sich abends auf den Weg machte. Er verließ nur mit einem Schlafanzug bekleidet und mit seinem Teddy die elterliche Wohnung und lief in die Stadt. Als er von einer Polizeistreife aufgegriffen wurde, erklärte er, dass er noch weit laufen muss, bis er seine Oma wiedersieht. Er hat sie lange nicht gesehen und vermisst sie schrecklich. Sprechen Sie mit den Kindern über Tim und auch darüber, wie die Kinder Tims Situation betrachten und was sie Tim raten würden.

8. Tipp: Vermitteln Sie „Medienkompetenz"

Computer, Fernsehen, Spielkonsolen und Smartphones gehören zum Alltag der Kinder. Nicht immer spiegeln die Inhalte die Realität wider. Trotzdem vermitteln sie den Kindern Werte. Sie können ihr Verhalten und ihre Einstellung beeinflussen. Denken Sie nur an die vielen Casting-Sendungen. Wie viele Kinder haben plötzlich den Berufswunsch „Superstar" oder „Sänger? Es ist nicht sinnvoll, die Kinder von den Medien fernzuhalten. Vermitteln Sie besser einen sinnvollen und kritischen Umgang mit den Medien. Reden Sie mit den Kindern über die Inhalte. Sprechen Sie über Charakterstärken und -schwächen der Serienhelden oder der Doku-Teilnehmer. Zeigt die Sendung gute Werte? Welche Werte werden vermittelt? Mit welchen Werten gehen die Kinder nicht konform? Verdeutlichen Sie, dass die Inhalte nicht immer der Realität entsprechen. Erklären Sie den Kindern, dass bestimmte Werte immer gelten (z. B. Respekt, Gerechtigkeit). Ganz egal, wie sich andere im TV, bei Facebook oder in anderen Medien verhalten.

9. Tipp: Akzeptieren Sie, dass jede Familie eigene Werte hat

Noch vor ein paar Jahren wurde unser Leben viel mehr durch Traditionen und die Gesellschaft bestimmt. Heute sind wir viel freier in der Wahl unserer Werte. Jede Familie hat ihre eigenen Werte und Regeln. Sie unterscheiden sich nicht nur von Familie zu Familie, sondern auch zwischen einzelnen Nationalitäten und Religionsgruppen.

Manche Kinder haben es schwer und müssen immer zwischen unterschiedlichen Handlungen differenzieren. Akzeptieren Sie die unterschiedlichen Wertvorstellungen. Unterstützen Sie diese Kinder ganz besonders.

10. Tipp: Vermitteln Sie Werte-Toleranz

Vermitteln Sie den Kindern auch Toleranz gegenüber anderen Wertvorstellungen. Für die Kinder geht es darum, sich in einer immer stärker globalisierten Welt zurechtfinden. Dazu gehört auch, auch andere Werte zu akzeptieren.

Sie müssen auch lernen, einen Mittelweg zwischen den unterschiedlichen Wertvorstellungen zu finden. Das ist die Grundlage für ein gefestigtes allgemeingültiges Wertempfinden. Fehlt einem Menschen diese Toleranz und beharrt er nur auf ihm bekannten Werten und Regeln, kann es zu Problemen kommen. Beziehungen zu anderen Menschen, Freunden oder zum Partner können darunter leiden. Dem können Sie schon jetzt entgegensteuern.

Eine gute Werteerziehung ist heutzutage schwerer denn je. Werte haben sich gewandelt. Es gibt nicht mehr die einzig und allein wahren Werte. Werte sind nicht mehr so verbindlich und teilweise sogar gegensätzlich. Durch die Medien sind Kinder vielen unterschiedlichen Wertvorstellungen ausgesetzt. Werteerziehung ist kein einmaliges Projekt, sondern eine dauerhafte Sache, die auch in Ihrer Konzeption verankert werden sollte.

Ein Resilienz-fördernder Erziehungsansatz: Fixed Mindset vs. Growth Mindset

Es gibt viele verschiedene Erziehungsansätze, die Resilienz-fördernd sind. An dieser Stelle soll nicht auf die unterschiedlichen Ansätze eingegangen werden. Jedoch möchte ich Ihnen einen Erziehungsansatz vorstellen, der als Resilienz-fördernd eingeordnet werden kann. Hier geht es darum, dass Sie die Prinzipien verstehen und diese auf die Erziehungsansätze übertragen, die Sie in Ihrer Kita nutzen.

Fixed Mindset (festgelegt) vs. Growth Mindset (veränderbar)

Die sogenannte Mindset-Theorie nach Motivationspsychologin Carol Dweck geht davon aus, dass Menschen entweder ein Fixed Mindset oder ein Growth Mindset haben. Was bedeutet das? Menschen mit einem Fixed Mindset gehen davon aus, dass sie unveränderlich sind, in Bezug auf ihre Intelligenz, Persönlichkeitsmerkmale und das Verhalten. Sie können sich nicht vorstellen, dass ihr Erfolg von ihrer Anstrengung abhängt. Feedback interessiert sie nur dann, wenn es ihre Meinung bestätigt. Anderes Feedback lehnen sie ab. Menschen mit einem Fixed Mindset meiden Herausforderungen, weil sie denken, es könnte ein Misserfolg werden. Vor genau diesem fürchten sie sich. Wenn ihre Anstrengungen nicht sofort Erfolg zeigen, geben sie auf.

Was ist ein Mindset?

Was verbirgt sich eigentlich hinter dem englischen Begriff „Mindset"? Konkret geht es um die Einstellung, Haltung oder Denkweise eines Menschen. Es ist sozusagen das Ergebnis seiner bisherigen Erlebnisse und Erfahrungen. Unser Mindset bestimmt unser Denken, Fühlen und Handeln. Es ist wie ein Filter, mit dem wir durch die Welt gehen. Durch diesen Filter entlastet uns das Gehirn im Alltag. Beispiel: Sie fassen auf eine heiße Herdplatte und lernen: Achtung: Hier gibt es Schmerzen. Ihr Gehirn lernt dazu und es entstehen Denkmuster, die miteinander verknüpft sind und die Sie dazu bringen, schnellere Entscheidungen zu treffen. Unser Mindset entwickelt sich also von klein an, aber es ist auch veränderbar im Laufe des Lebens. Vorausgesetzt, Sie sind bereit, Ihre bisherigen Denkmuster zu durchbrechen und durch mögliche Alternativen zu ersetzen.

Gerade bei Menschen mit einem Fixed Mindset kann das eher schwierig sein, weil sie ja daran glauben, dass es nicht veränderbar ist. Anders ist das bei Menschen mit einem Growth Mindset. Sie sind davon überzeugt, dass sie veränderbar sind. Sie denken, dass ihr Gehirn wie ein Muskel ist und sie ihre Fähigkeiten durch Training verändern können. Sie wissen, dass ihnen Fehler passieren und sie so wachsen werden. Sie führen außerdem ihre Erfolge nicht auf ihre Veranlagung, sondern auf ihre Anstrengungen zurück. Das führt dazu, dass Menschen mit einem Growth Mindset besser mit Misserfolgen umgehen und diese als Lernchance sehen können.

Menschen mit einem Growth Mindset sind zu einem überwiegenden Teil resilienter als Menschen mit einem Fixed Mindset, da ein Growth Mindset viele Resilienzfaktoren beinhaltet. Doch wie können Sie jetzt in der Kita dazu beitragen, dass Kinder ein Growth Mindset entwickeln?

Wie Sie ein Growth Mindset bei Kindern entwickeln

Sie als Kita-Leitung, das Erzieherteam, und natürlich auch die Eltern haben einen erheblichen Einfluss darauf, welches Mindset Ihre Kita-Kinder entwickeln. Es hängt z. B. viel davon ab, wie Sie Kinder loben, kritisieren, herausfordern, unterstützen und auch beschützen.

Stellen Sie sich vor, dass Sie einem Kita-Kind das Schuhebinden beibringen möchten. Sie sagen zu ihm: „Das ist ganz einfach, ich zeige dir schnell, wie das geht." Für das Kind kann das Schuhebinden aber eine große Herausforderung sein. Wenn Sie nun sagen, dass diese Aufgabe ganz einfach ist, und das Kind sie dann nicht auf Anhieb lösen kann, wird es denken, dass etwas mit ihm nicht stimmt. Diese Schlussfolgerung führt dazu, dass das Selbstbewusstsein geschwächt wird. Besser ist es also, wenn Sie die Aufgabe als schwieriger bezeichnen. Wenn das Kind die Aufgabe dann lösen kann, wird es stolz auf sich sein. Das ist nur ein Beispiel dafür, welchen Einfluss kleine Änderungen in der Kommunikation haben können. Weitere Tipps dazu, wie Sie bei Ihren Kindern die Entwicklung eines Growth Mindsets fördern können, finden Sie in der Tabelle.

Was Sie tun können, um ein Resilienz-förderndes Mindset bei Kindern zu entwickeln

	Loben	Kritisieren	Herausfordern	Unterstützen	Beschützen
Anwendung in der Erziehung	Kinder nicht für Intelligenz, sondern für ihre konkreten Fähigkeiten loben und vermitteln, dass diese trainierbar sind.	Kinder nicht für schlechte Leistungen kritisieren, sondern konstruktives Feedback und sinnvolle Ratschläge geben.	Aufgaben nicht als leicht bezeichnen, sondern sagen, dass sie anstrengend sein können.	sich bewusst zurücknehmen und bestimmte Dinge auf eigene Faust bewältigen oder einfach einmal ausprobieren lassen.	Kinder nicht ständig beaufsichtigen und von allen Risiken fernhalten, sondern auch Verantwortung an sie abgeben.
Implizite Botschaft	„Du hast es selbst in der Hand, wie schlau du bist!"	„Du kannst das besser und es ist nicht schlimm, wenn es dieses Mal noch nicht geklappt hat."	„Du musst dich anstrengen, um die Aufgabe zu bewältigen."	„Du kannst Probleme versuchen, allein zu lösen. Klappt das nicht, kann ich dich unterstützen, wenn du das möchtest."	„Du musst bei manchen Dingen aufpassen, dass du dich nicht verletzt – ich kann nicht immer auf dich aufpassen."
Reaktion der Kinder	Kinder, die für ihre Anstrengung gelobt werden, werden auch zukünftig hohe Anstrengungsbereitschaft aufbringen.	Kinder werden motiviert, an sich zu arbeiten, und verstehen, dass sie sich durch Übung verbessern können.	Wenn eine Aufgabe nicht gelöst wird, führen die Kinder es nicht auf mangelnde Fähigkeiten zurück, sondern darauf, dass die Aufgabe zu schwer sein könnte.	Kinder trauen sich immer mehr zu und akzeptieren, wenn einmal etwas schiefgeht.	Kinder erfahren, was Gefahr bedeutet, und lernen, Risiken selbst einzuschätzen. Sie lernen die eigenen Grenzen kennen und ziehen Konsequenzen aus möglichen Verletzungen.

Die Tabelle wurde abgedruckt mit freundlicher genehmigung von: © persolog GmbH, Königsbacher Str. 51, D-75196 Remchingen

So werden die Kinder in Ihrer Kita resilienter

Sie haben nun zu jedem der 10 Resilienzfaktoren konkrete Tipps bekommen, was Sie in Ihrem Kita-Alltag verändern können.

Für alle Resilienzfaktoren gelten 2 Dinge:

1. Was immer Sie möchten, das Ihre Kinder tun – leben Sie es vor! Wenn Sie selbst ständig an sich zweifeln, jegliche Verantwortung von sich schieben oder scheinbar aus dem Nichts explodieren oder keinen Plan haben, wohin Sie in Ihrem Leben wollen, werden Ihre Erziehungsmaßnahmen ins Leere laufen. Es fängt immer bei Ihnen selbst an.

2. Lassen Sie die Kinder erleben. Resilienz lernt man nicht über Wissen, sondern über Erfahren. Die Kinder müssen spüren, wie es sich anfühlt, eine Herausforderung zu meistern oder auch zu scheitern.

Nun geht es darum zu überlegen, was für Ihre Kita wichtig ist

Vermutlich haben Sie einige Resilienzfaktoren schon sehr gut in Ihrer Kita integriert. Bei anderen jedoch vermutlich noch Potenziale offen. Dieser Plan dient dazu, dass Sie sich selbst reflektieren und überlegen: Was wollen Sie umsetzen?

Aktionsplan: So steigern Sie die Resilienz in Ihrem Kita-Team

Was haben Sie für sich in diesem Kapitel erkannt?

Was haben Sie für Ihre Kita in diesem Kapitel erkannt?

An welchem Resilienzfaktor wollen Sie in den nächsten 3 Monaten mit den Kindern besonders arbeiten?

○ Akzeptanz

○ Selbstwirksamkeitserwartung

○ Verantwortung

○ Positive Emotionen

○ Impulskontrolle

○ Realistischer Optimismus

○ Lösungsorientierung

○ Soziale Unterstützung

○ Kausalanalyse

○ Empathie

Wie wollen Sie die Veränderungsnotwendigkeit im Erzieherteam kommunizieren?

Wie können Sie Ihre Erkenntnisse mit den Kindern umsetzen? Brainstormen Sie konkrete Ideen schon jetzt.

....

....

....

....

....

Welche Erzieher müssen evtl. noch in dem einen oder anderen Thema geschult werden? Hier kommen alle Themen infrage. Überlegen Sie einmal: Was sind die Themen, bei denen Sie am häufigsten denken: „Oh, da müssen wir was tun. Das lief nicht so, wie ich mir das vorstelle."

....

....

....

....

....

KAPITEL 5

SCHRITT 4: WIE SIE RESILIENZ IN DER ELTERNARBEIT FÖRDERN

„Es gibt kein Alter, in dem alles so irrsinnig intensiv erlebt wird, wie die Kindheit. Wir Großen sollten uns daran erinnern, wie das war."

Astrid Lindgren

Wie resilient sind Sie in der Elternarbeit?

Stella leitet eine Kita mit 3 Gruppen und insgesamt 8 Erziehern. Darunter auch einige Jüngere. Besonders die jungen Erzieherinnen Emma und Lisa haben nicht das größte Selbstbewusstsein. Sie sind sehr gut im Umgang mit den Kindern, tun sich aber besonders mit sehr fordernden und kritischen Eltern schwer. Sie wissen einfach nicht, wie sie reagieren sollen, wenn die Eltern von Luca sich wieder lautstark und vehement darüber beschweren, dass es nicht sein kann, dass ihr Kind so verdreckt von der Kita nach Hause kommt. Eines Tages finden Sie Emma weinend im Mitarbeiterzimmer. Lisa tröstet sie. Sie fragen, was passiert ist. Die Mutter von Luca hat einmal wieder einen kleinen Beschwerdeanfall bekommen. Sie stellt jetzt ihre Fähigkeiten als Erzieherin infrage und beschäftigt sich damit, ob sie überhaupt den richtigen Job gewählt hat.

Warum ist Resilienz in der Arbeit mit Eltern so wichtig?

Wir Menschen haben alle ein natürliches Bedürfnis nach Anerkennung. Wir wollen gesehen und geschätzt werden. Das Unternehmen Google hat vor wenigen Jahren eine Untersuchung durchgeführt, was Teams in Unternehmen besonders erfolgreich macht. Die Antwort fiel für einige Experten überraschend aus. Denn es waren weder Effizienz noch Leistung. Es war die gegenseitige Wertschätzung, die an Platz 1 stand. Was bedeutet das übertragen? Sie und die Eltern sind in gewisser Art und Weise ein Team. Das Erziehungs-Team. Damit dieses Team funktioniert, braucht es gegenseitige Wertschätzung, die eben manchmal fehlt. Damit ist es völlig normal, dass die Erzieher, die den Ärger der Eltern abbekommen, unsicher werden, an sich und ihren Fähigkeiten zweifeln, vielleicht auch mal emotionale Ausbrüche bekommen oder die Welt nicht mehr verstehen, denn sie haben es ja nur gut gemeint.

Die Elternarbeit ist ein Resilienztraining

Sie haben sicherlich auch viele unkomplizierte Eltern. Doch sehen Sie die, die komplizierter sind, nicht als Feind, sondern als Chance für Ihr persönliches Resilienztraining. Mit der folgenden Checkliste können Sie und Ihr Erzieher-Team schauen, wo Sie aktuell stehen.

Checkliste: Wie resilient sind Sie in der Elternarbeit?

✓	Überprüfen Sie diesen Punkt in Ihrem Alltag
	Ich akzeptiere die Eltern so, wie sie sind, mit all ihren Stärken und Schwächen.
	Ich weiß, dass ich nicht verändern kann, wie die Eltern denken, sondern dass ich damit leben muss.
	Ich fühle mich in der Lage, auch schwierige Elterngespräche zu meistern.
	Ich denke, dass keine Situation mit den Eltern mich aus dem Gleichgewicht bringen kann.
	Ich übernehme Verantwortung für meine Fehler gegenüber den Eltern.
	Ich dränge mich nicht in den Verantwortungsbereich der Eltern hinein, wenn er mich nichts angeht.
	Ich vermittle den Eltern Zufriedenheit, Vertrauen und Freude durch die Art und Weise, wie ich mit ihnen rede.
	Ich mache mir keine Sorgen darüber, was die Eltern über mich denken oder reden könnten.
	Ich habe mich in Elterngesprächen im Griff.
	Ich behalte meine Gedanken für mich, wenn sie nicht förderlich sind.
	Ich vertraue darauf, dass auch eine schwierige Situation in der Elternarbeit gut ausgehen wird.
	Ich denke, dass wir als Erziehungs-Team alles gemeinsam meistern können.
	Ich schlage Sofortmaßnahmen vor, wenn Eltern sich beschweren.
	Ich arbeite an langfristigen Lösungen für das, was die Eltern stört.
	Ich bin im Rahmen meiner Möglichkeiten für die Eltern als Ansprechpartner da.
	Ich arbeite an einer guten und vertrauensvollen Beziehung zu den Eltern.
	Ich höre bei Feedback zu und setze das um, was ich für sinnvoll halte.
	Negatives Feedback von Eltern wirft mich nicht aus der Bahn, sondern ist für mich ein Anlass, über mich selbst nachzudenken.
	Ich setze mich in die Situation der Eltern hinein.
	Ich bin bereit, mich in der Beziehung zu den Eltern bis zu einem gewissen Grad zu öffnen, um die Beziehung zu stärken.

Auswertung: Je öfter Sie ein Häkchen setzen können, desto resilienter sind Sie in der Elternarbeit. Schauen Sie sich die themenbezogenen Tipps auf den nächsten Seiten an – besonders zu den Punkten, in denen Sie aktuell noch nicht so stark sind.

Analysieren, Akzeptieren, Abhaken: Wie Sie den Resilienzfaktor Akzeptanz bei in der Elternarbeit nutzen

Stellen Sie sich vor: Sie hatten einen richtig stressigen Tag. Dann kommt die Mutter von Maria und wirft Ihnen vor, dass Sie in der Kita gar keine Aufmerksamkeit mehr auf die einzelnen Kinder richten. Während der Corona-Zeit mit weniger Kindern wäre das viel besser gewesen. Aber jetzt wäre es ja wieder genauso schlimm wie vorher.

Sie trauen Ihren Ohren kaum. Denn Sie tun Ihr Bestes, um die vielen Herausforderungen und Veränderungen möglichst erfolgreich zu meistern, und haben gerade in der Corona-Zeit sogar überforderten Eltern nahegelegt, ihre Kinder wieder in die Kita zu bringen. Also wenn Sie keine engagierte Kita sind, welche ist es dann?

„Ich akzeptiere es, auch wenn es mich nicht erfreut und ich es schon gar nicht verstehe."

Dieses Mantra ist in der Elternarbeit eine Einstellung, die Ihnen hilft, Dinge zu akzeptieren, die Sie weder gut finden noch nachvollziehen können. Machen Sie sich immer wieder klar, dass es Erlebnisse, Situationen, Haltungen, Meinungen und Ergebnisse gibt, die unveränderlich sind.

Sie können Menschen nicht verändern

Eine der Fragen, die mir am häufigsten gestellt wird, lautet: Wie kann ich andere Menschen verändern? Meine Antwort ist: Gar nicht. Denken Sie an den Circle of Influence (S. 51) zurück. Das Verhalten anderer Menschen ist außerhalb Ihrer Einflusszone. Sie können es nicht verändern. Doch Sie haben eine Möglichkeit: Sie können sich selbst verändern und so haben Sie die Chance, dass der andere sich verändert.

Sie können sich selbst verändern

Wenn Sie sich schwertun mit dem Verhalten von manchen Eltern und in diesen Situationen immer ähnlich reagieren, können Sie versuchen, Ihr eigenes Verhalten zu verändern. Die Kita-Leitung Christina hatte z. B. immer wieder schwierige Gespräche mit Eltern und reagierte darauf ganz freundlich und zurückhaltend. Sie hörte sich alles an und hörte offensiv zu. Doch es wurde einfach nicht besser. Die Eltern jammerten teilweise mehrere Minuten einfach nur über den gleichen unveränderlichen Zustand. Ich arbeitete mit ihr daran, ihr eigenes Verhalten zu verändern. Anstatt sich das ganze Gejammere anzuhören, sagte sie nun folgenden Satz: „Ich habe verstanden, dass Sie genervt und verärgert sind. Wir haben jetzt zwei Möglichkeiten. Entweder, wir jammern gemeinsam darüber, oder wir suchen nach einer Möglichkeit, was wir tun können, um das Problem zu lösen." Und siehe da – nicht immer, aber immer öfter veränderte sich das Jammer-Verhalten der Eltern.

Analysieren ist der 1. Schritt zur Akzeptanz

Es ist wichtig zu verstehen, warum etwas nicht so läuft, wie es laufen könnte. Deshalb ist die Analyse am Anfang ein extrem wichtiger Schritt, um eine Situation abhaken zu können. Zum Beispiel ein Gespräch, über das Sie sich geärgert haben. Danach geht es darum, sich zu entscheiden, das Ganze so zu akzeptieren, wie es ist. Und am Ende geht es darum, es ganz bewusst abzuhaken. In der folgenden Tabelle finden Sie diese drei Schritte noch einmal mit Beispielen verdeutlicht.

Triple-A-Strategie: So steigern Sie Ihre Akzeptanz in der Elternarbeit

Schritt	Erklärung	Beispiel
Analysieren	Es wird immer wieder passieren, dass Dinge nicht nach Plan laufen oder sogar gegen Ihren Plan und Eltern sich darüber beschweren. Es ist wichtig, dass Sie bei solchen „Misserfolgen" die Frage stellen: „Woran hat es gelegen?" Beschäftigen Sie sich hier vor allem mit den Faktoren, die Sie selbst beeinflussen können.	Die Länder haben entschieden, dass ein weiterer Lockdown und damit verbunden Kita-Schließungen stattfinden sollen. Sie informieren die Eltern darüber nicht sofort, sondern erst zwei Tage später, weil Sie davon ausgehen, dass die Eltern sowieso selbst schon informiert sind und Sie auch ein paar Tage für die Informationszusammenstellung brauchen. Sie erkennen im Nachgang: Sie hätten in zwei Schritten vorgehen sollen. Sofort eine Info-Mail schicken und darin die Details ankündigen, die einige Tage später kommen werden.
Akzeptieren	Akzeptieren bedeutet nicht, den Misserfolg zu ignorieren, ganz im Gegenteil. Nachdem Sie akzeptiert haben, dass die Situation so ist, wie sie ist, können Sie erst weitermachen, sonst kämpfen Sie praktisch gegen Windmühlen.	Sie entscheiden sich ganz bewusst dafür, die Situation zu akzeptieren, auch wenn Sie sich innerlich noch über sich selbst ärgern. Schließlich ist es doch eigentlich logisch, dass Sie sofort hätten reagieren sollen. Doch das hilft Ihnen nicht weiter.
Abhaken	Abhaken bedeutet, keine Mühe mehr auf den Misserfolg zu setzen, sondern zu überlegen: „Wie geht es in Zukunft anders?" „Welche Konsequenzen ziehe ich daraus", und dann einen Schlussstrich zu ziehen. Es kann sein, dass Ihnen das Thema trotzdem immer wieder in den Kopf kommt. Sagen Sie sich dann bewusst und laut: „Ich habe mich entschieden, es abzuhaken und weiterzumachen."	Sie entscheiden sich bewusst, sich nicht mehr mit der Sache aufzuhalten, sondern einen Haken zu setzen. Sie wissen jetzt, dass Sie beim nächsten Mal sofort reagieren sollten, wenn die Eltern eine Information bekommen müssen, auch wenn Sie nicht alle Details kennen. Das ist Ihr Learning für die Zukunft.

Wenn Sie an sich zweifeln: Wie Sie den Resilienzfaktor Selbstwirksamkeitserwartung in der Elternarbeit fördern

Meine Erfahrung aus hunderten Coachings und Trainings zeigt: Vielen Erzieherinnen ist nicht klar, was für eine unfassbar gute Arbeit sie machen. Sie zweifeln an sich, was sie hätten besser machen können in Bezug auf die Kinder – und auch gerade in Bezug auf die Eltern. Beim Resilienzfaktor Selbstwirksamkeitserwartung geht es darum, den Glauben an die eigene Kompetenz zu stärken. Ein entscheidender Faktor dabei ist der Attributionsstil.

Was ist Ihr Attributionsstil?

Unter Attribution versteht man die Beantwortung der Frage: „Worauf führen Sie einen Erfolg zurück?" Schreiben Sie beispielsweise in einer Fortbildungsprüfung eine 1 und denken: „Das war einfach Glück", dann führen Sie den Erfolg auf Glück und nicht auf Ihr Können zurück. In diesem Fall ist die Attribution („Ich denke, es war Glück") nicht förderlich für die Selbstwirksamkeit. Noch weniger förderlich ist es, wenn Sie zudem Ihr Versagen auf Ihre Fähigkeiten zurückführen. Dann denken Sie, wenn Sie einmal durchfallen: „Das war typisch für mich, ich kann halt nichts." Am besten ist es, wenn Sie sowohl Ihre Erfolge als auch Ihr Versagen auf Ihr Können bzw. Ihre Fähigkeiten beziehen und in beiden Fällen logisch hinterfragen, ob vielleicht die Umstände noch dazu beigetragen haben.

Durchbrechen Sie Ihr Denken

Wenn Sie dazu tendieren, Ihren Erfolg auf Glück zurückzuführen, geht es darum, dass Sie dieses Denken durchbrechen. Vermutlich haben Sie diesen Gedanken „Das war einfach Glück." In einer ähnlichen Situation schon sehr oft gedacht. Je öfter sie etwas denken, desto mehr verfestigt sich ein Gedanke in Ihrem Mindset. Und wenn Sie den Glauben an sich verändern wollen, geht es darum, Ihre Gedanken über sich zu verändern. Dazu können Sie einerseits die Methode „The Work" von S. X nutzen. Oder nutzen Sie die folgenden Tipps:

1. **Überprüfen Sie, wie Sie mit sich selbst reden und denken:** Am liebsten würde ich negative Selbstsprache ("Ich Idiot" "Wie blöd war ich denn jetzt schon wieder." "Ich bin doch blöde.") weltweit verbieten lassen. Das ist natürlich überzogen gesagt. Doch so viele Menschen reden genau so über sich. Sprache hat Macht. Sprache erzeugt Wirklichkeit. Was Sie über sich sagen und denken, wenn auch nur daher gesagt, hat eine Wirkung. Schauen Sie also, wie Sie über sich reden und denken. Wenn Sie ein "suboptimales" Gespräch vor der Tür hatten, bei dem Sie die Mutter von Lena nicht so ganz überzeugen konnten, dass das rosa Tüllröckchen und die Spitzenstrumpfhose nicht so ganz zu Lenas Spiel im Sandkasten mit Bagger und Schaufel passt, sollten Ihre Gedanken sein: "Das habe ich schon recht gut gemacht." "Es war noch schwierig, Lenas Mutter vom Prinzessinnen-Kleidungsstil wegzubringen. Doch immerhin war die Mutter einsichtig und versprach, eine Tüte mit Wechselklamotten, die gerne schmutzig werden dürfen, mitzubringen. Das war doch schon ganz gut für den Anfang."

2. **Machen Sie sich ein Erfolgsjournal:** Wir Menschen vergessen typischerweise unsere Erfolge und unsere Misserfolge brennen sich im Gedächtnis ein. Gerade wenn Sie Zweifel an dem haben, was Sie tun: Notieren Sie sich Ihre Erfolge in einer Liste. Gutes Gespräch mit den Eltern von Nick? Notieren was gut lief. Führen Sie eine digitale oder analoge Liste, in die Sie auch Feedbacks aufschreiben. Ich selbst habe eine solche Feedback Liste und hole sie raus, wenn ich an mir zweifle.

3. **Erstellen Sie Ihren Wunschzettel konkret:** Wir denken häufig "Ach ich wär gern ganz anders." Doch dieses ganz anders definieren wir nicht konkret. Was ist es jetzt? Schlagfertiger? Direkter? Gelassener? Notieren Sie sich Ihren Wunschzustand und sprechen Sie dann mit Ihrer Führungskraft darüber, ob Sie z. B. ein Rhetorik Training bekommen können oder an einem Seminar über schwierige Elterngespräche teilnehmen dürfen. Es gibt auch viele digitale Kurse, die gut sind und wenig Geld kosten. Ich habe mir z. B. auch viele Fortbildungen in der Vergangenheit privat finanziert.

Reflektieren Sie Ihre Selbstwirksamkeitserwartung in der Elternarbeit

Wie hoch schätzen Sie Ihre Kompetenz in der Elternarbeit ein?

Ich fühle mich nicht kompetent.   Ich fühle mich hoch kompetent.

Was müsste sich bei Ihnen verändern, damit Sie sich hoch kompetent fühlen?

Welche Herausforderungen in der Elternarbeit versuchen Sie aktuell eher zu umgehen?

Welche Situationen in der Elternarbeit fallen Ihnen ein, die schwierig waren und die Sie gemeistert haben?

Was können Sie aus diesen Situationen für sich lernen? Welche Rückschlüsse können Sie ziehen?

....

....

....

....

Mit welchen Menschen können Sie sprechen, um sich Feedback zu Ihren Kompetenzen in der Elternarbeit einzuholen? Notieren Sie die Namen und das Feedback hier.

Namen:

....

....

....

Feedback:

....

....

....

Neu in der Kita: Wie Sie den Resilienzfaktor Verantwortung bei den Eltern in der Eingewöhnungsphase fördern

Ein unvergesslicher Tag für alle Eltern: Sie bringen ihren kleinen Schützling das erste Mal in die Kita. In der Eingewöhnungsphase können manche Eltern die Sache nicht schnell genug hinter sich bringen, und andere können kaum loslassen. Wie Sie ein angemessenes Maß an Verantwortung bei den Eltern einfordern bzw. übertriebene Verantwortung begrenzen, darum geht es im Folgenden.

Für jedes kleine Kind ist die Aufnahme in die Krippe eine große Herausforderung

Oftmals muss es sich zum ersten Mal für längere Zeit von seinen Eltern lösen. Es muss viele neue Eindrücke verarbeiten. Das Kind muss das pädagogische Personal als neue Bezugspersonen anerkennen. Es soll eine Beziehung zu den anderen Kindern aufbauen. Ein neuer Tagesablauf bestimmt plötzlich sein Leben. Damit der Wechsel von der vertrauten Familie in die noch fremde Umgebung möglichst harmonisch verläuft, ist eine behutsame Eingewöhnung sinnvoll.

Informieren Sie die Eltern rechtzeitig über die Eingewöhnung

Oftmals ist die Aufnahme in die Krippe für Eltern mit gemischten Gefühlen verbunden. Sie freuen sich darüber, dass ihr Kind einen Platz in einer tollen Einrichtung bekommen hat. Trotzdem müssen sie erst Vertrauen zu der neuen Bezugsperson aufbauen. Manchmal haben sie auch ein schlechtes Gewissen, ihr kleines Kind abzugeben. Nehmen Sie den Eltern ihre Sorgen. Denn nur mit einem guten Gefühl können sie die Eingewöhnung positiv bereichern und begleiten. Für die Eltern sind vor allem folgende Informationen wichtig:

- Wie läuft die Eingewöhnung ab?

- Wie lange dauert die Eingewöhnung?

- Wer ist das pädagogische Personal in der Gruppe?
- Wie sieht der Tagesablauf aus?
- Wie wird das Kind gefördert?
- Die Eltern werden die wichtigsten Bezugspersonen für ihr Kind bleiben.

Gehen Sie auf diese Punkte ein. Sagen Sie, was Sie von den Eltern erwarten.

Wertvolle Tipps für Eltern, um die Eingewöhnung zu erleichtern

Damit die Eingewöhnung in die Krippe eine Herausforderung, aber keine Belastung darstellt, ist es wichtig, die Kinder langsam in den anstrengenden Krippenalltag einzuführen. Die Dauer der Eingewöhnung ist von Kind zu Kind verschieden. Mit den folgenden Tipps können die Eltern ihrem Kind die Eingewöhnung erleichtern:

- Bitten Sie die Eltern, einen angemessenen Zeitraum für die Eingewöhnung einzuplanen. Das schrittweise Kennenlernen der Krippe und der neuen Bezugspersonen ist für das Kind von großer Bedeutung. Kinder, die sich zu schnell auf die neue Situation einstellen müssen, werden laut wissenschaftlichen Untersuchungen häufiger krank. Zeitdruck und Ungeduld spürt das Kind. Beides zögert den Prozess hinaus.

- Um den Kindern die Eingewöhnung zu erleichtern, ist es wichtig, dass sie regelmäßig die Krippe besuchen.

- Kinder achten auf nonverbale Signale. Daher sollten die Eltern Freude und Zuversicht ausstrahlen. So geben sie dem Kind Sicherheit.

- Gegen den Trennungsschmerz kann das Lieblingskuscheltier o. Ä. helfen.

- Sobald sich die Eltern verabschiedet haben, sollten diese sofort gehen. So können die Eltern den Trennungsschmerz verkürzen und ihrem Kind den Abschied erleichtern.

- Die Eltern müssen sich unbedingt an die abgesprochenen Zeiten halten. Das ist ihr Verantwortungsbereich. Die Kinder müssen wissen, dass sie sich auf die Eltern verlassen können.

- Bitten Sie die Eltern, ihr Kind zu loben, wenn es abgeholt wird. Dabei ist es egal, ob es nur 30 Minuten oder den Vormittag in der Krippe war.

- Oftmals kommt es vor, dass ein Kind noch bleiben möchte, wenn es abgeholt wird. Trotzdem sollten die Eltern und das Kind gehen. Kinder können nicht einschätzen, wie anstrengend ein Krippentag ist. Beenden Sie den Tag positiv. So hat das Kind etwas, worauf es sich freuen kann.

- Es ist sehr wichtig, dass die Eltern telefonisch immer erreichbar und in der Nähe sind. Manchmal kommt es vor, dass ein Kind vor der verabredeten Zeit abgeholt werden muss.

- Alle Neuerungen (Frühdienst, Mittagessen, Schlafen) sollten niemals nach dem Wochenende, den Ferien oder einer Pause begonnen werden.

- Es ist hilfreich, wenn die Eltern während der Eingewöhnungszeit keine anderen Abläufe (Abgewöhnen der Flasche, des Schnullers) verändern. Das belastet die Kinder noch mehr.

- Tränen und auch Rückschritte sind normal. Die Eltern sollten sich davon nicht beunruhigen lassen. Berichten Sie überwiegend positiv vom Tagesablauf. Oftmals ist auch den Eltern ganz schön mulmig, wenn sie ihr Kind abgeben. Dieses ungute Gefühl überträgt sich unbewusst auf die Kinder. Daher ist es wichtig, dass Sie während der Eingewöhnung auch die Eltern begleiten. Erzählen Sie ihnen positive Dinge über ihr Kind: Welche Fortschritte es gemacht hat. Wie das Kind die Zeit bei Ihnen verbracht hat und wie Sie die nächsten Schritte gestalten werden. Durch eine gute Kommunikation können Sie den Eltern ihre Sorgen nehmen.

Besonders bei Helikoptereltern: Wie Sie den Resilienzfaktor Positive Emotionen in der Eltern-Erzieher-Partnerschaft fördern

Jeden Morgen ergibt sich in Ihrer Kita eine ähnliche Situation. Frau Winkler trägt die Tasche der 5-jährigen Jeanette in die Garderobe. Sie zieht dem Mädchen die Jacke und die Schuhe aus und die Hausschuhe an. Dann steht Frau Winkler auch schon vor Ihnen. Frau Winkler gehört zu den Eltern, die sich besonders viele Sorgen um ihre Kinder machen. Es könnte stürzen, fallen oder im schlimmsten Fall tot sein – das sind echte Sorgen von Helikoptereltern.

Was sind Helikoptereltern?

Als „Helikoptereltern" werden Eltern bezeichnet, die ihre Kinder überfürsorglich behandeln, verwöhnen und beschützen. Sie kreisen wie ein Hubschrauber über ihren Kindern, wachen mit Argusaugen darauf, dass ihnen kein Leid zustößt. Natürlich wollen auch diese Eltern nur das Beste – aber auf lange Sicht birgt ihr übertriebenes Verhalten für das Kind mehr Schaden als Nutzen. Trotzdem ist es gar nicht so leicht für die Eltern, ihre Sorgen in den Griff zu bekommen.

Folgen für die Kinder

Kinder, die einerseits zwar gefördert, aber durch eine falsch verstandene Fürsorge derart in ihrer Entwicklung eingeschränkt werden, können unter Umständen sogar in ihrer Entwicklung gestört werden. Wenn Eltern jede unangenehme Erfahrung von ihrem Kind versuchen fernzuhalten, hat dieses keine Möglichkeit, Resilienz aufzubauen.

Das steckt hinter dem Phänomen

Dass Eltern wie ein Helikopter über ihren Kindern schweben, hat einen Grund: Diese Eltern sind – häufig auch aus gerechtfertigten Gründen – sehr besorgt um das Wohlergehen ihres Kindes und wollen alles zu 100 % richtig machen. Manche Eltern versuchen z. B. – bedingt durch ein vorhandenes knappes Zeitfenster für ihr Kind –, ein schlechtes Gewissen zu kompensieren. Sie fühlen sich als besonders gute Mutter oder guter Vater, wenn ihr Kind positiv hervorsticht oder wenn sie sich in wirklich jeder Situation schützend vor ihr Kind stellen. Mit diesem Hintergrundwissen können Sie leichter mit den betroffenen Eltern ins Gespräch kommen.

Wie Eltern weg von den Sorgen hin zu den Wünschen kommen

Die Aufgabe von Eltern ist es, für ihr Kind da zu sein, es aber dennoch eigene Erfahrungen machen zu lassen. Hierzu gehört, Kinder lernen zu lassen, selbstständig mit Konsequenzen und auch mit Konflikten umzugehen. Es ist wenig hilfreich, wenn Sie im Elterngespräch den Hauptfokus auf die Selbstständigkeit des Kindes legen. Der Weg der gemeinsamen Überlegung: „Was wünsche ich mir für mein Kind?", kann da eher die Eltern sensibilisieren.

So können Sie die Schleife der negativen Emotionen durchbrechen. Die Eltern kommen weg von der Angst hin zu den Gedanken, dass sie sich Glück, Zufriedenheit oder Selbstbewusstsein für ihre Kinder wünschen.

Hierauf können Sie im Gespräch weiter aufbauen. Denn diese sozialen und kognitiven Kompetenzen können sich nur entwickeln und festigen, wenn dem Kind die Möglichkeit der Erfahrung gegeben wird. Wenn Eltern diesen gedanklichen Shift geschafft haben, können Sie konkrete Maßnahmen erarbeiten. Ideen dazu finden Sie in der Tabelle weiter unten.

Setzen Sie Helikoptereltern klare Grenzen

Setzen Sie Helikoptereltern in Ihrer Kita klare Grenzen. Hierzu gehört, dass Sie den Eltern klar und deutlich sagen, dass Ihre Arbeit pädagogisch und organisatorisch gut durchdacht ist. Ebenso, dass alle Spielzeuge und Spielbereiche in der Kita strengen Sicherheitsvorschriften unterliegen. Gefahren für Kinder sind somit ausgeschlossen. Berufen Sie sich auf Ihre fachliche Kompetenz, und lassen Sie sich nicht auf weitere Diskussionen ein. Dazu ist Ihre pädagogische Arbeit in Ihrer Konzeption verankert, wird vom Team regelmäßig überprüft und ist mit dem Vertrag den Eltern ausgehändigt worden. Sie können Eltern nur beraten, eine andere Sichtweise zur Erziehung einzunehmen. Umsetzen müssen die Eltern diese Ratschläge aber selbst. Akzeptieren Sie dies, und achten Sie gleichzeitig auf klare Grenzen in der Kita.

Maßnahmen, die Sie mit Helikoptereltern vereinbaren können

Was Sie tun können	Erklärung	Was sich dadurch verändert
Erarbeiten Sie mit den Eltern Entwicklungsziele.	Fragen Sie die Eltern, was diese machen müssen, damit das Kind die vorangehend genannten Dinge lernt bzw. erfährt. Beispielsweise nennen Ihnen die Eltern, dass es ihnen wichtig ist, dass sich das Kind gut behaupten kann. Hierzu sind ein gesundes Selbstbewusstsein und Konfliktfähigkeit Voraussetzungen. Beispielsweise müssen sie lernen, Probleme allein zu lösen. Hierzu ist es notwendig, auch unbeobachtet mit anderen Kindern zu spielen.	Eltern lernen, dass ihre eigene Angst ihnen im Weg steht. Niederlagen gehören zum Leben dazu. Und vor allem sollten Eltern lernen, dass Niederlagen im Kinderleben wichtige Lernerfahrungen sind, die durch nichts zu ersetzen sind. Nur so können Kinder lernen, mit Niederlagen umzugehen.
Betrachten Sie die unterschiedlichen Aktivitäten der Kinder.	Eltern wollen nur das Beste für ihr Kind. Dieses sollten Sie ansprechen. Hierdurch fühlen sich die Eltern wertgeschätzt. Aber das Beste für ein Kind zu wollen darf nicht in Perfektion ausarten. Es ist normal, Fehler zu machen. Auch in der Erziehung. Machen Sie den Eltern Mut, gemeinsam mit ihrem Kind die vielfältigen Aktivitäten zu beleuchten. Wäre die Zeit in der Stunde „Kids for English" besser für Zeit im Spiel mit einem Freund genutzt?	Eltern fangen an, ihre Kinder aufmerksam und doch anders zu beobachten: Was interessiert das Kind? Welche Bedürfnisse hat es? Danach sollten die Eltern das Freizeitprogramm ausrichten. Bestimmen nur noch Leistungsgedanken die Lebenswelt der Kinder, bekommen sie das Gefühl, sich die Anerkennung und Liebe verdienen zu müssen.
Zu viel Förderung stresst die Familie.	Schnell sind Eltern und Kinder gestresst. Raten Sie den Eltern, ein paar Dinge zu reduzieren und dafür das Kind im Alltag mehr herauszufordern: Hat das Kind noch genügend Zeit für das freie und unbeobachtete Spiel?	Kinder zu fördern ist richtig, aber wenn es nicht freiwillig passiert, sondern auf Druck der Eltern, geht der Schuss nach hinten los.
Helfen Sie den Eltern, auch negative Gefühle der Kinder zuzulassen.	Viele Helikoptereltern neigen dazu, Kinder keine negativen Gefühle erleben zu lassen. Hierzu gehören auch Langeweile und Geduld, auch mal auf etwas Neues warten zu müssen. Fragen Sie die Eltern, warum es ihnen schwerfällt, ihr Kind auch mal traurig, mal wütend oder mal ängstlich zu erleben.	Kinder müssen lernen, mit ihren Gefühlen konstruktiv umzugehen und sie möglichst selbstständig in den Griff zu bekommen. Dazu ist es nicht hilfreich, wenn Eltern diese Gefühle wegreden oder sie durch Gegenstände vergessen lassen wollen.

Verbale Angriffe meistern: Wie Sie den Resilienzfaktor Impulskontrolle in der Elternarbeit fördern

Von Claudia Hupp

„Sagen Sie mal, haben Sie eigentlich irgendetwas im (Über-)Blick? Jetzt fehlt uns schon die zweite Mütze innerhalb von zwei Wochen! Ich will gar nicht wissen, was Ihnen sonst noch alles entgeht!" Simons Mutter schäumt vor Wut und wendet sich erregt an Sie. Gerade erst vom Waldtag zurückgekommen, ist Ihnen noch gar nicht aufgefallen, dass Simons Mütze nicht mehr da ist. Der erste Impuls kommt jetzt meist „aus dem Bauch" heraus und bedeutet entweder Rechtfertigung oder Gegenangriff: „Wir hatten heute drei neue Kinder dabei, und zudem ist eine Kollegin krank ..." Oder: „Wenn Ihr Kind ein bisschen selbstständiger wäre, müssten wir ihm nicht alles hinterhertragen!" Wie Sie wissen, trägt das nicht dazu bei, die Sache zu klären. Nutzen Sie vielmehr folgende 6 Tipps, um wirklich souverän und professionell zu reagieren.

1. Tipp: Erfahren Sie etwas über sich selbst

Wenn Sie sich tatsächlich angegriffen fühlen, hängt das nur zum Teil von Ihrem Gegenüber ab. Es gibt zudem dazu auch verschiedene Gründe in Ihnen selbst, die das beeinflussen, z. B.:

- Sie fühlen sich kritisiert.
- Ihre Grenzen werden überschritten, indem sich jemand im Ton vergreift oder Ihren Status missachtet.

Immer wieder passiert es aber auch, dass jemand mit seinem Angriff Themen aktiviert, die bewusst oder unbewusst in Ihnen arbeiten. Nutzen Sie deshalb die Gedankenimpulse in diesem Beitrag, und versuchen Sie, die Fragen möglichst spontan zu beantworten. So finden Sie mehr über sich selbst heraus.

2. Tipp: Ruhe bewahren

Atmen Sie zunächst ganz bewusst tief durch, wenn Sie, wie im Beispiel von Simons Mutter, angegriffen werden. Das verhindert nicht nur, dass Ihnen eine unglückliche Antwort herausrutscht, Sie hören auch genauer zu. Denn wenn Sie schon im Bauch ärgerlich oder gar wütend werden und sich im Kopf bereits eine passende Erwiderung zurechtlegen, verhindert dies Ihre Wahrnehmung des Gesagten Ihres Gegenübers.

Verdeutlichen Sie sich zudem Folgendes: Wenn Sie verbal angegriffen werden, fühlt sich Ihr Gegenüber häufig in die Enge getrieben. Viele werden dann persönlich, wenn ihnen sachliche Argumente ausgehen und sie sich unterlegen fühlen. Simons Mutter beispielsweise hatte das Gefühl, dass Sie sich bereits nach dem Verlust der 1. Mütze nicht in ihrem Sinne gekümmert haben, oder weiß aus finanzieller Not im Moment nicht mehr, wie sie die verlorene Kleidung ihres Sohnes ersetzen soll. Mit Ihrer professionellen Sensibilität der Mutter gegenüber wird es Ihnen sicher nicht schwerfallen, ruhig zu bleiben.

3. Tipp: Gewinnen Sie Zeit

Wenn Sie sich von einem verbalen Angriff überrumpelt oder verletzt fühlen, brauchen Sie Zeit, um richtig zu reagieren. Und wie der Rettungsring bei Seenot sind folgende Sätze Rettung in der Kommunikation. Sie können sie immer ohne Gesichtsverlust anwenden: „Darüber muss ich erst einmal nachdenken, können wir unterdessen ...", oder: „Eine sofortige Antwort fällt mir jetzt schwer. Können wir das einen Moment zurückstellen, ich werde darauf zurückkommen." Zeit gewinnen Sie auch, wenn Sie zunächst etwas von sich erzählen. Das bewirkt häufig, dass „Angreifer" sofort einen freundlicheren Ton anschlagen. „Ich bin noch ganz aus der Puste, weil ich mich so beeilt habe. Ich brauche jetzt bitte noch einen Moment."

4. Tipp: Lassen Sie sich nicht verwirren

Nur wenn Sie bewusst zugehört haben, konnten Sie heraushören, welches Anliegen Ihr Gegenüber verfolgt. Denn verbale Angriffe bergen oft die Gefahr, dass Sie abgelenkt oder auf Nebenschauplätze gelockt werden. Simons Mutter z. B. hat neben der sachlichen Information, dass die Mütze fehlt, gleich noch Ihre Fähigkeit zur Aufsichtsführung angezweifelt. Ist Ihnen aber nicht ganz klar, worum es Ihrem Gesprächspartner geht, fragen Sie ihn einfach, z. B.:

- „Ich weiß jetzt nicht genau, was Ihr Anliegen ist."
- „Warum genau haben Sie Einwände gegen unser Projekt?"
- „Mir ist jetzt nicht klar, was Sie erwarten."

So muss Ihr Gegenüber sein Anliegen deutlich vertreten und kann sich nicht nur hinter pauschalen Attacken verstecken.

5. Tipp: Bleiben Sie in Verbindung

Indem Sie darauf achten, dass Sie auch während eines schwierigen Gesprächs die Verbindung zu Ihrem Gegenüber nicht verlieren, erarbeiten Sie sich Stück für Stück wieder ein konstruktives Gespräch. Eine ganz einfache Methode dabei ist, Ihr Gegenüber immer wieder mit seinem Namen anzusprechen. Das besänftigt zum einen, und zum anderen verdeutlicht es, dass Sie Ihr Gegenüber als Menschen wahrnehmen. Es tut gut, den eigenen Namen zu hören!

Was können Sie am verbalen Angriff akzeptieren? Denn auch, wenn es zunächst unwahrscheinlich klingt: Es gibt immer eine Sichtweise oder ein Gefühl, das Sie ehrlich anerkennen können, z. B.:

- „Ich kann Ihre Bedenken verstehen."
- „Sie sind ärgerlich, weil es sein kann, dass wieder etwas von Simons Kleidung fehlt."
- „Ich merke, dass Sie sehr aufgebracht sind."

Mit diesen Erwiderungen müssen Sie keinesfalls den Angriff oder gar Vorwürfe akzeptieren. Sie wenden damit lediglich eine effektive Strategie zur Deeskalation an. Denn Sie begeben sich zunächst auf eine Ebene, auf der beide Seiten zustimmen können. Nun fällt es sowohl Ihnen als auch Ihrem Gegenüber viel leichter, das Gespräch auf einer sachlichen Ebene weiterzuführen. Die häufigste Konfliktursache zwischen Ihnen und den Eltern sind Aspekte, die das Kind betreffen.

Deshalb ist eine weitere wichtige Methode, um mit den Eltern wieder eine Verbindung zu schaffen, die Situation des Kindes mit einzubeziehen. Fragen Sie also nach den Bedürfnissen des Kindes, z. B.:

- „Wie können wir Simon helfen, dass er nichts mehr verliert?"
- „Was braucht Ihr Kind, um diese Situation in Zukunft besser zu bewältigen?"
- „Sie kennen Ihr Kind am besten. Wie lösen Sie denn das Problem zu Hause?"

6. Tipp: Arbeiten Sie an der Lösung

Der Konflikt ist beruhigt. Ihnen ist es gelungen, Ihr Gegenüber wieder auf ein sachliches Gespräch zurückzuführen. Dann halten Sie sich nicht länger mit dem Vergangenen oder mit dem auf, „was schön gewesen wäre". Bringen Sie das Gespräch jetzt ohne Umschweife auf die Zukunft, z. B.:

- „Wie verbleiben wir jetzt?"
- „Was bedeutet das für das nächste Mal?"
- „Was heißt das jetzt für die Zukunft?"

Spielen Sie diese Tricks im Geiste öfter durch, denn: Übung macht den Meister.

Wie Sie den Resilienzfaktor Realistischer Optimismus bei der Elternarbeit fördern

Ein alter Mann, der mit seinem Sohn zusammenlebte, züchtete Pferde. Eines Tages lief sein wertvollster Hengst davon. Die Nachbarn kamen, um ihr Bedauern auszudrücken, doch der Mann sagte nur: „Woher wisst ihr, dass dies ein Unglück ist?" Am nächsten Tag kam der Hengst, begleitet von einigen Wildpferden, zurück, und die Nachbarn kamen wieder, um zu dem Glücksfall zu gratulieren, doch der Mann sagte nur: „Woher wisst ihr, dass dies ein Glücksfall ist?" Am nächsten Tag wurde der Sohn beim Versuch, eines der Tiere zuzureiten, abgeworfen und brach sich ein Bein. Wieder kamen die Nachbarn, um ihr Mitleid zu bekunden, doch der Mann sagte nur: „Woher wisst ihr, dass dies ein Unglück ist?" Kurz darauf kam es zu kriegerischen Auseinandersetzungen, doch da der Sohn verletzt war, wurde er nicht als Soldat einberufen.

Diese Geschichte hat mich tief beeindruckt, als ich sie das erste Mal gehört habe. Denn sie offenbart eine tiefe Wahrheit: Alles, was im Leben passiert, können wir so bewerten, wie wir entscheiden. Eine solche gedankliche Bewertung nehmen wir im Leben häufig vor. Sie beeinflusst das, was uns dann passiert. Genauer gesagt: Unsere Gedanken beeinflussen, wie wir uns verhalten und was wir tun. Wenn wir etwas Positives von der Zukunft erwarten, werden wir anders handeln, als wenn wir etwas Negatives von der Zukunft erwarten. Optimismus ist nicht nur eine Denkhaltung, sondern hat Konsequenzen für unser Verhalten und damit für unser Leben.

Warum hilft es, optimistisch zu denken?

Es gibt ein psychologisches Phänomen, die sogenannte Self-fulfilling Prophecy (sich selbst erfüllende Prophezeiung). Gedanken haben demnach die Tendenz, Realität zu werden. Deshalb lassen sich auch Wirkungen bei Pillen nachweisen, die gar keine Wirkstoffe enthalten, sogenannte Placebos – man spricht hier vom Placebo-Effekt. Viele Forschungen belegen: Denken beeinflusst Handeln. Stellen Sie sich nun vor, Sie denken immer wieder: „Das darf nicht passieren." Sie sind also sorgenvoll und pessimistisch in Bezug auf ein Ereignis in Ihrer Zukunft. Dann können Sie fast sicher sein, dass es eintreten wird! Zum Glück funktioniert das auch umgekehrt. Gedankenkraft wird deshalb auch im Hochleistungssport systematisch genutzt: Sportler gewinnen zuerst im Kopf. Sie überwinden die Hürden vorher mental, reagieren auf ihre Gegner, sehen sich selbst beim Siegen zu und glauben daran, dass es funktioniert. All das ist nur möglich, wenn Sie eine gesunde Portion Optimismus mitbringen.

Trauen Sie sich, optimistisch zu sein!

Manchmal trauen wir uns gar nicht, zu sagen: „Ich gewinne." Oder „Ich schaffe das." Sie wissen, dass heute ein schwieriges Gespräch mit der Mutter von Leni ansteht. Doch zu sagen: „Das wird ein bombiges Gespräch", fühlt sich für uns schlecht an. Oder wir wollen vermeiden, dass wir später enttäuscht sind, und erwarten es lieber etwas schlechter. Doch es geht beim Optimismus auch gar nicht darum, die Welt rosarot zu sehen, sondern darum, den Mut zu haben, einen Plan in dem Glauben zu verwirklichen, dass er gelingen kann. Auch in kleinen Dingen des Alltags hilft uns Optimismus: Stellen Sie sich vor, es ist 7 Uhr, der Wecker klingelt, Sie überhören ihn, wachen um 8 Uhr auf, sind schon eine Stunde zu spät, na, das kann ja ein Tag werden … So geht es weiter: Schuhe passen nicht, Kaffee auf neue Hose verschüttet, Sie müssen sich umziehen. Dann plötzlich: Stau, kein Parkplatz, die Materialien für das Kita-Projekt zu Hause liegen lassen. Vielleicht kennen Sie solche Tage. Das Problem ist, dass diese Automatismen unbewusst ablaufen. Wenn Sie optimistischer sein wollen, haben Sie bei jedem dieser Gedanken eine neue Chance. Sie können den negativen Gedanken ändern und positive Gedanken fördern. Wie das geht, erfahren Sie auf den nächsten Seiten.

Nutzen Sie diese 5 Optimismus-Strategien für Ihre Elternarbeit

Glaube versetzt Berge: Glaube (egal, an was) hilft dabei, darauf zu vertrauen, dass alles im Leben einen Sinn hat. Woran glauben Sie? Oder woran möchten Sie glauben, um eine optimistische Haltung zu entwickeln?

Bringen Sie sich in „state": Wenn die Amerikaner „state" sagen, meinen sie körperliche Vitalität. Was meint das? Es ist entscheidend, mit welcher körperlichen Komponente Sie in ein Gespräch (in eine Präsentation beim Elternabend etc.) gehen. Gehen Sie mit zusammengezogenen Schultern oder sind Sie vorher 10 Minuten Trampolin gesprungen und einfach richtig gut drauf, ohne, dass Sie was dagegen tun können? Probieren Sie es aus. Trampolin springen oder mindestens kurz auf der Stelle hüpfen, und dann haben Sie einen völlig anderen „state" als vorher. Sie werden überrascht sein, wie sehr das Ihren Optimismus für das Ergebnis positiv beeinflusst.

Verabschieden Sie sich von Ihren Optimismus-Killern: Wir alle haben Optimismus-Killer, z. B. Perfektionsansprüche, Konkurrenzverhalten oder Versagensängste, die unseren Optimismus blockieren. Wenn wir sie kennen, können wir sie rechtzeitig erkennen und entgegensteuern. Schreiben Sie Ihre Optimismus-Killer auf und konzentrieren Sie sich jeden Monat darauf, einen davon im Alltag aufzuspüren und bewusst gegenzusteuern.

Kopfkino-Regisseur: Führen Sie selbst Regie. Schreiben Sie ein Happy End, wenn Sie das nächste Mal feststellen, dass in Ihrem Kopf die Katastrophe schon eingetreten ist. Fragen Sie sich, wie der Film in Ihrem Kopfkino gut ausgehen könnte, und schreiben Sie Ihr Happy End auf.

Das Gute aufspüren: An jeder Situation gibt es etwas Gutes. Man muss nur darauf achten und gezielt danach suchen. Versuchen Sie in unerfreulichen Situationen, Ihre Optimismus-Brille aufzusetzen und das Gute aufzuspüren.

Wie Sie den Resilienzfaktor Soziale Unterstützung in der Elternarbeit fördern

Von Bettina Röttgers

Wie Missverständnisse entstehen – und was Sie tun können, um diese zu vermeiden

Ab dem Moment, als unsere Vorfahren die ersten Grunzlaute von sich gaben, sind Missverständnisse ein Teil des Lebens. Doch mit dem Wissen um deren Entstehung und 5 Tipps können Sie viele Zwistigkeiten in Ihrem Leben vermeiden!

Familie Schneider beendet das Abendessen. Der Vater sagt: „Der Tisch muss noch abgeräumt werden." Die Mutter reagiert daraufhin gar nicht. Der Sohn verschwindet wortlos in seinem Zimmer. Die Tochter brüllt laut los: „Wieso immer ich?" – Weshalb reagieren die 3 Familienmitglieder so unterschiedlich? Die Antwort ist simpel: Jedes hat den Vater ganz anders verstanden.

Jede Aussage wird interpretiert

Denn jede Aussage, egal, welcher Art, lässt dem Empfänger Spielraum für Interpretationen. Eine solche persönliche Interpretation erfolgt immer – auch dann, wenn Sie glauben, nur Sachinhalte kommuniziert zu haben.

Wie genau die Nachricht gedeutet wird, hängt von den individuellen Vorerfahrungen und Einstellungen, von der Beziehung zum Gegenüber und von der „Verpackung" der Botschaft (Tonfall, Gestik, Mimik) ab. Das Problem ist: Sie als Sprechender wissen vorher nicht genau, wie der Empfänger Ihre Nachricht auslegen wird!

Eine Aussage „in den falschen Hals bekommen"

Auch rein sachliche Aussagen können unter Umständen emotional aufgefasst werden – der Empfänger bekommt Ihre Botschaft „in den falschen Hals". Sagen Sie beispielsweise zu Ihrem Nachbarn: „Ihre Kinder sind ja Prachtexemplare!", kann dieser das als Lob, aber auch als Spott oder Beleidigung deuten. Je heikler ein Thema ist, desto eher werden Ihre Aussagen auf emotionaler Ebene interpretiert. Denn hier suchen die Beteiligten oft geradezu nach Hinweisen, dass eben doch nicht nur sachliche Aspekte kommuniziert werden. Verhindern können Sie die (falsche) Interpretation Ihrer Aussagen nicht. Sie können Ihrem Gegenüber aber bei der richtigen Interpretation helfen:

Tipp 1: Exakt formulieren

Reden Sie nicht aus Höflichkeit um den heißen Brei herum, sondern sagen Sie stets genau, was Sie wollen. Also nicht wie der Vater im Eingangsbeispiel: „Der Tisch muss noch ..." Sondern klar und deutlich an Sohn und Tochter gerichtet: „Räumt bitte den Tisch ab." Sagen Sie genauso klar und deutlich, dass Sie etwas nicht wollen. Also nicht: „Eigentlich habe ich im Moment sehr viel zu tun." Sondern: „Ich habe momentan keine Zeit dafür."

Tipp 2: Deutungshilfen geben

Ergänzen Sie Ihre Worte durch Ihre Betonung. Beispiel: „Wo hast du denn den Mantel her?" Betonen Sie „den", klingt das wie Spott: „Wie kann man nur so etwas anziehen." Betonen Sie dagegen „her", signalisieren Sie Lob: „So einen Mantel möchte ich auch haben." Denken Sie außerdem an Ihre Körpersprache. Sind Sie z. B. über das Zuspätkommen eines Freundes ernsthaft erbost, umarmen Sie ihn bei der Begrüßung nicht herzlich.

Tipp 3: Unvertrautheit sehen

Je länger Sie jemanden kennen, desto weniger Missverständnisse treten auf. Denn der andere weiß, wie er Ihre Aussagen interpretieren muss. Umgekehrt bedeutet das: Kennen Sie Ihr Gegenüber nur flüchtig, vermeiden Sie alles, was zu falschen Interpretationen führen könnte, z. B. ironische Bemerkungen, Dialektausdrücke, Insiderwitze.

Tipp 4: Verständlich bleiben

Verzichten Sie auf endlos lange und verschachtelte „Satzmonster". Die meisten Menschen können sich sowieso nur 2 Informationen gleichzeitig merken! Bilden Sie kurze, leicht verständliche Sätze und machen Sie Pausen.

Tipp 5: Nachfragen

Haben Sie den Eindruck, Ihr Gegenüber hat Sie nicht so verstanden wie erwünscht, fragen Sie nach. So können Sie sofort feststellen, ob Ihre Aussage richtig angekommen ist, und ein Miss- verständnis aus dem Weg räumen.

Das Dargestellte ist auch als „Vier-Ohren-Modell" oder „Kommunikationsquadrat" bekannt. Jede Nachricht hat demnach 4 Seiten: Sachinhalt, Appell, Selbstoffenbarung, Beziehung. Mehr unter www. schulz-von-thun.de, dort unter „Modelle".

Bei Beschwerden lösungsorientiert handeln: Wie Sie den Resilienzfaktor Lösungsorientierung in der Elternarbeit einsetzen

Von Petra Lachnit und Debora Karsch

Beschwerden gibt es in jeder Kita, das ist völlig normal. Doch nur wenige Kitas erfassen und bearbeiten diese Beschwerden standardisiert. Dabei geht es gerade in Beschwerdesituationen darum, lösungsorientiert zu denken und zu handeln. So können Sie in der Situation oder ggf. auch im Nachgang die Beschwerde auflösen und die Eltern zu Fans machen. Deshalb empfehlen wir Ihnen, Ihr Beschwerdemanagement zu professionalisieren und zu prüfen, wie lösungsorientiert Sie und Ihr Team in diesen Situationen handeln.

Schritt 1: Zeigen Sie, dass Sie die Beschwerde verstanden haben

Wenn die Mutter von Nina zu Ihnen kommt und sich über die Abholsituation bei Ninas Gruppenerzieherin Silvia beschwert, ist es wichtig, dass Sie nicht konfrontierend reagieren, sondern Verständnis zeigen. Nina sei dann immer komplett beschmutzt und es sei doch die Pflicht der Kita, darauf zu achten, so Ninas Mutter. Sie wissen direkt, dass sich das nicht ändern lässt, doch diesen Impuls sollten Sie nicht direkt äußern. Im ersten Schritt ist es wichtig zu zeigen, dass Sie die Situation der Mutter verstehen. „Ich verstehe, dass es für Sie unangenehm ist, wenn Nina mit schmutziger Kleidung nach Hause kommt." Idealerweise zeigen Sie Verständnis für die Situation. „Mich nervt es manchmal auch, dass ich meine eigenen Kinder nach der Kita umziehen muss."

Schritt 2: Suchen Sie nach Sofortlösungen und bieten Sie diese an

Überlegen Sie, welche Sofortmaßnahmen Sie einleiten können. Zum Beispiel: „Ich werde diese Woche besonders darauf achten, ob wir die Situation verbessern können." Oder: „Haben Sie die Möglichkeit, uns Matschkleidung mitzubringen? Denn diese Woche wird es noch einmal sehr regnerisch sein."

Schritt 3: Machen Sie klar, dass Sie an einer Auflösung der Beschwerde interessiert sind

Selbst wenn Ninas Mutter Ihre Sofortmaßnahmen ablehnt, ist es sinnvoll, dass Sie betonen, dass Ihnen wichtig ist, dass Ninas Mutter zufrieden mit der Leistung der Kita ist. „Mir ist wichtig, dass Sie wissen, dass wir Nina hier bestmöglich betreuen."

Schritt 4: Ziehen Sie klare Grenzen

Wenn nötig, können Sie auch direkt schon klare Grenzen setzen. „Es wird bei diesem regnerischen Wetter leider nicht immer möglich sein, Schmutz zu verhindern." Das ist ein wichtiger Punkt, den viele Erzieherinnen sich nicht zutrauen. Doch klare Grenzen zu ziehen gehört genauso zu einem Lösungsprozess, wie Lösungen anzubieten. Sie müssen auch wissen, was Sie nicht tun oder ändern werden.

Schritt 5: Dokumentieren Sie die Beschwerde

Bei Beschwerden gibt es zwei Hauptthemen, die eine Dokumentation unerlässlich machen. Erstens: Beschwerden können manchmal nicht sofort zufriedenstellend gelöst werden. Es ist wichtig, die Thematik festzuhalten, damit ggf. weitere Korrekturmaßnahmen eingeleitet werden können. Zweitens: Beschwerden müssen dann anders betrachtet werden, wenn sie immer wieder auftauchen. Wenn sich zusätzlich zu Ninas Mutter auch noch fünf andere Mütter über den Schmutz beschweren, kann es sinnvoll sein, dass Sie einen Elternbrief verschicken, indem Sie alle um Matschkleidung bitten.

So erfassen Sie eine Elternbeschwerde professionell

Nutzen Sie dieses Muster, um eine Elternbeschwerde zu erfassen, die Sofortmaßnahmen zu dokumentieren und auch nachträgliche Korrekturmaßnahmen festzulegen.

Muster: Professionelle Bearbeitung von Elternbeschwerden

Wer hat die Beschwerde wann vorgebracht?

Name, Datum: *Frau Heinert, die Mutter von Nina (geboren 02.06.2016), beschwerte sich am 03.02.2020.*

Bei wem wurde die Beschwerde eingereicht?

In der Abholsituation bei Ninas Gruppenerzieherin Silvia Gallert

Was war der Inhalt der Beschwerde?

Beim Abholen am Montag, 03.02.2020, sah Frau Heinert ihre Tochter Nina und beklagte sich direkt lautstark bei Erzieherin Silvia Gallert. Die Mutter beschwerte sich über die verschmutzte Kleidung ihrer Tochter. Sie erwähnte, dass Nina jeden Tag mit stark verschmutzter Kleidung nach Hause kommt. Erzieher unserer Kita hätten die Pflicht, auch darauf zu achten, dass die Kinder einigermaßen sauber bleiben. Eltern sollten die Zeit besser damit verbringen, mit ihren Kindern zu spielen, anstatt sich täglich um ihre Wäsche zu kümmern.

Wurde eine Sofortmaßnahme eingeleitet?

Erzieherin Frau Gallert erklärte der Mutter, wie wichtig das Spiel im Freien für die kindliche Entwicklung ist. Dabei sei es je nach Wetter möglich, dass die Kleidung der Kinder schmutzig wird.

Wurde eine Ursachenanalyse durchgeführt?

Wir haben eine Woche beobachtet, ob Kinder verschmutzt nach Hause gehen, und festgestellt, dass täglich Kinder, die im Sand oder am Erdhügel gespielt haben, mit teilweise stark verschmutzter Kleidung die Kita verlassen.

Welche Korrekturmaßnahme wurde eingeleitet?

Eltern werden in einem Elternbrief zeitnah darum gebeten, Matsch- und Buddelkleidung in die Kita mitzugeben. Bei feuchter Witterung achten alle Erzieher darauf, dass die Kinder vor dem Aufenthalt im Freien die Buddelkleidung anziehen. So kann die Verschmutzung der Kleidung gemindert werden.

Rückmeldung an den Beschwerdeführer

Wir haben Frau Heinert im Rückmeldegespräch am 14.02.2020 über die Korrekturmaßnahme informiert. Gleichzeitig wurde von Kita-Seite im Gespräch gegenüber der Mutter nochmals betont, dass das Spiel im Freien ein wesentlicher Bestandteil unserer Konzeption ist, das keinesfalls unterbleiben darf.

Stärkenorientierte Entwicklungsgespräche: Wie Sie den Resilienzfaktor Empathie in der Elternarbeit fördern

Eltern lieben ihre Kinder. Sie sehen sie mit einer Brille, die für andere von außen oft nicht nachvollziehbar ist. Deshalb ist es besonders bei Entwicklungsgesprächen wichtig, dass Sie empathisch vorgehen, wenn es um Themen geht, bei denen das Kind noch Schwierigkeiten hat. Entwicklungsgespräche, die Ihre Mitarbeiter mit den Eltern führen, gelingen besonders gut, wenn das Kind dabei gekonnt in den Mittelpunkt gestellt wird.

Defizitorientierung: Verzichten Sie ab sofort darauf

In der Regel kennt niemand das Kind besser als seine Eltern. Ihre Mitarbeiter würden im Entwicklungsgespräch die professionelle Basis zu ihnen verlieren, wenn sie ein ausschließlich defizitorientiertes Gespräch führen würden. Bei solchen und ähnlichen Äußerungen verschließen sich die Eltern und verlieren die Bereitschaft zur Kooperation:

- „Ein Vergleich mit gleichaltrigen Kindern zeigt Defizite bei Ihrem Kind."

- „Ihr Kind muss in seiner Entwicklung deutlich aufholen."

- „Ihr Kind liegt in der sprachlichen Entwicklung um mindestens 6 Monate zurück."

Besser ist es, einen positiven Blick auf die Entwicklung des Kindes zu legen und stärkenorientiert zu argumentieren. Bitten Sie Ihre Mitarbeiter, zunächst die Fähigkeiten und Lernerfolge eines Kindes in den Mittelpunkt des Entwicklungsgesprächs zu stellen. Anschließend ist der Weg bereitet, auch einen eventuell vorhandenen Entwicklungsrückstand anzusprechen und mit den Eltern zu erörtern, wie dem Kind optimale Bedingungen bereitet werden können, um den Rückstand auszugleichen.

Stärken des Kindes durch Beobachtung erkennen

Ihre Mitarbeiter sollten in der Lage sein, jedes Kind ohne Vorbehalte zu beobachten. Dabei müssen die Stärken eines Kindes immer im Vordergrund stehen. Die folgenden Fragen verhelfen ihnen zum stärkenorientierten Beobachten:

- „Was treibt das Kind an?"

- „In welchen Entwicklungsbereichen ist das Kind besonders motiviert und engagiert?"

- „Wie oder in welchen Situationen lernt das Kind besonders gut?"

- „Wann kann das Kind sich gut konzentrieren?"

- „Wann und wie können andere Kinder von diesem Kind profitieren?"

Qualifizierte Dialoge mit den Eltern anbahnen

Wie ist es um die kommunikativen und rhetorischen Fähigkeiten Ihrer Mitarbeiter bestellt? Nur wenn Ihr Personal rhetorisch geschult ist, stimmt die Qualität der Entwicklungsgespräche. Stimmen Sie Ihre Mitarbeiter am besten in einer Teamsitzung auf die rhetorischen Anforderungen ein. Auf dieser Seite sehen Sie ein Muster mit günstigen und ungünstigen rhetorischen Redebeispielen im Entwicklungsgespräch mit den Eltern.

Die folgenden Anregungen und Impulse regen den Dialog mit den Eltern an:

- „Was gelingt Ihrem Kind, womit hat es noch Probleme?"

- „Fällt Ihnen das auch zu Hause auf?"

- „Sehen Sie eine Möglichkeit, diesen Lernprozess auch zu Hause zu unterstützen?"

Fachfremde Hilfen bei Entwicklungsdefiziten

Ermutigen Sie Ihre Kollegen, sich im Team Rückhalt zu holen, wenn sie sehr große Entwicklungsrückstände erkennen. Fallbesprechungen und Beobachtungsbögen sollten in die Teambesprechungen eingebracht werden, wenn sich ein Mitarbeiter nicht sicher ist, ob die kindliche Entwicklung normal verläuft, oder die Entwicklungsdefizite so hoch sind, dass therapeutische oder ärztliche Hilfe angebracht erscheint.

Vorher – Nachher: So formulieren Sie optimal in Entwicklungsgesprächen

Konfrontierend und defizitorientiert	Empathisch und stärkenorientiert
Ihr Kind hat einige Defizite.	Ihr Kind hat viele Stärken, doch eines muss es noch lernen …
Im Sozialverhalten gibt es einige Probleme.	Die große Stärke Ihres Kindes liegt im mathematischen Bereich. Im Sozialverhalten ist Ihr Kind noch nicht so weit. Hier gibt es noch Ziele zu erreichen.
Ihr Kind hat große Probleme in der Feinmotorik, das zeigt sich vor allem beim Basteln.	Ihr Kind ist besonders gut darin, mit anderen Kindern gemeinsam zu spielen. In der Feinmotorik braucht Ihr Kind noch Förderung und Unterstützung.
Ihr Kind verwendet Schimpfwörter.	Ihr Kind ist sprachlich schon sehr weit entwickelt. Deshalb ist es besonders wichtig zu beachten, dass es alles aufschnappen kann, was Sie selbst sagen.

Die richtigen Fragen stellen: Wie Sie den Resilienzfaktor Kausalanalyse bei den Eltern fördern

„Warum machst du das nicht so ...?" Vielleicht kennen Sie eine solche Frage, die bei Ihnen sprichwörtlich ein Licht aufgehen lässt. Man macht etwas, wie man es schon immer gemacht hat, und plötzlich – ausgelöst durch die Frage eines anderen – merkt man: Es könnte auch ganz anders sein. Bei der Kausalanalyse geht es kurz gesagt darum, sich selbst zu reflektieren und zu überlegen, warum manche schwierige Situationen zustande gekommen sind. Dabei kann es hilfreich sein, die Fragen von außen zu bekommen, um überhaupt über eine Situation nachzudenken. Genau dieser Impuls von außen können Sie für Eltern in offenen Gesprächen sein. Welche Fragen so einen offenen Austausch beeinträchtigen bzw. blockieren und welche zum Reden einladen, erfahren Sie nachfolgend. So werden Sie schwierige Gespräche professionell meistern.

Nutzen Sie offene Fragen zur Ursachenforschung

Erklären Sie den Eltern als Erstes kurz die Situation, indem Sie Ihre Beobachtungen wertfrei und neutral schildern. Beispielsweise sagen Sie: „Ich habe in den letzten 3 Wochen beobachtet, dass Ihre Tochter Sandra bei Konflikten mit anderen Kindern wortlos weggeht, anstatt sie zu klären. Nach rund 5–10 Minuten geht sie zu dem jeweiligen Kind hin, läuft an ihm vorbei, schubst oder tritt es dabei ganz schnell und läuft dann weiter."

Kausalanalyse heißt: Reflektieren, warum die Dinge so sind, wie sie sind

Laden Sie die Eltern ein mitzudenken sowie ihre Meinung und ggf. Ideen dazu zu äußern. Zudem motivieren Sie die Eltern, etwas von sich zu erzählen. Hierzu fragen Sie beispielsweise:

- „Wie sehen Sie die Situation?"
- „Was hat Sandra davon, wenn sie so handelt?"
- „Wo sehen Sie die Ursache?"

So fördern Sie den Austausch und auch das Reflektieren der Eltern, da Ihre Fragen ausführlichere Antworten erfordern, und Sie erfahren mehr über die Wünsche, Meinungen und Einstellungen der Eltern. Nutzen Sie offene Fragen besonders dann, wenn Sie möchten, dass Eltern sich intensiv mit einem Thema auseinandersetzen, oder Sie mehr Informationen von ihnen erhalten wollen. Das führt oftmals dazu, dass Sie die Eltern oder das Kind besser verstehen. Wie geschlossene Fragen dagegen wirken, zeigt Ihnen die praktische Übersicht unten.

„Das ist die Ursache"

Die Eltern von Sandra erzählen daraufhin, dass Sandra und ihre 2 Jahre jüngere Cousine immer Streit hatten. Die Eltern haben dann immer zu Sandra gesagt: „Die Klügere gibt nach." Wahrscheinlich hat sich Sandra den Spruch zu Herzen genommen und vermeidet daher mittlerweile direkt jeden Konflikt.

Stellen Sie viele Fragen

Nachdem Sie die Situation geschildert haben, stellen Sie den Eltern gezielte Fragen. Diese helfen Ihnen, das Gespräch zu lenken und die Sichtweise der Eltern zu erfahren.

Gerade schwierige Elterngespräche verlaufen dann problematisch, wenn sich die Beteiligten gegenseitig Vorwürfe oder Schuldzuweisungen machen oder vorschnell nach einer Lösung suchen. Versuchen Sie zunächst durch Fragen, die Situation genau zu beleuchten, um sich mit den konkreten Schwierigkeiten des Kindes und den Ursachen auseinanderzusetzen.

Finden Sie eine Lösung

Daraufhin fragen Sie erneut weiter: „Was denken Sie, warum Sandra die Kinder anschließend ärgert?" Der Vater sagt: „Oh, das ist für mich ganz logisch. Sie ist immer noch sauer auf das Kind. Denn der Konflikt wurde nicht geklärt, weil Sandra weggegangen ist. Das Problem ist nicht gelöst worden." Durch diese geschickte Frage haben die Eltern selbst das Problem erkannt. Wenn Sie das geschafft haben, suchen Sie gemeinsam mit den Eltern nach einer Lösung.

Stellen Sie hierzu wieder offene Fragen wie beispielsweise:

- Wie können wir Sandra dabei unterstützen, die Konflikte direkt zu lösen?
- Was braucht Sandra, damit sie den Konflikt gleich klärt?
- Wie würde für sie eine gute Konfliktklärung aussehen?

Daraufhin entwickeln Sie gemeinsam Ideen, wie Sie Sandra dabei unterstützen können, die Konflikte direkt und verbal zu klären. Die Eltern wollen dies auch mit Sandra üben und den Satz „Der Klügere gibt nach" aus ihrem Wortschatz streichen.

Stellen Sie in schwierigen Gesprächen folgende Fragen		
Fragetyp:	**Ziel der Fragen:**	**Beispielfragen, die Sie den Eltern stellen können:**
Analyse-fragen	• Sichtweise der Eltern erfahren • Verhalten des Kindes zu Hause erfragen	• Welche Erfahrungen haben Sie mit solchen Situationen gemacht? • Wie verhält sich das Kind in ähnlichen Situationen zu Hause? • Wie denken Sie darüber?
Konkretisie-rungsfragen	• ein Problem oder einen Sach-verhalt genauer ergründen • sich mit den genauen Ursachen auseinan-dersetzen • ergründen, was genau an der Situation schwierig ist	• Können Sie mir das näher erläutern? • In welcher Situation tritt das Problem zu Hause auf? • Im Vergleich wozu ist dieses Verhalten problematisch? • Wie machen Sie das konkret? • Wer ist an der Problemsituation beteiligt? Wer noch? • Was haben Sie als Eltern bislang unternommen, um Ihrem Kind zu helfen? Mit welchem Erfolg? • Woran, glauben Sie, liegt es, dass ...?
Zielfragen	• das Gesprächsziel der Gesprächspartner erfahren, um auf Ihr Gesprächsziel hinzu-arbeiten • Lösungen für das Problem bzw. die Situation finden	• Was möchten Sie in diesem Gespräch erreichen/erfahren? • Wie stellen Sie sich eine Lösung des Problems vor? • Was erwarten Sie genau von mir/der Kita? • Was würde Ihrem Kind helfen? • Welche Stärken hat Ihr Kind, die ihm helfen können, mit solchen Situationen umzugehen? • Wie können Sie als Eltern/wir als Kita Ihr Kind unterstützen? • Gibt es andere Personen, die mit einbezogen werden sollten, um das Kind in seiner Entwicklung zu unterstützen?

Wie Sie die Resilienz in der Elternarbeit fördern

Sie haben nun zu jedem der 10 Resilienzfaktoren konkrete Tipps bekommen, was Sie in der Elternarbeit einführen oder verändern können.

Beachten Sie vor allem folgende Hinweise

1. **Sie sind Vorbild.** Diesen Satz lesen Sie jetzt schon zum x-ten Mal in diesem Praxishandbuch. Und das nicht ohne Grund. Als Kita-Leitung sind Sie immer in der Doppelrolle, Ihre eigene Resilienz zu entwickeln, um als Vorbild für die unterschiedlichen Menschen in Ihrem Umfeld zu wirken. Erzieher, Eltern und Kinder. Alle schauen zu Ihnen auf. Schließlich sind Sie die Expertin.

2. **Definieren Sie Ihre Grenzen.** Sie müssen nicht alles über sich ergehen lassen. Darum geht es nicht bei der Resilienz. Es heißt manchmal auch, dass Sie klare Grenzen ziehen und den Eltern sagen, wann sie zu weit gegangen sind. Tun Sie das im Rahmen Ihrer Werte, in Absprache mit Ihrer Leitung und so, dass es für Sie stimmig ist.

3. **Denken Sie daran: Keiner ist perfekt – auch Sie nicht.** Verabschieden Sie sich davon, in allem perfekt zu sein. Jeder von uns hat seine Stärken, und das bedeutet gleichzeitig, dass jeder von uns seine Schwächen hat. Denken Sie an die erfolgreiche Eiskunstläuferin Katarina Witt. Sie war stark in der B-Note, also im Ausdruck. Und sie war mittelmäßig in der Technik, also der A-Note. Sie konzentrierte sich auf den Ausdruck, auf die B-Note, diese war es, die sie unschlagbar machte. Damit meine ich: Stärken Sie Ihre Stärken. Und arbeiten Sie dann an Ihren Schwächen, wenn Sie Ihnen im Weg stehen.

Nun geht es darum zu überlegen, was für Ihre Kita wichtig ist

Vermutlich haben Sie einige Resilienzfaktoren schon sehr gut in Ihrer Elternarbeit integriert. Bei anderen jedoch vermutlich noch Potenziale offen. Diese Seite ist dazu da, dass Sie sich selbst reflektieren und überlegen: Was wollen Sie umsetzen?

Aktionsplan: So steigern Sie die Resilienz in Ihrem Kita-Team

Was haben Sie für sich in diesem Kapitel erkannt?

Was haben Sie für Ihre Kita in diesem Kapitel erkannt?

An welchem Resilienzfaktor wollen Sie in den nächsten 3 Monaten in der Elternarbeit besonders arbeiten?

○ Akzeptanz

○ Selbstwirksamkeitserwartung

○ Verantwortung

○ Positive Emotionen

○ Impulskontrolle

○ Realistischer Optimismus

○ Lösungsorientierung

○ Soziale Unterstützung

○ Kausalanalyse

○ Empathie

Wie wollen Sie die Veränderungsnotwendigkeit im Erzieher-Team kommunizieren?

....

....

....

....

....

Wie können Sie Ihre Erkenntnisse mit den Eltern umsetzen? Brainstormen Sie konkrete Ideen schon jetzt.

Welche Erzieher müssen evtl. noch in dem einen oder anderen Thema geschult werden?

Hinweis: Eine Schulung kann immer auf unterschiedliche Form stattfinden. Eine Schulung kann z. B. von der Kita-Leitung durchgeführt werden. Oder Sie buchen einen externen Referenten. Oder Sie nutzen Online-Kurse, die es teilweise für sehr wenig Geld gibt. Eine Schulung kann aber auch bedeuten, dass z. B. jeder im Team ein Buch liest und in einem Team-Meeting die wichtigsten Impulse daraus an die anderen weitergibt.

KAPITEL 6
SCHRITT 5: DER WEG ZUR RESILIENTEN KITA

„Nimm nicht das,
was du kriegen kannst,
sondern kämpfe um das,
was du haben willst."

Autor unbekannt

Was macht eine resiliente Kita aus?

Vielleicht haben gibt Ihnen diese Kapitelübersicht Rätsel auf. Was bleibt jetzt noch übrig? Wir haben Sie als Kita-Leitung, über das Team, die Eltern und die Kinder in puncto Resilienz in den Blick genommen. Das ist doch dann die Kita, oder? Tatsächlich ist die Sache nicht ganz so einfach, wie sie auf den ersten Blick scheint.

Denn selbst wenn Beteiligten resilient sind, bedeutet das noch nicht, dass auch Ihre Kita als Organisation resilient ist. Die Chance, dass es so ist, ist natürlich höher. Doch tatsächlich sind es andere Resilienzfaktoren, die hier mit hineinspielen. Hier geht es nämlich um organisationale Resilienzfaktoren, nicht um die persönlichen.

Was ist organisationale Resilienz?

Organisationale Resilienz ist anders formuliert die Widerstandsfähigkeit der Organisation. Denken Sie zurück an die Anfänge der Corona-Zeit im März 2020. Manche Kitas kamen gut mit der Situation klar, unterstützen sogar noch die Eltern, andere nicht.

Was macht eine resiliente Kita aus?

Sicherlich sind es viele Kriterien, die darüber entscheiden, ob eine Kita nun widerstandsfähig ist oder nicht. Ich beziehe mich in diesem Kapitel auf eine ISO, die im März 2017 von der Internationalen Organisation für Normung veröffentlicht wurde. Die ISO 22316 „Security and resilience – Organizational resilience – Principles and attributes" gibt es bisher nur auf Englisch. Doch sie gibt die Richtlinien zur resilienten Organisation vor und definiert insgesamt neun Faktoren, auf die es ankommt.

Schnell-Check: Wie resilient ist Ihre Kita?

Können Sie diese Frage mit JA beantworten?	Ja	Teilweise	Nein
Allen Beteiligten (Mitarbeitern, Eltern, Träger) sind der Zweck, die Ziele und die Vision der Kita klar.			
Alle Beteiligten (Mitarbeitern, Eltern, Träger) verstehen, was in der Kita geschieht, und können die Kita-Leitung dabei unterstützen, Entscheidungen zu treffen.			
Ich führe das Kita-Team so, dass es dazu beiträgt, dass die Mitarbeiter gefördert und gefordert werden.			
Ich achte darauf, als Kita-Leitung eine resilienzfördernde Kultur zu schaffen. Das gilt für die Mitarbeiter, die Kinder, die Elternarbeit und die Partnerschaften, z. B. mit Jugendamt oder Träger.			
Alle Beteiligten (Mitarbeitern, Eltern, Träger) behalten das Wissen nicht für sich, sondern teilen es mit den anderen Parteien, um bestmögliche Ergebnisse zu erzielen.			
Wir verfügen in der Kita über die notwendigen Ressourcen (Personal, Geld, Materialien, Fortbildung etc.).			
Die unterschiedlichen Parteien (Mitarbeiter, Träger, Jugendamt, Eltern) arbeiten miteinander und aufeinander abgestimmt, sodass die Prozesse effektiv und effizient gelingen können.			
Wir machen Fehler, verbessern diese umgehend und entwickeln so Schritt für Schritt die Qualität.			
Wir sind bereit, uns auf Veränderungen einzulassen, die wir sinnvoll finden, oder auch auf die, auf die wir selbst keinen Einfluss haben.			

Auswertung: Die neun Aussagen stehen für die neun organisationalen Resilienzfaktoren. Schauen Sie sich die Faktoren auf der folgenden Seite an und überlegen Sie vor allem bei den Faktoren, bei denen Sie „Teilweise" und „Nein" angekreuzt haben, was Sie konkret verbessern können.

Die organisationalen Resilienzfaktoren im Überblick

Die folgenden Erklärungen sind frei übersetzt und an das Umfeld der Kita angepasst aus der ISO 22316 „Security and resilience – Organizational resilience – Principles and attributes". Sie stehen für die Faktoren, die in einer Organisation, in Ihrem Fall in Ihrer Kita, entscheidend für die organisationale Resilienz sind.

Organisationaler Resilienzfaktor	Erklärung	Tipps für den Kita-Alltag
Geteilte Vision und klares Ziel	Eine klare Vision und zugehörige Ziele stärken die Widerstandsfähigkeit einer Organisation. Hier sind Sie als Kita klar im Vorteil, denn bei Ihnen geht es darum, aus kleinen Menschen größere Menschen zu machen. Bei einem Unternehmen, das Verpackungen für Parfums herstellt, kann so etwas deutlich schwieriger sein. Warum ist das so wichtig? Eine klare Vision hilft auf allen Ebenen bei der Entscheidungsfindung. Es geht konkret um folgende Punkte: • Kommunizieren Sie die Vision Ihrer Kita, ihren Zweck und ihre Kernwerte gegenüber allen interessierten Parteien, um eine strategische Richtung, Kohärenz und Klarheit bei allen Entscheidungen zu gewährleisten. • Stellen Sie sicher, dass die individuellen Ziele und Zielsetzungen auf den Zweck, die Vision und die Werte der Kita abgestimmt und diesen verpflichtet sind. • Überprüfen Sie regelmäßig in der Kita die Ausrichtung auf Zweck, Vision, Kernwerte und Ziele. • Achten Sie darauf, dass alle Beteiligten den Zweck, die Vision und die Kernwerte der Kita als Reaktion auf externe und interne Veränderungen reflektieren und ggf. überarbeiten. • Finden Sie neue und innovative Ideen zur Erreichung und Entwicklung Ihrer strategischen Ziele.	• Legen Sie in Ihrer Kita gemeinsame Werte fest. Was ist Ihnen als Kita wichtig? Orientieren Sie sich daran bei allen Entscheidungen. • Legen Sie für Ihre Kita eine Vision fest, die sich an den Werten orientiert. Wo wollen Sie heute, in nächster Zeit oder irgendwann einmal stehen (z. B. der innovativste Waldkindergarten in Nordrhein-Westfalen). • Entwickeln Sie anhand der Vision konkrete Ziele für Ihre Kita (z. B. einen nachhaltigen Wagen im Wald, der sich selbst mit Strom versorgt, einrichten). • Entwickeln Sie dann Strategien, mit denen Sie die Ziele erreichen können. • Wichtig: Beziehen Sie in alle Schritte Ihr Team mit ein.

Organisationaler Resilienzfaktor	Erklärung	Tipps für den Kita-Alltag
Umfeld verstehen und beeinflussen	Je besser alle Beteiligten das interne und externe Umfeld der Kita verstehen, desto bessere und effektivere strategische Entscheidungen können sie treffen. Zum Beispiel bezogen auf die Widerstandsfähigkeit der Kita. Dabei sollten Sie zwei wichtige Themen beachten. Als Kita sollten Sie einerseits über die aktuellen Strategien und Grenzen hinausdenken können. Demonstrieren Sie das auch (z. B. haben Sie momentan vielleicht noch gar keinen Waldkindergarten, sondern planen das als Ergänzung, auch wenn Sie keine Idee haben, wie das möglich sein soll). Andererseits ist es extrem wichtig, dass Sie die Zusammenarbeit und die Beziehungen der wichtigen Parteien (Erzieher, Eltern, Kinder, Träger, Jugendamt etc.) stärken, damit diese wiederum die Vision der Kita unterstützen können und werden.	• Machen Sie sich klar, mit welchen Parteien Sie es zu tun haben. Tun Sie so, als wären Sie Politiker: Wer sind Ihre Gegner, wer sind Ihre Unterstützer? Zeichnen Sie sich ein Beziehungsnetzwerk auf. Zum Beispiel wissen Sie, dass der Träger gegen einen Waldkindergarten ist, aber stark engagierte Eltern es befürworten und auch dafür kämpfen werden. Es ist wichtig, dass Sie sich dieser „Parteien" im ersten Schritt bewusst werden. • Pflegen Sie bewusst enge Beziehungen zu den wichtigen Parteien (z. B. Elternsprecher oder Bürgermeister). Nehmen Sie Termine wahr, die Sie nicht wahrnehmen müssten. • Teilen Sie mit den Parteien Ihre Vision und den Zweck Ihrer Kita. Kommunizieren Sie dabei klar.

Organisationaler Resilienzfaktor	Erklärung	Tipps für den Kita-Alltag
Effektive und befähigende Führung	Die Widerstandsfähigkeit einer Kita wird durch eine Führung durch Sie als Kita-Leitung und auch durch den Träger geprägt. Sie können Ihre Kita-Resilienz steigern in dem Sie sich selbst entwickeln und auch Ihr Team ermutigen, sich zu entwickeln und weiterzumachen, egal was die Umstände behindern oder wie unsicher die Zeiten sind. Beachten und leben Sie dabei folgendes: • effektive Führung in der gesamten Organisation, die eine Kultur fördert, die die Belastbarkeit unterstützt; • eine Führung, die sich an veränderte Umstände anpassen kann; • eine Führung, die eine Vielzahl von Fähigkeiten, Kenntnissen und Verhaltensweisen innerhalb der Kita nutzt, um die Ziele der Kita zu erreichen. • Entscheidend dafür ist Ihre Führung, mit der Sie in der gesamten Kita eine belastbare Kultur fördern.	• Entwickeln Sie sich und ggf. weitere Leitungskräfte zu vertrauenswürdigen und respektierten Führungspersönlichkeiten. Sorgen Sie dafür, dass diese mit Integrität handeln und für eine nachhaltige Belastbarkeit der Kita sorgen. • Weisen Sie Einzelnen im Team Verantwortlichkeiten zu, um so die Belastbarkeit und Widerstandsfähigkeit der Kita zu stärken. Wenn jeder weiß, für was er verantwortlich ist, und diese Verantwortung auch wahrnimmt, kippt eine Organisation nicht so schnell, als wenn alles von einer Person abhängt. • Sorgen Sie dafür, dass das Team sich über Erfolge und Misserfolge austauscht und Verbesserungsvorschläge miteinander teilt.

Organisationaler Resilienzfaktor	Erklärung	Tipps für den Kita-Alltag
Resilienzfördernde Kultur	Entscheidend für die Belastbarkeit Ihrer Kita ist eine Kultur, die die Belastbarkeit unterstützt, das Engagement für und die Existenz von gemeinsamen Überzeugungen und Werten unterstützt und positive Einstellungen und Verhaltensweisen hervorhebt. Sie sollten Ihre Kita mit folgenden Aktivitäten priorisieren und mit Ressourcen ausstatten: • die Überzeugungen, Werte und Verhaltensweisen innerhalb der Kita bestimmen, die die Kultur definieren; • zentrale Werte und Verhaltensweisen identifizieren, die die Widerstandsfähigkeit der Organisation stärken, und Kriterien festlegen, die zur Bewertung der individuellen Leistung angewandt werden können; • Menschen auf allen Ebenen zur Förderung der Werte der Organisation einbinden; • Kreativität und Innovation fördern, die die Belastbarkeit der Organisation verbessern; • Menschen in die Lage versetzen, Bedrohungen und Chancen zu erkennen und zu kommunizieren und Maßnahmen zu ergreifen, die der Organisation zugutekommen; • die Organisationskultur überwachen und überprüfen, um Veränderungen zu erkennen, die die Widerstandsfähigkeit der Organisation beeinflussen können.	In diesem Praxishandbuch haben Sie zahlreiche Tipps bekommen, wie Sie die Resilienz in den einzelnen Arbeitsbereichen und Zielgruppen stärken können. Das schafft noch keine Kultur. Erst wenn die Tipps und Methoden absolut in Fleisch und Blut übergegangen sind, wird es zur Kultur. Wenn Sie z. B. ein paar kleine Maßnahmen treffen, um besser mit Fehlern umzugehen, gehen Sie besser mit Fehlern in der Kita um. Eine Fehlerkultur schaffen Sie aber nur, wenn Sie allen den Umgang mit Fehlern klarmachen und diesen verändern.

Organisationaler Resilienzfaktor	Erklärung	Tipps für den Kita-Alltag
Information und Wissen teilen	Die organisatorische Belastbarkeit wird erhöht, wenn das Wissen, wo es angemessen ist und angewandt wird, auf breiter Basis geteilt wird. Dabei ist es wichtig, dass Sie das Team ermutigen, aus Erfahrungen und voneinander zu lernen. Schätzen Sie Informationen, Wissen und Lernen. Geben Sie Raum dafür und sorgen Sie dafür, dass man aus allen verfügbaren Quellen lernen kann. Folgendes ist dabei wichtig: • Wissen muss zugänglich, verständlich und angemessen sein, um die Ziele der Kita zu unterstützen. • Informationen sollten effektiv geteilt werden, um die Entscheidungsfindung zu ermöglichen. • Wissen sollte als eine kritische Ressource der Organisation anerkannt und durch etablierte Systeme und Prozesse geschaffen werden. • Wissen sollte den Interessierten (z. B. auch Eltern) rechtzeitig zur Verfügung gestellt werden. • Lebenslanges Lernen sollte in der Kita ein Standard sein.	• Wissen wird sich in Kürze ca. alle 10 Stunden verdoppeln. Damit ist klar: „Ausgelernt" gibt es nicht mehr. Es ist extrem wichtig und essenziell, sich ein Leben lang weiterzuentwickeln und weiterzulernen. • Geben Sie Raum für Erfahrungsaustausch, z. B. in Teambesprechungen. Lassen Sie die Erzieher berichten. Das ist keine Zeitverschwendung, sondern informelles Lernen auf höchstem Niveau. • Schaffen Sie einen Platz, an dem Wissen geteilt werden kann. Zum Beispiel, wenn jemand eine neue Sache ausprobiert und ein weiterer Erzieher sie verbessert hat. Unternehmen haben dafür häufig ein LMS (Learning Management System). Vielleicht haben Sie in der Kita die Möglichkeit, ein Board oder Wiki in Teams einzurichten. • Geben Sie jedem Mitarbeiter Zeit zu lernen. Selbst mit einer Stunde pro Woche können Sie schon etwas erreichen.

Organisationaler Resilienzfaktor	Erklärung	Tipps für den Kita-Alltag
Verfügbarkeit von Ressourcen	Die Kita sollte Ressourcen wie Menschen, Räumlichkeiten, Technologie, Finanzen und Informationen entwickeln und zuweisen, um Schwachstellen zu beheben und die Fähigkeit zur Anpassung an sich ändernde Umstände zu gewährleisten. Dazu gehört auch, dass Sie die passenden und geeigneten Erzieher ins Team holen. Menschen sind immer noch der stärkste Motor in Organisationen und nur ein Top-Team wird Sie auf Dauer zu einer unschlagbaren und belastbaren Kita machen. Entwickeln Sie die Fähigkeit, flexibel auf Veränderungen zu reagieren, um sich auf neue Bedingungen anzupassen. Wichtig für die Kita ist, dass Sie immer wieder die wichtigen Ressourcen prüfen: • Passen die Räume noch? • Stimmt der Personalschlüssel? • Reicht die Technik? • Sind die Spielsachen noch o. k.? • Brauchen wir noch etwas ganz anderes?	• Überlegen Sie: Was brauchen Sie, um gut arbeiten zu können? Was brauchen Sie, um Ihre Kernleistungen bringen zu können? Fragen Sie bei Ihren Mitarbeitern nach und erstellen Sie dann Ihre Wunschliste. Es ist eine zweite Sache, wie Sie an die Sachen kommen. Doch im ersten Schritt geht es darum zu klären, was Sie überhaupt brauchen. • Wählen Sie Ihr Team mit Sorgfalt aus. Stellen Sie keine „Notnagel" ein. Das wird sich am Ende rächen. • Bleiben Sie flexibel und denken Sie in Alternativen. Es kann auch mal notwendig sein, eine Erzieherin in eine andere Gruppe zu versetzen oder ihr sogar zu kündigen.

Organisationaler Resilienzfaktor	Erklärung	Tipps für den Kita-Alltag
Koordinierende Organisationsbereiche	Besonders in größeren Organisationen ist es wichtig, dass Sie die Gestaltung, Entwicklung und Koordination der Bereiche und deren Ausrichtung auf die Ziele aufeinander abstimmen. Alle sollten einzeln dem größeren Zweck und der Vision der Kita verschrieben sein und auf die Werte achten. Dies bedeutet auch, im Sinne der Resilienz darauf zu achten, dass die einzelnen Bereiche in sich belastbar und resilient sind, und entsprechend flexibel agieren können. Wichtig ist trotzdem, dass Sie als Kita über den Einzelbereich hinaus das Schiff als Ganzes lenken. Zum Beispiel mag es sein, dass Sie einen Hort schließen, aber dafür eine weitere U3-Gruppe öffnen, weil Sie Ihrer Vision dienlich ist.	• Überlegen Sie, welche Bereiche Sie in Ihrer Kita haben. Hier geht es auch um den übergeordneten Träger. • Überlegen Sie dann, ob und wenn ja wie diese zusammenspielen. • Sorgen Sie dafür, dass in allen Einzelbereichen die übergeordnete Vision klar kommuniziert wird.

Organisatio-naler Resilienzfaktor	Erklärung	Tipps für den Kita-Alltag
Kontinuierliche Verbesserung fördern	Die organisatorische Belastbarkeit wird verbessert, wenn Organisationen ihre Leistung kontinuierlich anhand festgelegter Kriterien überwachen, um aus Erfahrungen zu lernen und sich zu verbessern sowie Chancen zu nutzen. Organisationen schaffen und fördern eine Kultur der kontinuierlichen Verbesserung bei allen Mitarbeitern. Es geht also um eine Kultur der kontinuierlichen Verbesserung, die sicherstellt, dass die Ziele, Strategien und Verfahren der Organisation relevant und angemessen gehalten werden können, um die sich ändernden Bedürfnisse der Organisation zu unterstützen. Diese gilt es auch immer wieder zu überprüfen und zu schauen, ob die Maßnahmen noch wirkungsvoll sind. Dabei geht es um zielgerichtete, nicht willkürliche Verbesserungen.	• Wenn Sie ein Qualitätsmanagement haben: Leben Sie es wirklich. Über QM findet automatisch eine Grundverbesserung statt. • Binden Sie die verschiedenen Parteien, also Ihr Team, die Eltern, die Kinder und den Träger, ein, um die besten Verbesserungen für Ihre Kita zu finden. **Wichtig:** Das kommt nicht automatisch, sondern machen Sie bewusst Workshops und Termine dafür. Oder nutzen Sie einen Elternabend oder eine Umfrage. • Stellen Sie sicher, dass Sie auch auf Vorschläge und Veränderungen reagieren, beachten Sie dabei allerdings immer die übergeordneten Ziele.

Organisationaler Resilienzfaktor	Erklärung	Tipps für den Kita-Alltag
Veränderung antizipieren und managen	Die Widerstandsfähigkeit einer Kita wird erhöht, wenn sie in der Lage ist, Veränderungen zu antizipieren, zu planen und darauf zu reagieren. Es geht also darum, dass Sie Ihre Fähigkeiten und Verpflichtungen unter sich verändernden Umständen konsequent anpassen. Es geht auch darum, unerwartete Zwischenfälle aufzufangen und damit umzugehen, z. B. wenn eine Erzieherin durch einen Bandscheibenvorfall plötzlich einige Monate ausfällt. Machen Sie sich bewusst, dass wir im Wandel sind und bleiben werden und dieser beeinflusst werden kann.	• Reagieren Sie nicht nur auf das, was passiert, sondern versuchen Sie, Veränderungen proaktiv zu gestalten, indem Sie im Hinblick auf absehbare Veränderungen schon Vorsorge treffen. • Konfrontieren Sie das Team regelmäßig mit (kleinen) Veränderungen, damit dieses lernt, besser mit solchen umzugehen.

So steigern Sie die organisationale Resilienz

Auf den letzten Seiten haben Sie die organisationalen Resilienzfaktoren kennengelernt. Reflektieren Sie hier in der Tabelle Ihren aktuellen Stand in Ihrer Kita und überlegen Sie, welche Veränderungen Sie sich wünschen.

Organisationaler Resilienzfaktor	Reflektieren Sie, wo Sie aktuell stehen	Was wollen Sie verändern?
Geteilte Vision und klares Ziel		
Umfeld verstehen und beeinflussen		
Effektive und befähigende Führung		
Resilienzfördernde Kultur		
Information und Wissen teilen		
Verfügbarkeit von Ressourcen		
Koordinierende Organisationsbereiche		
Kontinuierliche Verbesserung fördern		
Veränderung antizipieren und managen		

KAPITEL 7

ENTWICKELN SIE IHRE PERSÖNLICHE „RESILIENTE KITA-STRATEGIE"

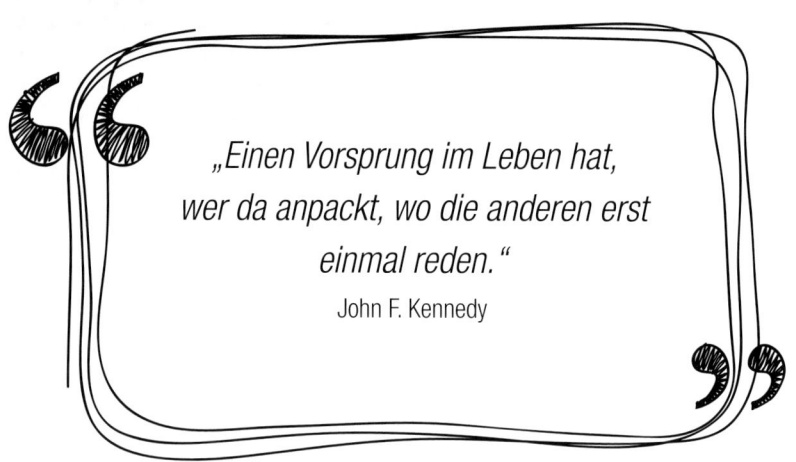

„Einen Vorsprung im Leben hat, wer da anpackt, wo die anderen erst einmal reden."

John F. Kennedy

Wie Sie die Umsetzung angehen

Sie haben nun das Praxishandbuch durchgearbeitet. Ich bin sicher, Sie haben einige Ideen, was Sie alles verändern oder anders machen können. Nun geht es in die Praxis. Wie gelingt es Ihnen, von der Theorie in die Praxis zu kommen? Im Prinzip initiieren Sie einen Veränderungsprozess. Bei sich, dem Team, den Eltern, den Kindern und der Kita. Veränderungen sind immer ein sensibles Thema. Doch genau dabei geht es bei der resilienten Kita. Dass Sie Veränderungen besser meistern. Sehen Sie dieses Projekt deshalb als resilienzförderndes Umsetzungsprojekt.

Warum Veränderungen so oft scheitern

Was denken Sie: Wie viele Kita-Leitungen haben eine Idee, was bei ihnen in der Kita oder in ihrem Umfeld anders laufen könnte? Wenn ich die Frage: „Wer hat eine Idee, was in der eigenen Kita anders laufen könnte?", in meinen Seminaren oder bei meinen Vorträgen stelle, gehen (fast) alle Hände nach oben. Sicherlich haben Sie auch eine Idee, was Sie gern anders haben würden. Und jetzt kommt die zweite Frage: Kennen Sie eine Person in Ihrem Umfeld, vielleicht eine Erzieherin, der Träger oder wer auch immer, der da gar nicht dafür wäre, weil er sich selbst dafür verändern müsste? Auch bei dieser Frage gehen alle Hände nach oben.

Nahezu jeder von uns hat eine Idee, was verändert werden kann. Doch wenn es uns selbst betrifft, dann kann die Sache häufig noch mal anders aussehen. Deshalb müssen wir an dieser Stelle im Praxishandbuch – am Ende – drei Fragen stellen:

1. Was wollen Sie verändern? Hier geht es darum, zunächst mal ein Zielbild zu entwickeln.

2. Wie veränderungsbereit sind Sie selbst – sind Sie bereit, Ihren Teil zu leisten, auch wenn es Sie selbst betrifft?

3. Wie gewinnen Sie Ihr Umfeld (Erzieher, Eltern, Träger) für diese Veränderungen?

Was ist das Konzept einer Veränderung?

Eine Veränderung ist im Prinzip nichts anderes als etwas, das unsere Gewohnheiten auf den Prüfstand stellt. Auch ein Jobwechsel, der auf den ersten Blick als viel mehr erscheint, als etwas, dass „nur" gegen unsere Gewohnheiten spricht. Ein Jobwechsel heißt ein ganzes Bündel an Gewohnheiten aufzugeben. Wir ändern den Weg zur Arbeit, haben andere Aufgaben, neue Kollegen, einen ungewohnten Schreibtisch usw. Es wird immer schwierig sein, Veränderungen durchzuführen, weil sie gegen unsere Gewohnheiten sprechen. Das, was wir kennen, das Sichere, fällt erst einmal weg. Wir müssen aus unserer Bequemlichkeit heraus, die Komfortzone verlassen. Und das ist etwas, das wir Menschen meistens nicht so gern mögen. Und genau das ist häufig der Grund, warum wir in Veränderungsprozessen in Unternehmen auf Widerstand treffen.

Was braucht es für erfolgreiche Veränderungen?

Wenn Veränderungen umgesetzt werden sollen, sind vier Komponenten unabdingbar.

- Veränderungsnotwendigkeit

- Veränderungsfähigkeit

- Veränderungsbereitschaft

- Veränderungs-Committment

Beispiel: Sie haben für sich erkannt, dass das Beschwerdemanagement in der Elternarbeit bei Ihnen zu wünschen übrig lässt, und wollen es verbessern. Dafür wollen Sie eine strukturierte Vorgehensweise einführen und vor allem den Fokus auf die Sofortlösungen legen, damit die Eltern zufriedener sind.

Übersicht: Was es für erfolgreiche Veränderungen braucht

Veränderungs-komponente	Erklärung	Beispiel
Veränderungsnot-wendigkeit	Hier geht es um das SOLLEN: Warum sollten wir diese Mühen überhaupt auf uns nehmen, aus gewohnten Mustern auszubrechen?	Die Notwendigkeit z. B. für ein besseres Beschwerdemanagement muss von den Erziehern eingesehen werden, bzw. es muss verstanden werden, dass dieser Wandel erforderlich ist. Hier sind viele Kita-Leitungen gut darin zu erklären, WARUM diese Veränderung notwendig ist, aber sie vergessen zu erklären: WARUM GERADE JETZT? Die Dringlichkeit ist extrem wichtig in der Kommunikation, weil sie die Notwendigkeitseinsicht erhöht.
Veränderungsfähig-keit	Hier geht es um das KÖNNEN: Ist jemand überhaupt in der Lage, sich so zu verändern?	Trauen sich die Erzieher diesen Wandel überhaupt zu? Denken sie, dass sie selbst dazu in der Lage sind, Sofortlösungen zu erarbeiten. Und nicht nur sie selbst, sondern auch die Kollegen. Denn wenn das Beschwerdemanagement als Ganzes angegangen werden soll, reichen keine Einzellösungen.
Veränderungsbereit-schaft	Hier geht es um das WOLLEN: Will jemand diesen neuen Weg mitgehen?	Die Bereitschaft bei den Erziehern werden Sie auslösen, wenn diese die Notwendigkeit und die Fähigkeit sehen und dann die Bereitschaft entwickeln mitzugehen. Nur wenn die ersten beiden Komponenten klar sind, kann dieser Schritt entstehen. Als Leitung können Sie diese Entscheidung nur insoweit beeinflussen, dass Sie allen klarmachen, wie sie profitieren, und so versuchen, die Bereitschaft in Ihrem Sinne positiv zu beeinflussen.
Veränderungs-Commitment	Hier geht es um das BLEIBEN: Wollen die Beteiligten auf Dauer diesen Weg einschlagen und sind Sie dafür bereit?	Es geht nicht nur darum, kurzfristige Erfolge zu erzielen, sondern vor allem darum, eine langfristige Veränderung zu schaffen. Das geht nur über intrinsische Motivation bei den Erziehern. Die wiederum können Sie auslösen, indem Sie dafür sorgen, dass die Teams nicht überfordert sind und den klaren Vorteil dieser Methode sehen. Außerdem ist es wichtig, dass Sie als Vorbild vorangehen.

Was wollen Sie verändern?

Auf den nächsten Seiten geht es darum, dass Sie sich noch einmal ganz konkret mit Ihren Zielen auseinandersetzen. Was konkret wollen Sie in Bezug auf die Resilienz in Ihrer Kita verändern? Die folgenden Fragen helfen Ihnen dabei.

1. Sie selbst im Fokus
Brainstormen Sie, was Sie gern in Bezug auf Ihre eigene Resilienz in Ihrem Leben verändern wollen. Denken Sie darüber nach, was Sie direkt verändern wollen, bald oder vielleicht auch irgendwann. Denken Sie auch darüber nach, was bleiben darf.

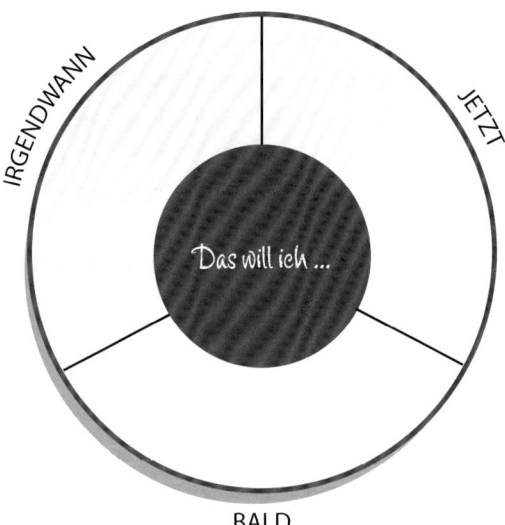

Schauen Sie sich jetzt an, was Sie oben geschrieben haben. Suchen Sie sich eine Sache aus, die Sie zuerst angehen möchten. Schauen Sie sich dafür alles an, was Sie geschrieben haben, und entscheiden Sie sich spontan für das, wo Sie denken: „Das will ich wirklich angehen."

Überlegen Sie jetzt: Was sind die ersten drei Schritte, die Sie dafür gehen können?

1.   2.   3.

2. Ihr Team im Fokus

Auf Seite 114 haben Sie sich bereits damit beschäftigt, was Sie in Bezug auf Ihr Team umsetzen wollen. Gehen Sie noch einmal zurück auf diese Seite und lesen Sie sich durch, was Sie dort geschrieben haben. Beantworten Sie danach folgende Fragen:

Welche Veränderung in Bezug auf Resilienz möchten Sie in Ihrem Kita Team erzielen?

....

....

....

Was konkret soll sich verbessern oder anders sein, wenn Sie dies geschafft hätten?

....

....

....

Wer in Ihrem Team könnte Sie bei diesem Vorhaben unterstützen?

....

....

Wer außerhalb Ihres Teams, vielleicht in Ihrem privaten Umfeld, kann Ihnen dabei helfen, dass Sie bei Ihrem Vorhaben am Ball bleiben?

Wie können Sie die Veränderungsnotwendigkeit kommunizieren?

WICHTIGKEIT (Warum?):

DRINGLICHKEIT (Warum jetzt?):

Wie sehr glauben Sie an Ihre eigenen Fähigkeiten, die Veränderung zu bewältigen?

Wie sehr glauben Sie an die Fähigkeiten des Teams, diese Veränderung zu bewältigen?

Wie könnten Sie an die Veränderungsbereitschaft des Teams appellieren?

Beschreiben Sie hier die konkreten Schritte, die Sie unternehmen werden:

3. Die Kinder im Fokus

Auf Seite 176 haben Sie sich bereits damit beschäftigt, was Sie in Bezug die Förderung der Kita-Kinder in der Resilienz umsetzen wollen. Gehen Sie noch einmal zurück auf diese Seite und lesen Sie sich durch, was Sie dort geschrieben haben. Beantworten Sie danach folgende Fragen:

Welche Veränderung in Bezug auf Resilienz möchten Sie bei den Kindern erzielen?

Was konkret soll sich verbessern oder anders sein, wenn Sie dies in Ihrer Kita geschafft hätten?

Gibt es bestimmte Kinder, die davon besonders profitieren werden? Wenn ja, welche?

Wer in Ihrem Team könnte Sie bei diesem Vorhaben unterstützen?

....

....

....

Wer außerhalb Ihres Teams, vielleicht in Ihrem privaten Umfeld, kann Ihnen dabei helfen, dass Sie bei Ihrem Vorhaben am Ball bleiben?

....

....

....

Beschreiben Sie hier die konkreten Schritte, die Sie unternehmen werden:

....

....

....

....

....

....

4. Die Elternarbeit im Fokus

Auf Seite 214 haben Sie sich bereits damit beschäftigt, was Sie in Bezug auf die Elternarbeit umsetzen wollen. Gehen Sie noch einmal zurück auf diese Seite und lesen Sie sich durch, was Sie dort geschrieben haben. Beantworten Sie danach folgende Fragen:

Welche Veränderung möchten Sie bei der Elternarbeit erzielen??

....

....

....

Was konkret soll sich verbessern oder anders sein, wenn Sie dies in Ihrer Kita geschafft hätten?

....

....

....

Gibt es bestimmte Mitglieder im Team, die davon besonders profitieren werden? Wenn ja, welche?

....

....

....

Wer in Ihrem Team könnte Sie bei diesem Vorhaben unterstützen?

Wer aus dem Kreis der Eltern könnte Ihr Vorhaben unterstützen?

Wie können Sie die Veränderungsnotwendigkeit kommunizieren?

WICHTIGKEIT (Warum?):

DRINGLICHKEIT (Warum jetzt?):

Wie sehr glauben Sie an Ihre eigenen Fähigkeiten, die Veränderung zu bewältigen?

....

....

....

Wie sehr glauben Sie an die Fähigkeiten des Teams, diese Veränderung zu bewältigen?

....

....

....

Wie könnten Sie an die Veränderungsbereitschaft des Teams appellieren?

....

....

....

Beschreiben Sie hier die konkreten Schritte, die Sie unternehmen werden:

....

....

....

5. Die Kita im Fokus

Auf Seite 229 haben Sie sich bereits damit beschäftigt, was Sie in Bezug auf die Elternarbeit umsetzen wollen. Gehen Sie noch einmal zurück auf diese Seite und lesen Sie sich durch, was Sie dort geschrieben haben. Beantworten Sie danach folgende Fragen:

Welche Veränderung möchten Sie erzielen??

Was konkret soll sich verbessern oder anders sein, wenn Sie dies in Ihrer Kita geschafft hätten?

Gibt es bestimmte Mitglieder im Team, die davon besonders profitieren werden? Wenn ja, welche?

Wer in Ihrem Team könnte Sie bei diesem Vorhaben unterstützen?

Wer aus dem Kreis der Eltern könnte Ihr Vorhaben unterstützen?

Wie können Sie die Veränderungsnotwendigkeit kommunizieren?

WICHTIGKEIT (Warum?):

DRINGLICHKEIT (Warum jetzt?):

Wie sehr glauben Sie an Ihre eigenen Fähigkeiten, die Veränderung zu bewältigen?

Wie sehr glauben Sie an die Fähigkeiten des Teams, diese Veränderung zu bewältigen?

Wie könnten Sie an die Veränderungsbereitschaft des Teams appellieren?

Beschreiben Sie hier die konkreten Schritte, die Sie unternehmen werden:

Wie veränderungsbereit sind Sie?

Sie haben bereits am Anfang dieses Kapitels erfahren, dass Veränderungen immer mehrere Faktoren beinhalten. Am Ende passiert Veränderung immer von innen nach außen. Sie spüren oder realisieren in sich, dass Sie etwas anders machen möchten. Dann arbeiten Sie daran und dann erst zeigt es sich nach außen. Sie haben sich auf den letzten Seiten stark mit der Frage beschäftigt, was Sie verändern wollen und was die Notwendigkeit dahinter ist. Nun geht es um die Frage: Wie veränderungsbereit sind Sie grundsätzlich?

Gewohnheiten sind der Schlüssel für erfolgreiche Veränderungen

Wenn mir in Seminaren jemand die Frage stellt: „Wie gelingt es mir, erfolgreich Veränderungen zu meistern?", dann ist meine wichtigste Antwort folgende: „Wenn du jeden Tag das Gleiche tust, erzielst du jeden Tag die gleichen Ergebnisse. Du musst also damit anfangen, den einzelnen Tag zu verändern." Was meine ich damit? Entwickle neue gute Gewohnheiten.

Was sind Gewohnheiten?

Wir verbinden typischerweise Joggen gehen, den Besuch im Fitnessstudio oder gesunde Ernährung mit guten Gewohnheiten. Das sind sie auch. Aber gute Gewohnheiten sind viel mehr. Sie sind das, was Ihren Charakter ausmacht. Hören Sie zu oder reden Sie nur? Versuchen Sie zu verstehen oder regen Sie sich nur auf? Fördern oder blockieren Sie? Reden Sie gut über sich oder schlecht? „Ich bin ein Idiot." Das pflegte eine Kollegin von mir regelmäßig zu sagen. Das Problem an solchen Floskeln ist, dass man sie irgendwann selbst glaubt.

Warum Gewohnheiten so wichtig sind

Mit der Willenskraft und der Motivation, neue Dinge oder Veränderungen umzusetzen, ist es wie mit einer vollen Flasche Wasser. An manchen Tagen brauchen Sie mehr davon als an anderen. Doch egal, wie gut Sie sie aufteilen, irgendwann ist die

Flasche leer. Genauso ist es mit der Willenskraft. Willenskraft ist wissenschaftlich erwiesen eine begrenzte Ressource. Deshalb ist es auch so schwierig, viele neue Dinge auf einmal umzusetzen. Bei Gewohnheiten ist das anders, denn sie sind wie Trampelpfade in unserem Nervensystem. Je öfter Sie sie gehen, desto mehr verfestigen sie sich, und das ist gut und schlecht gleichermaßen. Gewohnheiten werden zu Automatismen, die schwer zu eliminieren sind. Doch gerade wenn es darum geht, etwas im Leben oder Job umzusetzen, sind die Gewohnheiten der vielversprechendste Weg, wenn Sie erfolgreich sein wollen.

Wie können Sie gute Gewohnheiten entwickeln?

Schritt für Schritt: Das ist der wichtigste Punkt. Sie haben auf den letzten Seiten notiert, welche Schritte Sie zu Ihrem Ziel gehen wollen. Fangen Sie beim ersten an. Wenn Sie sich vorgenommen haben, Ihre Impulskontrolle besser in den Griff zu bekommen in der Elternarbeit, dann fangen Sie damit an, schon in kleinen Situationen, in denen Sie merken, dass Sie sich ärgern, sich bewusst zu entspannen und auf 10 zu zählen. Wenn Sie das regelmäßig in Situationen tun, die Sie kontrollieren können, wird es ein Automatismus, den Sie in schwierigeren Situationen abrufen können.

Neben den Gewohnheiten gibt es auch noch einige andere wichtige Punkte, die Sie bei sich selbst überprüfen können. Machen Sie den folgenden Selbstcheck und bearbeiten Sie danach alle Aussagen, die Sie nicht mit „JA" beantwortet haben.

Selbstcheck: Wie veränderungsbereit bin ich?

Können Sie diese Aussage mit JA beantworten?	Ja	Teilweise	Nein
Ich bin bereit, mich auf neue Routinen und Gewohnheiten einzulassen.			
Ich weiß, welche schlechten Gewohnheiten mir im Weg stehen.			
Mir ist bewusst, dass Hindernisse aus dem Team oder vonseiten der Eltern auf mich zukommen können, und ich habe mich darauf schon vorbereitet.			
Ich habe mich dazu entschieden, bestimmte Veränderungen in meinem Leben oder in der Kita umzusetzen, weil ich die Notwendigkeit dafür sehe.			
Ich bin bereit, die dafür notwendigen Hürden auf mich zu nehmen.			
Ich bin bereit, dafür auch Risiken einzugehen, weil ich denke, dass es sich für das Ergebnis lohnen wird.			
Ich werde andere Menschen bewusst einbeziehen und um Feedback bitten, um das bestmögliche Ergebnis zu erzielen.			
Ich bin bereit, mein Verhalten zu verändern, wenn es im Weg steht.			
Mir ist bewusst, dass ich nicht sofort alles umsetzen kann, doch ich fange mit dem ersten Schritt an.			
Ich weiß, in welcher Reihenfolge ich die Veränderung angehen will.			
Ich habe ein klares Ziel vor Augen.			
Ich bin bereit dafür, mich für das Ziel persönlich zu committen.			

Wie es Ihnen gelingt, Ihr Team für Veränderungen zu gewinnen

Wie also gelingt es uns, Menschen für Veränderungen zu gewinnen, wenn die wenigsten bereit sind, sich zu verändern? Genau darum geht es letztendlich bei jeder Veränderung in der Kita. Egal, ob Sie ein neues Beschwerdemanagement in der Elternarbeit, eine neue Kommunikationskultur im Team etablieren oder ob es ein neuer Prozess ist: Menschen müssen Dinge in Zukunft anders machen, als sie sie bisher gemacht haben.

In Veränderungsprozessen sind Sie Verkäufer einer Idee

Es ist gut und völlig normal, dass nicht alle gleich auf eine Veränderung reagieren. Auch wenn Sie sich als Kita-Leitung vermutlich oft wünschen, dass Sie eine Veränderung kommunizieren und alle sich freuen, entspricht das nicht der Realität. Wenn Sie an der Bereitschaft des Kita-Teams arbeiten wollen, eine Veränderung mitzugehen, geht es darum, die Menschen möglichst bedürfnisgerecht anzusprechen.

Wenn es darum geht, Menschen zu gewinnen, eine Veränderung mitzugehen, sind Sie immer auch ein Stück weit Verkäufer. Verkäufer einer Idee. Sie versuchen, jemanden davon zu überzeugen, dass sein Leben besser oder toller wird, wenn er diese Veränderung mitgeht. Nichts anderes macht ein Verkäufer. Ein Verkäufer versucht, mich davon zu überzeugen, warum ein Produkt oder eine Dienstleistung so wichtig für mich ist, dass sie mein Leben verändert oder verbessert.

Deshalb lernt ein Verkäufer, dass er einen Kunden, der wie wild im Laden herumläuft und sich viele Produkte zusammensucht, anders bedienen muss als jemanden, der konzentriert und fokussiert das eine Produkt sucht, das er sich schon zuvor im Internet ausgesucht hat, inklusive stundenlanger Recherche über die Testergebnisse. Wenn wir Menschen für eine Idee gewinnen wollen, dann geht es darum, ihnen die Idee auch zu „verkaufen".

Überlegen Sie vorher: Welche Bedürfnisse hat Ihr Kita-Team?

Manche Menschen brauchen eher Unabhängigkeit und Freiheit. Da ist es z. B. schlecht, wenn Sie den neuen Beschwerdeprozess vorgeben. Sie wollen den eher selbst erarbeiten, stehen dann aber auch voll dahinter. Andere Menschen brauchen Anerkennung für die Ideen und Meinungen, die sie einbringen. Hören Sie also gut zu und sagen Sie auch, wer mit dieser Idee noch etwas erzielt hat (z. B. unser Expertenteam vom PRO Kita Verlag kann hier eine gute Referenz sein). Andere Menschen brauchen Sicherheit im Sinne von: Was bleibt denn gleich? Und vor allem: Wie genau muss ich diese Veränderung angehen? Und die nächste Gruppe braucht vor allem das Wissen, dass das auch alles richtig ist, was Sie da vorstellen. Schauen Sie also, dass Sie belegen, warum Sie etwas tun.

Reflexions-Seite: Welche Bedürfnisse hat wer in Ihrem Team?

Beschäftigen Sie sich hier auf dieser Seite damit, wer in Ihrem Team welche Bedürfnisse hat. Wer stellt typischerweise welche Fragen? Schreiben Sie das alles hier auf und überlegen Sie dann: Wie möchte ich die Veränderung, die ich plane, kommunizieren? Sie können diese Übung auch für mehrere Ziele machen.

Mein Ziel:

Meine Veränderung:

Die Bedürfnisse im Team:

....

....

....

....

....

....

Wie können Sie Ihr Veränderungsvorhaben kommunizieren?

....

....

....

....

....

....

....